大野木裕明・宮沢秀次・二宮克美 著
Ohnogi Hiroaki, Miyazawa Shuji & Ninomiya Katsumi

ガイドライン心理学問題集

815 Questions & Answers About Psychology

ナカニシヤ出版

はしがき

　ひとくちに心理学の基礎知識といっても非常に広範囲にわたる。心理学の学習者はいったい今，どの程度，心理学の知識をマスターしているのだろうか。

　これは心理学を学んでいる人たちの正直な気持ちの一端かもしれないが，実のところ，教えている心理学教員にとってもこの気持ちは同じである。アメリカには卒業資格認定試験（Graduate Record Examination, GRE）のような試みがあり，またその対策用の本までもが何冊も出ている。押さえるべき点は何らかの形でしっかりと押さえるべきであるということである。

　わたしたちは 1998（平成 10）年に『自分でできる心理学　問題集』（ナカニシヤ出版）を刊行した。この小書はすべて 5 肢選択の客観式問題 250 問から成っていたが，その趣旨はこのようなことであった。

　当時は類書がほとんどなく，〈心理学の問題集？　大学の？〉といった疑問の声を心配しながらの船出であった。幸いなことか不幸なことかは見方にもよるが，解説を多く書いたことや珍しかったこともあってか，学部生や大学院生の間ではちょっとした話題にはなったようである。

　このような背景から引き続いて刊行したのが『問題集　自分でできる学校教育心理学』（2001 年，ナカニシヤ出版）である。これは教職用の教育心理学，発達心理学に関する問題集であった。もちろん教員採用試験用の受験対策本に限れば従来から類書はある。けれども，それらは解説が不親切である。また，そもそも採用試験の試験問題そのものが古いので，大学の授業内容とのギャップが大きすぎる。そこで前書と同じ趣旨から，解説をかなり多くし，また新しく思い切って「子どもの発達の理解」「教職の基礎：学習指導，学級経営」「教職の基礎：生徒指導，教育相談，進路指導」の現実的な 3 領域に絞って総合問題（短答式）と客観式問題とを作成した。これも GRE を意識したつもりである。

　最近は大学教育のあり方についての問題点もいくつか指摘され，教育の質や成果が正面から問われるようになってきた。当たり前のことではある。いよいよ授業評価の一手段として心理学の問題集もいくつか出版されるようになりつつある。このような訳で，われわれもまた振り返る時期にきていると思うに至った。

　本書は従来の 2 冊をも見直してこれに新しく客観式問題 250 問を追補し，また総合問題も付加し，総合的な問題集として世に問おうとしたものである。合計問題数は 815 問である。これまでと同様，ご意見やご要望をお寄せいただきながら，読者に支えられて成長していきたいと思う。

　最後になるが，本書の出版にご尽力いただいたナカニシヤ出版編集部の宍倉由高さん，米谷龍幸さんに感謝の言葉を述べたい。

2008 年 5 月　著者一同

■ 本書の特色

本書は主として学生や大学院生向けの心理学問題集である。5つの大きな特色をもっているので，この特長を生かして十分な成果をあげていただきたい。

1 問題数の多さ
問題数が多い。合計問題数は815問である。一度には解答できるはずがないので，少しずつ取り組んでもらいたい。

2 解答の負担が少ない客観式問題
客観式の問題にしてある。客観式問題は650問，選択肢は3100に及ぶ。記述式（主として短答式）問題は20テーマ165問である。解答の負担が少なく短時間で網羅的に自己点検できるようになっているのが特長である。

3 詳しい解説
解説を詳しくしてある。したがって，解答後に詳しい解説を読み，また自分でさらに詳しく調べることによって知識・理解が深まるようになっている。

4 同じテーマも角度を変えて出題
重要なテーマは多角的に取り上げている。たとえば，E. H. エリクソンの漸成的発達段階説については，発達段階の順序を問う問題，ある時期の危機（クライシス）を問う問題，ある段階の内容を深く尋ねる問いといったように，角度を変えて多方面から理解度を確認できるようにしてある。いろいろな角度から繰り返し出てくるので，正確な知識が身につき，他の関連事項との関係も意識しながら学習が進むようになっている。

5 広範囲で網羅的な出題傾向
第Ⅰ部と第Ⅱ部は，問題セットのグルーピングを変えてある。これによって，問題領域ごとに問題数が同じになり，したがって特定の領域に問題数が多くなったり逆に少なくなったりすることが注意深く回避されている。かなり意図的に広範囲から出題されていると思っていただいてよい。

■ 本書の構成

第Ⅰ部は教養コース，標準コース，特論コースの5セット（各50問）合計250問
　教養コース 50問
　標準コース1（パーソナリティ・社会・人間関係）50問
　標準コース2（発達・学習・認知・動機づけ）50問
　標準コース3（知覚・心理測定・教育評価）50問
　特論コース（心理学史とトピックス）50問

第Ⅱ部は領域1〜5（各10問）の網羅的コース50問×5セット　合計250問
　各セット50問の内訳は
　領域1（原理・方法・歴史・数理・計量）
　領域2（知覚・認知・学習・神経・生理）
　領域3（発達・教育）

領域4（社会・感情・パーソナリティ・産業・組織）
領域5（臨床・障害・健康・福祉・犯罪・非行）
の各領域10問からなる合計50問のコース5セットである。

第Ⅲ部は教職の心理学に特化した問題群である。50問×3セット　合計150問
教職分野1（子どもの発達の理解）
教職分野2（教職の基礎：学習指導，学級経営）
教職分野3（教職の基礎：生徒指導，教育相談，進路指導）

第Ⅳ部　総合問題　20テーマ（主として短答式）　合計165問
大きなテーマごとに穴埋めや下線部分について総合的に設問したもの。

※前掲書2冊の引き継ぎについて
　第Ⅰ部は『自分でできる心理学　問題集』（1998年，ナカニシヤ出版）とほぼ同じである。第Ⅲ部のすべてと第Ⅳ部の一部は『問題集　自分でできる学校教育心理学』（2001年，ナカニシヤ出版）とほぼ同じ内容である。第Ⅱ部は新しく作成した問題群であり，第Ⅳ部には新しい問題を加えてある。

※参考文献
本書を作成するに当たっては以下のような書物を参考にした。

上里一郎（監）2001『心理アセスメントハンドブック』（第2版）西村書店
相場覚・鳥居修晃（編）2001『知覚心理学』放送大学教育振興会発行／日本放送出版協会発売
アメリカ精神医学会　2003　高橋三郎・大野裕・染谷俊幸（訳）2003『DSM-Ⅳ-TR 精神疾患の診断・統計マニュアル新訂版』医学書院
東洋ほか（編）1992『発達心理学ハンドブック』福村出版
藤永保ほか（編）1981『新版 心理学事典』平凡社
ホック，R. R.（編）2002　梶川達也（監訳）2007『心理学を変えた40の研究』ピアソン・エデュケーション
今田恵　1962『心理学史』岩波書店
岩淵千明（編）1997『あなたもできるデータの処理と解析』福村出版
海保博之・楠見孝（監）2006『心理学総合事典』朝倉書店
村上宣寛・村上千恵子　2004『臨床心理アセスメントハンドブック』北大路書房
中島義明ほか（編）1999『心理学辞典』有斐閣
中島義明ほか（編）2005『新・心理学の基礎知識』有斐閣
中西信男ほか（編）1998『現代心理学—その歴史と展望—』ナカニシヤ出版
サトウタツヤ・高砂美樹　2003『流れを読む心理学史：世界と日本の心理学』有斐閣
詫摩武俊（編）1998『性格心理学ハンドブック』福村出版
氏原寛ほか（編）2004『心理臨床大事典 改訂版』培風館
山鳥重　1985『神経心理学入門』医学書院

著者
大野木裕明　　福井大学教育地域科学部教授
宮沢秀次　　　名古屋経済大学人間生活科学部教授
二宮克美　　　愛知学院大学総合政策学部教授

目 次

はしがき　　　　　　　　　　*i*

◆ 問 題 編 ——————————————— *1*

- ■ 第Ⅰ部
  - 教養コース　　　　*2*
  - 標準コース1　　　 *8*
  - 標準コース2　　　 *14*
  - 標準コース3　　　 *20*
  - 特論コース　　　　*26*
- ■ 第Ⅱ部
  - 問題セット1　　　 *32*
  - 問題セット2　　　 *38*
  - 問題セット3　　　 *44*
  - 問題セット4　　　 *50*
  - 問題セット5　　　 *56*
- ■ 第Ⅲ部
  - 教職分野1　　　　*62*
  - 教職分野2　　　　*68*
  - 教職分野3　　　　*75*
- ■ 第Ⅳ部
  - 総合問題　　　　　*81*

◆ 解 説 編 ——————————————— *101*

- ■ 第Ⅰ部
  - 教養コース　　　　*102*
  - 標準コース1　　　 *106*
  - 標準コース2　　　 *111*
  - 標準コース3　　　 *116*
  - 特論コース　　　　*120*
- ■ 第Ⅱ部
  - 問題セット1　　　 *124*
  - 問題セット2　　　 *131*
  - 問題セット3　　　 *138*
  - 問題セット4　　　 *144*
  - 問題セット5　　　 *150*
- ■ 第Ⅲ部
  - 教職分野1　　　　*156*
  - 教職分野2　　　　*164*
  - 教職分野3　　　　*174*
- ■ 第Ⅳ部
  - 総合問題　　　　　*183*

索　引　　　　　　　　　　　*193*

問題編

第Ⅰ部	教養コース	2
	標準コース1	8
	標準コース2	14
	標準コース3	20
	特論コース	26
第Ⅱ部	問題セット1	32
	問題セット2	38
	問題セット3	44
	問題セット4	50
	問題セット5	56
第Ⅲ部	教職分野1	62
	教職分野2	68
	教職分野3	75
第Ⅳ部	総合問題	81

教養コース

■ **問題 1.1** いわゆる「うそ発見器」ともっとも関わりの深いものはどれか。
1 容積脈波
2 心拍
3 血圧
4 皮膚電気活動
5 脳波

■ **問題 1.2** 「泣くから悲しいのであり，悲しいから泣くのではない」ということばに代表される考え方は，何とよばれているか。
1 ジェームズ゠ランゲ説
2 3次元理論
3 接近－回避説
4 ヤーキーズ゠ドッドソンの法則
5 視床情動説

■ **問題 1.3** 情緒を構造的に把握するために，色立体の考えを参考に情緒立体モデルを立てたのは誰か。
1 R. プルチック
2 E. B. ティチナー
3 M. B. アーノルド
4 H. ワロン
5 D. O. ヘッブ

■ **問題 1.4** 有機体には，体内の状態を一定に保つ生理的働きがあるが，これを何というか。
1 ホメオスタシス
2 レミニッセンス
3 ラポール
4 バイオフィードバック
5 コンピテンス

■ **問題 1.5** 暗い所で小さな光点を凝視すると，実際には動いていないのに，それが不規則に動いているように見える。これは何というか。

1 ポンゾ錯視
2 自動運動
3 ミュラー－リヤーの錯視
4 ファイ現象
5 ツァイガルニク効果

■ **問題 1.6** 映画は人間の知覚のどんな原理を利用したものか。
1 ファイ現象
2 自動運動
3 サッケード運動
4 ポンゾ錯視
5 プルキニエ現象

■ **問題 1.7** 図 1-7 は洋酒を飲む杯にも見えるし，何かを言い争っている2人の顔にも見える。この図を何というか。
1 ヴントの錯視
2 ヴェルトハイマーの反転図形
3 レヴィンの錯視
4 ルビンの反転図形
5 ギブソンの反転図形

図 1-7

■ **問題 1.8** 図 1-8 は何か。
1 ミュラー－リヤーの錯視
2 ヘリングの錯視

3　エビングハウスの錯視
4　ジャストローの錯視
5　ウィトキンの錯視

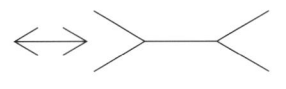

図 1-8

■ **問題 1.9**　自我の防衛機制のうち，イソップ物語の話で知られる，「取れなかったブドウをすっぱいとしてあきらめたキツネの寓話」は，次のどれにもっとも近いか。
1　投射
2　現実否認
3　白昼夢
4　合理化
5　取り消し

■ **問題 1.10**　相手に対する憎しみを，絵画や文学のような社会的に評価される芸術活動へと方向づけをすることを，精神分析学では何というか。
1　合理化
2　抑制
3　投射
4　退行
5　昇華

■ **問題 1.11**　図 1-11 のような 10 枚の「インクのしみ」図版を用いて人格診断をする投影法検査はどれか。
1　連想検査
2　ロールシャッハ・テスト
3　錯視検査
4　カーン・シンボル・テスト
5　P-F スタディ

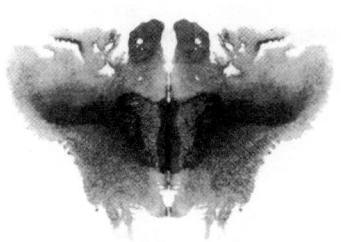

図 1-11

■ **問題 1.12**　内田＝クレペリン精神検査について，もっとも**不適切**な記述を選べ。
1　ドイツの精神科医である E. クレペリンの作業曲線研究をふまえている
2　日本の内田勇三郎が独自に発展させた作業検査である
3　1 桁の数字を 2 つずつ加算作業させ，1 分ごとの作業量をとっていく
4　作業量の多少で判定する
5　作業適性の予測，精神衛生的スクリーニングなどに用いられている

■ **問題 1.13**　パーソナリティに関して，E. クレッチマーの類型論では 3 つの気質をあげている。その正しい組み合わせはどれか。
1　分裂気質 - 抑うつ気質 - てんかん気質
2　分裂気質 - 躁うつ気質 - てんかん気質
3　神経気質 - 抑うつ気質 - てんかん気質
4　神経気質 - 躁うつ気質 - てんかん気質
5　精神気質 - 分裂気質 - てんかん気質

■ **問題 1.14**　自己実現とは，自分の潜在的資質をフルに発揮するために不断の努力をすることとして，十分に機能する人間（fully-functioning person）を心理治療の目標としたのは誰か。
1　S. フロイト
2　C. G. ユング
3　A. アドラー
4　V. E. フランクル
5　C. R. ロジャーズ

■ **問題 1.15**　10 名前後の参加者と 1～2 名のファシリテーター（世話人，促進者）で構成され，合宿形式の話し合いによって自己理解や他者理解，生き方の変革をはかる集団心理療法を何というか。
1　サイコドラマ
2　自律訓練法
3　エンカウンター・グループ
4　家族療法
5　論理療法

■ **問題 1.16** 図 1-16 に示した S. E. アッシュの同調性に関する古典的な実験で，同調行動がもっとも起こりにくくなる場合は，次のうちどれか。
1　集団のメンバーの数を増やす
2　刺激線分の長さを変化させる
3　権威づけられたサクラを利用する
4　同性の実験者を使う
5　サクラの反応を一致させない

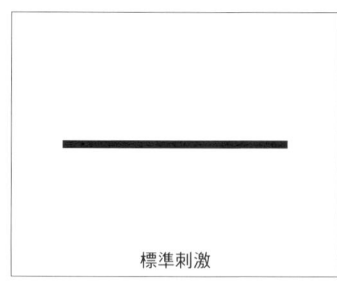
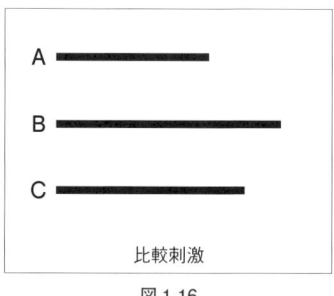

図 1-16

■ **問題 1.17** 義理や恥を重んずる日本人の性格を描いた『菊と刀』の著者は誰か。
1　K. レヴィン
2　E. フロム
3　R. ベネディクト
4　中根千枝
5　土居健郎

■ **問題 1.18** ソシオメトリック・テストを考案したのは誰か。
1　J. L. モレノ
2　D. ウェクスラー
3　L. L. サーストン
4　R. B. キャッテル
5　J. P. ギルフォード

■ **問題 1.19** 人が他者や自己の行動の原因を推測することを何というか。
1　原因帰属
2　因果図式
3　対人認知
4　役割知覚
5　関係分析

■ **問題 1.20** 図 1-20 に示したように対人関係の認知や態度変容を説明するため，自分（P）と他者（O），第 3 の人物や事物（X）との三者関係について，認知的均衡理論を提起したのは誰か。
1　M. ウィッシュ
2　F. ハイダー
3　S. E. アッシュ
4　H. H. ケリー
5　T. B. ニューカム

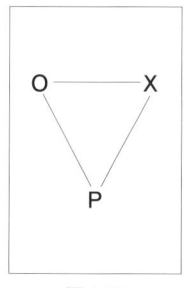

図 1-20

■ **問題 1.21** 生産能率は，作業場における照明や温度や湿度のような物理的条件よりも職場内外のインフォーマルな人間関係により強く影響される。この現象は，実験がおこなわれた工場名をとって，何とよばれるか。
1　ウェスタン・エレクトリック効果
2　メーヨー効果
3　モラール効果
4　ホーソン効果
5　インダストリー効果

■ **問題 1.22** 1957 年にアメリカのニュージャージー州のある劇場でおこなわれた実験が最初であるが，映画の上映中，「コーラを飲め」「ポップコーンを食べろ」といった瞬時のメッセージを挿入したところ，コーラとポップコーンの売り上げが増加したという。この広告手法は何か。
1　AIDMA（アイドマ）の過程

2 普及過程
3 コミュニケーションの2段階の流れ
4 サブリミナル効果
5 ブーメラン効果

■ 問題 1.23 K. レヴィンが研究していた集団活動であり，のちにナショナル・トレーニング・ラボラトリー（NTL）の設立のもとになったものは何か。
1 人間性主義心理療法
2 Tグループ
3 遊戯療法
4 家族療法
5 論理療法

■ 問題 1.24 個人が自分と共通の関心や価値観をもっていると感じ，行動の基準としている集団を何というか。
1 所属集団
2 われわれ集団
3 彼ら集団
4 準拠集団
5 一次的集団

■ 問題 1.25 K. Z. ローレンツは，孵化したガンやカモの雛は，初めて見る動く物体を後追いすることを見出し，理論づけた。この本能的な動物の行動を何というか。
1 模倣行動
2 四方反射
3 自動運動
4 刻印づけ
5 親子行動

■ 問題 1.26 「オオカミに育てられた少女」として知られる事実ともっとも無関係のものを選べ。
1 イタール
2 アマラ
3 カマラ
4 シング
5 野生児

■ 問題 1.27 人間の新生児の特徴を「生理的早産」とか「子宮外胎児期」と表現したのは誰か。

1 R. J. ハヴィガースト
2 A. ポルトマン
3 G. H. バウアー
4 R. L. ファンツ
5 J. ボウルビィ

■ 問題 1.28 J. ピアジェは論理的思考の発達段階を提唱している。その正しい順序はどれか。
1 前操作期→感覚運動期→具体的操作期→形式的操作期
2 感覚運動期→具体的操作期→前操作期→形式的操作期
3 前操作期→具体的操作期→形式的操作期→感覚運動期
4 感覚運動期→前操作期→形式的操作期→具体的操作期
5 感覚運動期→前操作期→具体的操作期→形式的操作期

■ 問題 1.29 E. H. エリクソンが「青年が人間的・社会的に成長するために，社会的義務や責任を一定期間猶予される」とした考え方を何というか。
1 モラトリアム
2 アパシー
3 フォークロージャー
4 アイデンティティ
5 コンフュージョン

■ 問題 1.30 青年期を「心理的離乳」の時期とよんだのは誰か。
1 C. R. ロジャーズ
2 O. トゥムリルツ
3 L. S. ホリングワース
4 G. S. ホール
5 Ch. ビューラー

■ 問題 1.31 次の行動のうちで，レスポンデント行動はどれか。
1 鏡を見る
2 歩く
3 テレビのチャンネルを変える
4 赤面する
5 自動車の運転をする

問題 1.32 道具的条件づけ，あるいはオペラント条件づけの原理を構築したのは誰か。
1　N. A. チョムスキー
2　C. L. ハル
3　T. S. ケンドラー
4　B. F. スキナー
5　A. バンデューラ

問題 1.33 「猫」という単語を見聞きして，"cat"のように覚える学習を何というか。
1　対連合学習
2　系列学習
3　弁別学習
4　概念学習
5　移行学習

問題 1.34 D. ウェクスラーによる知能検査は年齢に応じて数種類が用意されていて，それぞれ略称でよばれているが，次のうちでウェクスラー検査と異なるのはどれか。
1　WISC-R
2　WAIS
3　WAIS-R
4　WPPSI
5　WSAT

問題 1.35 A. F. オズボーンによって考案された集団思考の方法で，できるだけ多くのアイディアを産出する方法を何というか。
1　トータル・コミュニケーション
2　プロジェクト法
3　プログラム学習
4　バズ学習
5　ブレーン・ストーミング

問題 1.36 記憶の時間的な推移をあらわす過程は，次のどれか。
1　記銘→忘却→符号化
2　符号化→貯蔵→検索
3　貯蔵→検索→保持
4　想起→検索→貯蔵
5　符号化→検索→保持

問題 1.37 G. A. ミラー（1956）によると，7±2 チャンクの範囲とは，どのような記憶過程における情報保存のことか。
1　感覚的記憶
2　作動記憶
3　短期記憶
4　中期記憶
5　長期記憶

問題 1.38 記憶の再生法による形式の客観テストは，次のうちどれか。
1　短答法
2　多肢選択法
3　配列法
4　真偽法
5　組み合わせ法

問題 1.39 「青年ほど深い孤独のうちに，ふれあいと理解を渇望している人間はいない。青年ほど遥か離れたところに立って叫んでいる者はいない」と述べたのは誰か。
1　E. シュプランガー
2　Ch. ビューラー
3　S. フロイト
4　E. H. エリクソン
5　G. S. ホール

問題 1.40 1879 年に，ライプチヒ大学に世界最初の心理学の実験講座を創設したのは誰か。
1　S. フロイト
2　H. エビングハウス
3　C. G. ユング
4　W. ヴント
5　H. ウェルナー

問題 1.41 G. S. ホールのもとで学位をとり，日本に帰国後，松本亦太郎とともに，わが国初の心理学実験室を東京帝国大学に 1903 年に設置した人は誰か。
1　西　周
2　元良勇次郎
3　福来友吉
4　速水　滉
5　久保良英

問題 1.42 能力や心理的機能など個人差の測定をおこない，心理測定の父とよばれるのは誰か。
1　C. R. ダーウィン
2　F. ゴールトン
3　W. ヴント
4　R. B. キャッテル
5　A. ビネー

問題 1.43 観察した項目の強さや程度を5段階尺度や7段階尺度のどこかに記録する方法を何というか。
1　評定尺度法
2　行動描写法
3　実験計画法
4　参加観察法
5　自然観察法

問題 1.44 「33」「53」「35」「37」「49」の5つの観測値の範囲を求めよ。
1　53
2　33
3　30
4　20
5　10

問題 1.45 「5」「4」「2」「1」「3」の5つの値の中央値はどれか。
1　1
2　2
3　3
4　4
5　5

問題 1.46 コンピュータを利用した教育のことを何というか。
1　CAL
2　RFT
3　MFF
4　CMI
5　CAI

問題 1.47 教師が生徒に期待をかけて，生徒を期待の方向に形づくってしまう効果を何というか。

1　ピグマリオン効果
2　シャルパンティエ効果
3　シンデレラ効果
4　ハロー効果
5　バンドワゴン効果

問題 1.48 「4」「3」「1」「0」「2」の5つの値の算術平均値はどれか。
1　1
2　2
3　3
4　4
5　5

問題 1.49 「5」「2」「4」「2」「1」「4」「4」「3」の8つの値の最頻値（モード）はどれか。
1　1
2　2
3　3
4　4
5　5

問題 1.50 心理学研究法で客観性について疑問のある研究方法はどれか。
1　テスト法
2　実験法
3　内観法
4　質問紙調査法
5　観察法

標準コース1
パーソナリティ・社会・人間関係

問題 1.51 インクのしみ，不完全な文章など，漠然とした刺激に反応させることによって，パーソナリティの深層を探ろうとする心理検査の総称を何というか。
1 実験法
2 観察法
3 面接法
4 質問紙法
5 投影法

問題 1.52 S. ローゼンツァイクによる P-F スタディ（絵画欲求不満テスト）の主な理論的背景は何か。
1 精神分析理論
2 学習理論
3 社会的比較理論
4 比較行動学
5 人間学的心理学

問題 1.53 MAS について，もっとも不適切な記述を選べ。
1 Manifest Anxiety Scale（顕在性不安尺度）の略称である
2 1953 年，J. A. テーラーによって開発された
3 質問項目は，MMPI から抽出された項目を基本としている
4 状態不安と特性不安の2側面を把握できる
5 児童版も開発されている

問題 1.54 『愛するということ（The Art of Loving）』や『自由からの逃走（Escape from Freedom）』を著したのは誰か。
1 K. ホーナイ
2 L. ビンスワンガー
3 E. フロム
4 C. R. ロジャーズ
5 H. S. サリヴァン

問題 1.55 図 1-55 のような特定の絵について自由に物語を作らせて，その反応によって欲求，情緒，葛藤などを明らかにしようとする検査で，C. D. モルガンと H. A. マレーによって 1935 年に発表された投影法検査は何か。
1 TAT
2 ロールシャッハ・テスト
3 IMQ
4 MAPS
5 ソンディ・テスト

図 1-55

問題 1.56 MMPI について，不適切な記述はどれか。
1 ミネソタ大学の S. R. ハザウェイと J. C. マッキンレーによって 1940 年に発表された
2 質問紙法による性格（人格）検査である
3 もともとは，精神病患者と健常者を判別できるよう開発された
4 Minnesota Multiphasic Personality Inventory の略称である
5 不安検査の MAS をもとにして開発された

■ 問題 1.57　性格（パーソナリティ）の5因子論（ビッグ・ファイブ）のうち，異なる因子を1つあげよ。
1　外向性（E）
2　協調性（A）
3　抑うつ性（D）
4　神経症傾向（N）
5　開放性：教養性（O）

■ 問題 1.58　パーソナリティの類型論についての記述で不適切なものはどれか。
1　パーソナリティを全体的，質的にいくつかのタイプに分けてとらえる
2　パーソナリティの個人差がとらえられない
3　ある原理に基づいて典型を設定する
4　E.クレッチマー，E.シュプランガー，C.G.ユングは類型論的立場にある
5　パーソナリティのプロフィールを数量的に描く

■ 問題 1.59　S.フロイトによるパーソナリティの構造論では，人の行動は「イド」と，あと2つのものの働きによって決定されるという。あと2つとは何か。
1　意識と無意識
2　自我と超自我
3　意識と自我
4　無意識と超自我
5　リビドーと防衛機制

■ 問題 1.60　YG性格検査について，不適切な記述はどれか。
1　アメリカのJ.P.ギルフォードらが考案した人格目録をモデルにしている
2　矢田部達郎らによって作成された
3　因子分析の手法によって作成されている
4　特性論の立場から性格を多次元的にとらえている
5　10尺度からなる質問紙形式の検査である

■ 問題 1.61　人間の本質を価値志向的存在としてとらえ，6つの価値類型を唱えたのは誰か。
1　G.W.オルポート
2　C.G.ユング
3　S.フロイト
4　E.シュプランガー
5　A.アドラー

■ 問題 1.62　精神分析学派において，生物学的な基本的衝動として強調する概念は何か。
1　自我
2　イド
3　現実原則
4　無意識
5　超自我

■ 問題 1.63　エディプス・コンプレックスとは何か。
1　男の子が母の愛情を得ようとして無意識的に父を憎む複合感情
2　女の子が無意識的に父に愛着をもち，母に反感を示す複合感情
3　兄弟に対する敵対感情
4　性的衝動や性的行為の罰として去勢されることを恐れる感情
5　自分を殉教者あるいは救世主としてみなす感情

■ 問題 1.64　TATの児童用テストを何というか。
1　DOG
2　MFF
3　CMI
4　CAT
5　CAI

■ 問題 1.65　M.フリードマンとR.H.ローゼンマンが提唱した概念で，ストレス・レベルが高く，冠状動脈性疾患（心臓病）とも関連が深いとされている行動は何か。
1　タイプA行動
2　タイプB行動
3　タイプC行動
4　タイプD行動
5　タイプE行動

■ 問題 1.66 交流分析に用いられるエゴグラムのうち，「従順」「素直」「非自主性」などの性格側面をあらわす自我状態はどれか。
1　CP
2　NP
3　A
4　FC
5　AC

■ 問題 1.67 カウンセリングにおいて，カウンセラーがクライエントの「いま　ここ」で感じている体験過程に焦点づけ（focusing）をおこなうという技法を編み出したのは誰か。
1　E. T. ジェンドリン
2　J. L. モレノ
3　C. R. ロジャーズ
4　A. エリス
5　森田正馬

■ 問題 1.68 心身のリラクセーションをはかろうとする療法であり，O. フォークト，J. H. シュルツによって確立された療法は何か。
1　箱庭療法
2　T グループ
3　遊戯療法
4　自律訓練法
5　マイクロカウンセリング

■ 問題 1.69 STAI について，不適切な記述はどれか。
1　State-Trait Anxiety Inventory（状態特性不安尺度）の略称である
2　C. D. スピルバーガーによって開発された
3　状態不安と特性不安の2側面を把握できる
4　質問紙形式である
5　ストレス・コーピングの判定ができる

■ 問題 1.70 権威主義的パーソナリティを測定する尺度は，何とよばれているか。
1　A 尺度
2　C 尺度
3　D 尺度
4　F 尺度
5　M 尺度

■ 問題 1.71 コルサコフ症候群は，次のどれと最も関連が深いか。
1　慢性アルコール中毒
2　麻薬中毒
3　認知症
4　ニコチン中毒
5　性的異常

■ 問題 1.72 ある特定の対象に対する，極度の一般化，論理的根拠のない特定の非好意的な考え，感情，行動を何というか。
1　習慣
2　態度
3　偏見
4　水路づけ
5　敵意

■ 問題 1.73 リスキー・シフトとは何か。
1　集団での決定は個人の決定よりも影響力があること
2　集団の決定は極端になりやすいこと
3　集団の決定は危険性を伴ったものになりやすいこと
4　集団の決定は時間がかかりやすいこと
5　集団の決定はリーダーの意見に一致しやすいこと

■ 問題 1.74 ソシオメトリック・テストの結果から得られたソシオグラムで，わからないことはどれか。
1　人気者（スター）
2　孤立者
3　周辺者
4　サブ・グループ
5　フォーマル・グループ

■ 問題 1.75 リーダーシップの PM 理論において，P 機能と M 機能の説明として正しいものはどれか。
1　P とは目標を達成するための機能，M とは士気高めるための機能
2　P とは目標を達成するための機能，M とは集団を維持するための機能

3　Pとは権力を強める機能，Mとは士気を高めるための機能
4　Pとは権力を強める機能，Mとは集団を維持するための機能
5　Pとは権力を強める機能，Mとは目標を達成するための機能

■ 問題1.76　自分だけのものと感じる心理的な空間を何というか。
1　タブー・ゾーン
2　パーソナル・スペース
3　パーソナル・ゾーン
4　心理的環境
5　個人的環境

■ 問題1.77　『孤独なる群集』を著し，伝統指向型，内部指向型，他者指向型という3つの社会的性格を分類したのは誰か。
1　E. フロム
2　D. リースマン
3　K. レヴィン
4　R. ベネディクト
5　E. H. エリクソン

■ 問題1.78　「囚人のジレンマ」とは，次のうちどれに関係するか。
1　社会的比較理論
2　社会的認知理論
3　ゲーム理論
4　認知的不協和理論
5　リーダーシップ理論

■ 問題1.79　説得的コミュニケーションにおいて，ブーメラン効果とは何か。
1　被説得者の態度が，説得の方向とは逆の方向に変容すること
2　説得者の態度が，説得の方向とは逆の方向に変容すること
3　被説得者の態度が，説得を受けてから時間を経て変容すること
4　説得は，被説得者の主張を受容することが効果的であること
5　説得は，何度も繰り返すことが効果的であること

■ 問題1.80　単独で作業するよりは，他者が存在する方が課題遂行の作業量がはかどることを何というか。
1　社会的比較
2　社会的促進
3　集団力学
4　社会的現実
5　ヤーキーズ＝ドッドソンの法則

■ 問題1.81　ハロー効果（光背効果）とは次のどれか。
1　この人は良い人だと思っていると，他の面でも高い価値方向に歪めて認知すること
2　頑固な人は怒りっぽいというように，ある特性をもつ人は必ず別の特性をもつと判断すること
3　望ましい特性はさらに良いものとし，望ましくない特性はそれ程悪くないと，寛大に評価すること
4　自分のもっている特性を無意識的に相手のもっている特性とみなすこと
5　より未熟な反応をもつ発達水準へ，そしてふつう低い要求水準へと退いてしまうこと

■ 問題1.82　革新的な事物，行動様式，情報などがある地域社会の人々の間に広く行き渡っていく過程を何というか。
1　学習過程
2　普及過程
3　帰属過程
4　態度変容過程
5　記憶過程

■ 問題1.83　公的に決められた目標や制度機構が優先するような集団を社会心理学では何とよぶか。
1　インフォーマル・グループ
2　フォーマル・グループ
3　レファランス・グループ
4　ウィー・グループ
5　サブ・グループ

問題 1.84 態度の構成成分の組み合わせとして正しいものはどれか。
1 感情 – 意志 – 認知
2 感情 – 認知 – 行動
3 感情 – 意志 – 行動
4 意志 – 認知 – 記憶
5 記憶 – 感情 – 行動

問題 1.85 J. L. モレノは，集団のメンバー間の好悪関係といった心理的関係のパターンを何とよんだか。
1 マトリックス構造
2 組織構造
3 ソシオメトリック構造
4 コミュニケーション構造
5 勢力構造

問題 1.86 ある社会や集団のなかで，情報内容について事実の検証がなされないまま，人から人へと連鎖的に広がっていく言説とは何か。
1 流行
2 流言
3 デマ
4 普及
5 同調

問題 1.87 S. E. アッシュの印象形成の研究で，最初に提示される形容詞によって全体的なパーソナリティのイメージが規定される傾向を何というか。
1 初頭効果
2 一般的評価バイアス
3 新近効果
4 寛大効果
5 論理的過誤

問題 1.88 成功と失敗についての原因の帰属に関するB. ワイナーの理論では，3つの原因の次元が考えられている。統制の位置，統制可能性と，もう1つ何か。
1 社会性
2 実用性
3 安定性
4 信頼性
5 妥当性

問題 1.89 態度変容の研究では，情報の送り手が意図する方向に有利な情報だけでなく，不利な情報も提示する説得が効果的な場合のあることが知られる。それは，情報の受け手がどんな場合か。
1 その事柄についてほとんど知識がないとき
2 十分な教養がないとき
3 説得の方向と反対の立場のとき
4 その事柄について関心がないとき
5 幼い子どものとき

問題 1.90 リーダーシップにおけるコンティンジェンシー理論（条件即応理論）を唱えたのは誰か。
1 F. E. フィードラー
2 D. カートライト
3 M. シェリフ
4 T. B. ニューカム
5 H. H. ケリー

問題 1.91 MPIについて，もっとも不適切な記述を選べ。
1 Maudsley Personality Inventory（モーズレイ性格検査）の略称である
2 H. J. アイゼンクの人格理論に基づいた質問紙形式のテストである
3 内向性 – 外向性（E）尺度が含まれている
4 抑うつ性傾向（D）尺度が含まれている
5 虚偽発見（L）尺度が含まれている

問題 1.92 H. H. ケリーは，原因帰属の仕方はすでに得ている情報によって規定されるとして，3つの情報をあげている。1つは弁別性情報であるが，あと2つは何か。正しい組み合わせはどれか。
1 一貫性情報と一致性情報
2 一貫性情報と関係性情報
3 一貫性情報と個別性情報
4 一致性情報と関係性情報
5 一致性情報と個別性情報

■ 問題 1.93　人とどの程度親密な社会的関係をもつことを承認するかといった社会的距離尺度を考案したのは誰か。
1　D. カッツ
2　C. I. ホブランド
3　R. リッカート
4　E. S. ボガーダス
5　L. L. サーストン

■ 問題 1.94　最初にわざと受諾されやすい小さな要請をし，受諾後に次のより大きな要請をする説得のテクニックを何というか。
1　フット・イン・ザ・ドア・テクニック
2　ロー・ボール・テクニック
3　ドア・イン・ザ・フェイス・テクニック
4　ヒューリステック・テクニック
5　コミットメント・テクニック

■ 問題 1.95　トリクル・ダウン現象と関係のないものはどれか。
1　G. ジンメル
2　G. タルド
3　模倣
4　普及過程
5　ネットワーク

■ 問題 1.96　カウンセリングと心理療法の関係について正しくないものはどれか。
1　カウンセリングでは，適応上の悩みの変容を援助する
2　カウンセリングでは，主に，言語的な相互作用によって援助をおこなう
3　心理療法では，神経症などの心理的問題につき深層部分の変容を援助する
4　心理療法では，主に，与薬による改善をはかる
5　両者は互換的に用いられることもある

■ 問題 1.97　T. H. ホルムズらは生活上のストレス度を示したが，もっともストレス度の強いとされるのはどれか。
1　配偶者の死
2　上司とのトラブル
3　性的傷害
4　転職
5　子どもの家庭離れ

■ 問題 1.98　次のうち，正しくない組み合わせはどれか。
1　F. ハーズバーグ - 職務満足の2要因理論
2　D. マグレガー - X-Y 理論
3　H. セリエ - ストレス説
4　H. フリューデンバーガー - 燃え尽き症候群
5　L. フェスティンガー - 冠状動脈性心疾患

■ 問題 1.99　攻撃行動についての理論ともっとも関係のない人物は誰か。
1　S. フロイト
2　K. Z. ローレンツ
3　A. バンデューラ
4　L. バーコヴィッツ
5　C. G. ユング

■ 問題 1.100　P. F. ラザースフェルドらによる，コミュニケーションの2段の流れ仮説の正しい順序はどれか。
1　マスコミ→オピニオンリーダー→一般の人々
2　マスコミ→一般の人々→オピニオンリーダー
3　オピニオンリーダー→マスコミ→一般の人々
4　オピニオンリーダー→一般の人々→マスコミ
5　一般の人々→オピニオンリーダー→マスコミ

標準コース2
発達・学習・認知・動機づけ

問題 1.101 幼児の知覚には，時計の振り子を見て「イヤイヤしている」などと，対象物へ自分の感情や印象を介入させて情意的なものとしてとらえる傾向がある。これは何か。
1　意味的知覚
2　感情的知覚
3　意図的知覚
4　相貌的知覚
5　印象的知覚

問題 1.102 親などの年長者や社会制度などに対して，反抗的な態度や行動をとる青年前期の時期を何というか。
1　第1反抗期
2　第2反抗期
3　伸長期
4　充実期
5　徒党期（ギャング・エイジ）

問題 1.103 E. シュプランガーは，子どもが青年期に入ったことの徴候を3つあげている。その1つは「自我の発見」であるが，あと2つは何か。
1　憧憬の体験，生活設計が次第にできること
2　憧憬の体験，個々の生活領域に進み入ること
3　生活設計が次第にできること，個々の生活領域に進み入ること
4　個性化，憧憬の体験
5　個性化，生活設計が次第にできること

問題 1.104 M. B. パーテン（1932）は，幼児の遊びの型を6つに分けて，それによって社会性の発達を検討している。6つの型に含まれない遊びはどれか。
1　ひとり遊び
2　平行遊び
3　ごっこ遊び
4　連合遊び
5　協同遊び

問題 1.105 発達加速現象に関する記述として正しいものはどれか。
1　下層階級の子どもたちの知的遅れは，彼らの使用する言語に起因すること
2　行動や精神の発達においても，個体発生は系統発生を繰り返すということ
3　身体発育は頭部から尾部，中心部から周辺部へと順次進んでいくということ
4　発達には遺伝も環境もともに関係していること
5　身体の成長・成熟傾向が，年々，年齢的に早くなっていること

問題 1.106 子どもが特定の人（一般には母親）に対してもつ持続的な心理的結びつきを何というか。
1　親密
2　愛着
3　執着
4　愛情
5　信頼

問題 1.107 幼児の知覚や思考の特徴として不適切なものはどれか。
1　相貌的知覚
2　アニミズム
3　自己中心性
4　形式的操作
5　実念論

問題 1.108 青年前期に発現する身体的・生理的変化を何というか。
1　発達加速現象
2　成熟前傾現象

3　アニミズム
4　二次性徴
5　疾風怒濤

問題 1.109　子どもからおとなへの過渡期を，境界人（周辺人）という用語によってとらえたのは誰か。
1　K. レヴィン
2　D. P. オーズベル
3　G. S. ホール
4　S. フロイト
5　M. ミード

問題 1.110　環境情報が自分の適応図式（やり方や考え方）にあわないとき，それにあうように自分の図式を修正することを，J. ピアジェは何とよんだか。
1　シェマ
2　適応
3　同化
4　調節
5　均衡化

問題 1.111　E. H. エリクソンは精神発達の心理・社会的危機に関する漸成理論を発表した。次はその一部であるが，発達段階の正しい順序になっているのはどれか。
1　親密性 vs 孤立→生殖性 vs 自己停滞→統合 vs 絶望
2　親密性 vs 孤立→統合 vs 絶望→生殖性 vs 自己停滞
3　生殖性 vs 自己停滞→親密性 vs 孤立→統合 vs 絶望
4　生殖性 vs 自己停滞→統合 vs 絶望→親密性 vs 孤立
5　統合 vs 絶望→親密性 vs 孤立→生殖性 vs 自己停滞

問題 1.112　E. H. エリクソンの心理・社会的危機に関する漸成理論をふまえ，アイデンティティ・ステイタスの4類型を提起したのは誰か。
1　J. E. マーシャ
2　J. ラスムッセン
3　J. ブロック
4　G. W. ブロンソン
5　M. H. ディグナン

問題 1.113　R. J. ハヴィガーストによる発達課題のリストのうち，幼児期のものを1つ選べ。
1　職業を選択し準備すること
2　自分の身体の構造を理解し，身体を有効に使うこと
3　人格の独立性を達成すること
4　善悪を区別することの学習と良心を発達させること
5　友だちと仲良くすること

問題 1.114　E. J. ギブソンとR. D. ウォークによる視覚的断崖の実験の主な目的は何か。
1　奥行き知覚の発達
2　一語文の発達
3　二語文の発達
4　歩行訓練の効果
5　歩行速度の発達

問題 1.115　L. コールバーグは道徳性の発達について研究しているが，次のなかで<u>不適切な</u>ものはどれか。
1　3水準6段階の発達段階を設定している
2　「正義」の概念が中核である
3　道徳的行動よりも道徳的判断を重視している
4　男性の道徳性を中心に扱っており，女性の視点が抜けている
5　「責任や配慮」といった観点も考慮している

問題 1.116　S. フロイトの精神・性的発達段階を正しく並べてあるのはどれか。
1　口唇期→男根期→性器期→潜伏期→肛門期
2　肛門期→男根期→潜伏期→口唇期→性器期
3　口唇期→肛門期→男根期→潜伏期→性器期
4　性器期→潜伏期→男根期→口唇期→肛門期
5　潜伏期→口唇期→性器期→男根期→肛門期

■ **問題 1.117** 独力ではできないが，援助が与えられれば発揮できるという潜在的な発達可能領域を，発達の最近接領域というが，この概念を提唱したのは誰か。
1　L. S. ヴィゴツキー
2　I. P. パヴロフ
3　J. ピアジェ
4　A. L. ゲゼル
5　H. ワロン

■ **問題 1.118** 発達とは，全体的，未分化な状態から次第に分化，分節しつつ，階層的統合（中心化）の状態へと進む過程である，と述べたのは誰か。
1　U. ブロンフェンブレンナー
2　T. パーソンズ
3　H. ウェルナー
4　W. シュテルン
5　R. R. シアーズ

■ **問題 1.119** S. フロイトの精神分析学に影響を受けて，心理・社会的側面を強調した発達段階説を唱えたのは誰か。
1　K. ホーナイ
2　A. フロイト
3　H. A. マレー
4　E. H. エリクソン
5　E. フロム

■ **問題 1.120** 青年が自律性を獲得するためには，自己と対象との境界をはっきりさせ，自己に属する面を明確にしていくという「第二の個体化」の作業が必要であるとしたのは誰か。
1　R. ジョセルソン
2　M. S. マーラー
3　P. ブロス
4　E. H. エリクソン
5　H. ホルムベック

■ **問題 1.121** 時間の経過とともにあらわれる行動上の変化を調べるために，同一の個人や集団を対象に，異なる時点で，何度も長期にわたり資料を収集する方法を何というか。
1　横断的方法
2　繰り返し法
3　長期的方法
4　連続的方法
5　縦断的方法

■ **問題 1.122** W. B. キャノンが命名したホメオスタシス動機と一番近いのはどれか。
1　自律動機
2　親和動機
3　生理的動機
4　感性動機
5　性的動機

■ **問題 1.123** D. C. マクレランドの達成動機の理論と，もっとも密接な関係のあるのはどれか。
1　CPI
2　MPI
3　EFT
4　MFF
5　TAT

■ **問題 1.124** A. H. マズローは，基本的欲求，動機づけについての階層説を提案した。より基本的なものから順になっているのはどれか。
1　尊敬→自己実現→安全→所属と愛情→生理的動機
2　安全→生理的動機→所属と愛情→尊敬→自己実現
3　生理的動機→安全→所属と愛情→尊敬→自己実現
4　安全→生理的動機→尊敬→所属と愛情→自己実現
5　生理的動機→安全→自己実現→尊敬→所属と愛情

■ **問題 1.125** イヌを被験体にして，逃避も回避もできない電気ショックの経験を与えると，その後の回避訓練の成績が悪くなるという実験をおこなったのは誰か。
1　M. E. P. セリグマンと N. R. F. メイヤー
2　B. F. スキナー
3　A. バンデューラ
4　G. R. ロフタスと E. F. ロフタス
5　J. G. ジェンキンスと K. M ダレンバック

問題 1.126 内発的動機として考えられるものはどれか。
1 好奇動機
2 飢餓動機
3 攻撃動機
4 親和動機
5 優越動機

問題 1.127 J. ピアジェの「3つ山問題」とは，何を調べる問題か。
1 道徳的判断
2 パーソナリティ認知
3 時間認知
4 共感覚
5 自己中心性

問題 1.128 「前門の虎，後門の狼」とは，あるコンフリクトの状態をあらわしているが，それはどれか。
1 接近 – 接近のコンフリクト
2 回避 – 回避のコンフリクト
3 接近 – 回避のコンフリクト
4 二重接近 – 回避のコンフリクト
5 二重回避 – 回避のコンフリクト

問題 1.129 注意を集中しているときにあらわれる脳波はどれか。
1 α 波
2 β 波
3 γ 波
4 θ 波
5 δ 波

問題 1.130 フラストレーション – 攻撃仮説を唱えたのは誰か。
1 J. ダラード
2 A. バンデューラ
3 S. シャクター
4 K. M. B. ブリッジェス
5 H. A. マレー

問題 1.131 C. E. オズグッドによって考案された，「きれいな – きたない」「あかるい – くらい」などのリストを用いて，概念のイメージを測定する方法を何というか。

1 KJ 法
2 NM 法
3 SD 法
4 ZK 法
5 グループ主軸法

問題 1.132 H. シュロスバーグ（1954）は，顔面表情（写真）の実験から感情認知が2次元によって構成されることを明らかにしたが，その2次元とはどれか。
1 快 – 不快，友好 – 競争
2 快 – 不快，肯定 – 否定
3 快 – 不快，注目 – 拒否
4 友好 – 競争，肯定 – 否定
5 友好 – 競争，注目 – 拒否

問題 1.133 G. スパーリング（1960）は視覚情報について部分・全体報告の実験をおこなったが，それはどの記憶過程と関連が深いか。
1 感覚的記憶
2 作動記憶
3 短期記憶
4 中期記憶
5 長期記憶

問題 1.134 長期記憶を情報の内容によってみたとき，ことばによって記述できる事実に関する記憶を何というか。
1 宣言的記憶
2 手続き的記憶
3 シンボリック記憶
4 展望的記憶
5 自叙伝的記憶

問題 1.135 G. ワラスによる創造的思考の4段階の正しい記述はどれか。
1 準備期→啓示期→孵化期→検証期
2 準備期→孵化期→啓示期→検証期
3 孵化期→準備期→啓示期→検証期
4 孵化期→検証期→準備期→啓示期
5 準備期→啓示期→検証期→孵化期

■ 問題 1.136 思考の過程を口に出しながら課題を解くように求めて，そこから得られた言語報告を分析することを何というか．
1 手段－目標分析
2 内容分析
3 目標分析
4 プロトコル分析
5 コンポーネント分析

■ 問題 1.137 環境に対して自発する行動を何というか．
1 動機づけ行動
2 本能
3 オペラント行動
4 レスポンデント行動
5 反射行動

■ 問題 1.138 条件刺激と無条件刺激の対提示の手続きにより，条件反応が生起することを何というか．
1 自発的回復
2 消去
3 インプリンティング（刷り込み）
4 道具的条件づけ
5 古典的条件づけ

■ 問題 1.139 長期記憶について，エピソード記憶と意味記憶の区別をしたのは誰か．
1 E. タルヴィング
2 G. A. ミラー
3 R. C. アトキンソン
4 L. R. ピーターソン
5 G. スパーリング

■ 問題 1.140 認知地図という用語を初めて使ったとされるのは誰か．
1 M. レヴァイン
2 U. ナイサー
3 W. ヴント
4 E. C. トールマン
5 E. L. ソーンダイク

■ 問題 1.141 無条件反応（UCR）を誘発する刺激を何というか．
1 レスポンデント
2 無条件刺激
3 条件刺激
4 無条件反射
5 中性刺激

■ 問題 1.142 A. S. ルーチンスの水瓶問題は何を扱っているか．
1 競争と協同
2 パターン認知
3 自己開示性
4 バズ学習
5 思考の硬さ

■ 問題 1.143 B. バーンスタインによると，家庭の言語的環境は所属する社会経済的階層によって異なっていて，それは子どもの知的な発達に影響する．そのような限定コードの特徴はどれか．
1 能動態が多い
2 文法が正確である
3 文章が長い
4 複雑な構文が使われる
5 語彙が多い

■ 問題 1.144 アルコール中毒症患者が飲酒をした後に嘔吐反応をもよおすような不快感を伴う薬を飲ませると，酒の匂いが嘔吐反応と結びついた条件刺激となり，以後，酒の匂いだけで嘔吐反応をもよおして酒を飲みたくなくなってしまう．これは，部分的には，通常の古典的条件づけとは異なる．何とよばれているか．
1 スリーパー効果
2 シャルパンティエ効果
3 タウ効果
4 ガルシア効果
5 ハロー効果

■ 問題 1.145 攻撃行動はモデルを観察することによって学習されるという観察学習の過程の理論化をおこなったのは誰か．
1 B. F. スキナー
2 A. バンデューラ
3 R. R. シアーズ
4 M. フィッシュバイン

5　D. マイケンバウム

■ 問題 1.146　楽器の演奏やダンスのような技能を学習するときには，時間や回数によって上達度があがっていくが，途中で停滞する過程がみられる。これを何というか。
1　天井現象
2　分散学習
3　高原現象
4　フィードバック
5　レミニッセンス

■ 問題 1.147　問題解決において，しらみつぶしに網羅的に問題を解いていく手続きを何というか。
1　ヒューリスティックス
2　アルゴリズム
3　プロトコル
4　シミュレーション
5　アナロジー

■ 問題 1.148　解決の基準は明示されておらず，多様な解答のある課題を解くときの思考で，流暢さ，柔軟性，独自性などとかかわる思考を何というか。
1　拡散的思考
2　集中的思考
3　論理的思考
4　結晶性知能
5　抽象的推理

■ 問題 1.149　オペラント条件づけにおいて，嫌悪刺激の除去の手続きを何というか。
1　正の強化
2　負の強化
3　罰
4　シェイピング
5　ハンドリング

■ 問題 1.150　アクション・スリップの例にもっとも近いのはどれか。
1　会社の帰りにパン屋へ寄って帰る計画をたてる
2　会社の帰りに何をしようとしていたかを思い出せない
3　パン屋へ行こうとして家を出たのに，酒屋に向かってしまう
4　パン屋→薬局→酒屋の順に寄る計画であったが，雨が降ったので酒屋はやめる
5　パン屋と薬局に寄る予定であったが，ついでに近くの酒屋に寄る

標準コース 3
知覚・心理測定・教育評価

問題 1.151 全訂版田中＝ビネー知能検査について<u>正しくない</u>記述はどれか。
1. 1937 年のスタンフォード＝ビネー知能検査の日本版が出発点である
2. 日本版は，田中寛一によって出版された
3. 年齢尺度による IQ 表示を用いている
4. 現行のスタンフォード＝ビネー検査では偏差 IQ を使用している
5. 適用年齢は 2 歳 0 ヶ月〜成人であり，2 歳用から項目がある

問題 1.152 教育評価の領域で『教育目標の分類学』を著したのは誰か。
1. J. S. ブルーナー
2. B. S. ブルーム
3. J. ピアジェ
4. E. R. ヒルガード
5. W. ケーラー

問題 1.153 学習指導中におこなう評価であり，授業を進める過程で，途中の学習状況を教師および学習者に頻繁にフィードバックする目的でおこなう評価を何というか。
1. 診断的評価
2. 事前的評価
3. 形成的評価
4. 総括的評価
5. 相対評価

問題 1.154 目標に準拠して学習者の学習効果を測定する立場を目標準拠測定というが，この測定と関連の深い評価の技法はどれか。
1. 診断的評価
2. 相対評価
3. 個人内評価
4. 絶対評価
5. 形成的評価

問題 1.155 標準偏差の 2 乗を何というか。
1. 平均偏差
2. 相関比
3. 相関
4. 標準得点
5. 分散

問題 1.156 散布度の指標の 1 つで，個々の測定値の平均からの差の 2 乗和をデータ数で割って，平方根をとった値を何というか。
1. 平均偏差
2. 幾何平均
3. 標準偏差
4. 不偏分散
5. 分散

問題 1.157 データの性質によって，より多様で高度な統計処理を施すことができるが，S. S. スティーヴンスの分類による次の 4 尺度について，それが低次から高次の順に正しくならんでいるのはどれか。
1. 名義尺度→比尺度→順序尺度→間隔尺度
2. 比尺度→間隔尺度→名義尺度→順序尺度
3. 間隔尺度→名義尺度→比尺度→順序尺度
4. 順序尺度→比尺度→名義尺度→間隔尺度
5. 名義尺度→順序尺度→間隔尺度→比尺度

問題 1.158 ある集団における測定値を平均値を 0，標準偏差を 1 にした標準得点はどれか。

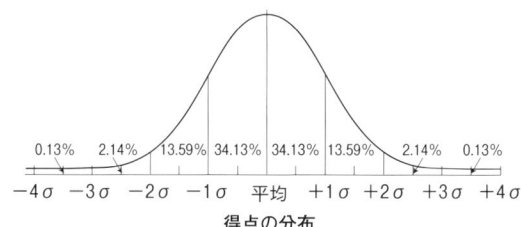
得点の分布

1　z 得点
2　Z 得点
3　F 得点
4　D 得点
5　S 得点

■ 問題 1.159　学習者の特性（適性）と特定の学習法や教授法（処遇）の間に相互作用がみられ，両者の組み合わせによって学習効果が異なることを，何というか。
1　ATI
2　CTA
3　CTI
4　TTI
5　ATC

■ 問題 1.160　項目分析の1方法で，テストの合計得点をもとに上位群と下位群に分けて，各項目の正答率が下位群よりも上位群の方が統計的に有意に高いとき，弁別力があるとみなす方法を何というか。
1　構造分析
2　G-P 分析
3　因子分析
4　U-L 分析
5　誤答分析

■ 問題 1.161　1983年，カウフマン夫妻が開発した知能検査で，①経時処理能力検査と同時処理能力検査から構成された情報処理能力検査，②習得知識検査の評価バッテリーからなるテストは何か。
1　K-ABC
2　K-SAT
3　K-CAT
4　K-SAI
5　K-WPT

■ 問題 1.162　遊んでばかりいる子どもに勉強させるために，「勉強しなさい。勉強したら，遊びに行ってもいいよ」と言うと，勉強をするという行動があらわれることがある。このように，いつもあらわれる行動が，あらわれることの少ない行動を強化する現象を何というか。

1　プレマックの原理
2　快楽原理
3　現実効果
4　抑圧効果
5　ザイアンス効果

■ 問題 1.163　H. A. ウィトキンによって考案された場依存性を測定するためのテストを何というか。
1　ピクチャー・フラストレーション・テスト
2　ロールシャッハ・テスト
3　ロッド・アンド・フレーム・テスト
4　ベーシック・パーソナリティ・テスト
5　マッチング・テスト

■ 問題 1.164　ヤーキーズ＝ドッドソンの法則について，もっとも適切に記述してあるのはどれか。
1　課題の困難度が増すと学習効果は低下する
2　課題の困難度が増すと学習効果は上昇する
3　課題の困難度が低下すると学習効果は低下する
4　課題の困難度が低下すると学習効果は増加する
5　課題の困難度と学習効果は無関係である

■ 問題 1.165　アメリカのL. L. サーストンによる知能の多因子説では，知能を7因子に分けている。言語理解，数，空間，記憶，知覚速度，推理の6つの他，あと1つはどれか。
1　語の流暢性
2　イメージ
3　音楽性
4　社会性
5　運動性

■ 問題 1.166　$\Delta I / I = k$（k は定数）とは何か。
1　フェヒナーの法則
2　ウェーバーの法則
3　スティーヴンスの法則
4　エンメルトの法則
5　ティチナーの法則

問題 1.167 色彩に関する三原色説を提唱したのは誰か。
1 J. P. ミューラー
2 H. L. F. von ヘルムホルツ
3 K. E. K. ヘリング
4 I. ニュートン
5 G. T. フェヒナー

問題 1.168 奥行き知覚を説明するために肌理の勾配という概念を用いたのは誰か。
1 A. コルテ
2 R. M. ヤーキーズ
3 L. ペンローズ
4 M. ポンゾ
5 J. J. ギブソン

問題 1.169 多くの人の話し声が耳に入ってきても、必要な話だけを選択的に聞きとることができることを何というか。
1 シャルパンティエ現象
2 タウ現象
3 ジャストロー現象
4 カクテルパーティ現象
5 カフェイン現象

問題 1.170 メンタルテスト（知能テスト）という用語を初めて用いたとされる人は誰か。
1 T. シモン
2 A. ビネー
3 L. M. ターマン
4 J. M. キャッテル
5 D. ウェクスラー

問題 1.171 賞罰という外発的な動機づけが子どもの学習成績に影響するかどうかについて、賞賛群、叱責群、放任群、統制群の4群を比較する実験を、1925年に発表した先駆的な人は誰か。
1 D. E. バーライン
2 C. L. ハル
3 E. B. ハーロック
4 K. S. ラッシュレー
5 G. W. オルポート

問題 1.172 心理学実験における独立変数は、次のどれともっとも関係が深いか。
1 実験計画
2 実験手続
3 実験目的
4 実験条件
5 実験装置

問題 1.173 20世紀初頭からアメリカの教育測定運動が始まったが、その有力な推進者は誰か。
1 J. ダラード
2 D. P. オーズベル
3 E. L. ソーンダイク
4 S. E. テーラー
5 J. デューイ

問題 1.174 フランスのA. ビネーとT. シモンは、世界で最初に知能テストを作成したとされるが、それは何年のことか。
1 1854年
2 1876年
3 1887年
4 1905年
5 1911年

問題 1.175 1916年、精神年齢を生活（歴）年齢で割って100倍するという、知能指数（IQ）を知能検査に取り入れて用いたのは誰か。
1 W. シュテルン
2 T. シモン
3 L. M. ターマン
4 D. ウェクスラー
5 R. B. キャッテル

問題 1.176 一定の刺激を連続して与えると、味覚や嗅覚などの感覚の感受性に変化が起こる。これを何というか。
1 適応
2 順応
3 体制化
4 自動化
5 適性化

■ 問題 1.177　ある物体を 50 cm 離したときと 1 m 離したときでは，あまりその見えの大きさに変化はない。このように同じ知覚を与えようとする見え方の性質を何というか。
1　視差
2　調節
3　均衡
4　輻輳
5　恒常性

■ 問題 1.178　知覚におけるゲシュタルト（Gestalt）の法則と無関係な要因はどれか。
1　よい連続
2　類同
3　閉合
4　投影
5　近接

■ 問題 1.179　それ以上弱くすると，もはや感覚を生じなくなる最低の刺激値を何というか。
1　刺激頂
2　適刺激
3　弁別刺激
4　刺激強度
5　刺激閾

■ 問題 1.180　全体として形態的にもっともすぐれた，もっとも秩序ある，簡潔なまとまりをなしたものとして知覚が形成される傾向を何というか。
1　体制化の原理
2　知覚形成の原理
3　秩序性の原理
4　形態性の原理
5　簡潔性の原理

■ 問題 1.181　「評価とは，教育プログラムについて決定を下すための情報の収集と利用である」と教育評価を定義したのは誰か。
1　L. J. クロンバック
2　B. S. ブルーム
3　J. S. ブルーナー
4　E. L. ソーンダイク
5　R. L. ロスノウ

■ 問題 1.182　ある生徒の特徴の一箇所がすぐれていると，他の部分も実際以上に過大に評価してしまうという評価のゆがみを何というか。
1　パッケージ効果
2　ステレオタイプ
3　シンデレラ効果
4　ハロー効果
5　バンドワゴン効果

■ 問題 1.183　具体的な問題場面を提示することによって，単なる文字や記号レベルの知識にとどまるのではなく，推理，判断力，行動力，性格などを評定しようとするテスト形式を何というか。
1　教育テスト
2　小論文テスト
3　記述式テスト
4　論文体テスト
5　状況テスト

■ 問題 1.184　実験計画法を考案したイギリスの統計学者は誰か。
1　R. A. フィッシャー
2　G. T. フェヒナー
3　E. B. ティチナー
4　F. ゴールトン
5　C. M. ターマン

■ 問題 1.185　2 変数の間に直線的な相関関係があるかどうかをみるための指標で，共分散を各変数の標準偏差の積で割った値を何というか。
1　ファイ係数
2　相関比
3　スピアマンの相関係数
4　ケンドールの相関係数
5　ピアソンの相関係数

■ **問題 1.186** 多数の相関構造を少数の仮想的な因子で説明しようとする統計的な解析手法で，古くから知能や態度などの研究に利用されている分析法は何か。
1 分散分析
2 共分散分析
3 クラスター分析
4 要因計画法
5 因子分析

■ **問題 1.187** 集団式知能検査は，第1次世界大戦中にアメリカで考案された。そこでは，一般用の言語を必要とする陸軍α式と，移民用で言語を必要としない陸軍β式の2種類を作成した。この作成の中心人物は誰か。
1 E. K. Jr. ストロング
2 W. シュテルン
3 D. ウェクスラー
4 R. M. ヤーキーズ
5 R. S. ウッドワース

■ **問題 1.188** 教師が提示した学習内容を生徒が受容していくという有意味受容学習の効果を述べたのは誰か。
1 D. E. バーライン
2 D. P. オーズベル
3 B. S. ブルーム
4 J. S. ブルーナー
5 C. L. ハル

■ **問題 1.189** 多重知能の理論を提唱し，知能を，言語的知能，音楽的知能，理論的－数学的知能，空間的知能，身体的－運動感覚的知能，個人的知能（対人的知能＋個人内知能）に分類したのは誰か。
1 H. A. サイモン
2 A. ニューエル
3 P. E. ヴァーノン
4 H. ガードナー
5 R. B. キャッテル

■ **問題 1.190** 態度，経験，要求，価値等が，知覚の選択性に影響を及ぼすことを主張した学派はどれか。
1 構成主義心理学
2 ニュールック心理学
3 機能主義心理学
4 ゲシュタルト心理学
5 行動主義心理学

■ **問題 1.191** G. S. ホールが始めた青年研究の主な方法は，次のうちのどれか。
1 日記分析法
2 内省法
3 面接法
4 質問紙法
5 観察法

■ **問題 1.192** テストの信頼性を推定するために，1回のテスト実施によって信頼性係数を推定するという折半法による代表的な方法は何か。
1 スピアマン＝ブラウンの公式
2 マグニチュード推定法
3 ウェーバー＝フェヒナーの法則
4 スティーヴンスの法則
5 ダービン＝ワトソン比

■ **問題 1.193** 面接法ともっとも関係ないものはどれか。
1 ラポール
2 観察
3 テスト
4 記録
5 予測

■ **問題 1.194** テスト得点が高得点に集中して，個人の得点差が区別しにくい状態のことを何というか。
1 高得点効果
2 集中効果
3 新近効果
4 床効果
5 天井効果

■ **問題 1.195** テストが測定しようとする対象を，どの程度正しく測定しているかを示すというテストの条件を何というか。
1 信頼性
2 実用性

3 妥当性
4 反復性
5 科学性

問題 1.196 2×2のクロス表における連関係数を何というか。
1 C 係数
2 χ^2 係数
3 ϕ 係数
4 z 係数
5 df 係数

問題 1.197 テストの信頼性を確認するために，1つのテストをできるだけ同質の下位テストに分け，両者の間の相関をとる方法を何というか。
1 再テスト法
2 平行テスト法
3 折半法
4 相関算出法
5 再現法

問題 1.198 心理学で用いる統計的検定とは何か。
1 実験計画に基づいてデータをとること
2 調査項目を検討すること
3 実験や調査で得た標本の分析から母集団の特性を統計的に推測すること
4 帰無仮説を推定すること
5 研究論文間で仮説成立の比較をすること

問題 1.199 第一種の過誤を犯す確率はどれと同じか。
1 検定力
2 棄却域
3 有意水準
4 両側検定
5 片側検定

問題 1.200 心理学的な研究結果について，統計的有意性を示す水準としてもっとも広く受け入れられている水準（α）はどれか。
1 5％
2 10％
3 20％
4 30％
5 40％

特論コース
心理学史とトピックス

問題 1.201 発達には「遺伝も環境も」ともに関係しているという輻輳説を提唱したのは誰か。
1 J. B. ワトソン
2 W. シュテルン
3 A. L. ゲゼル
4 A. R. ジェンセン
5 A. J. サメロフ

問題 1.202 記銘後の活動の有無が記憶保持に及ぼす影響についておこなった，J. G. ジェンキンスとK. M. ダレンバック（1924）の実験は，次のどの忘却の説明理論ともっとも関連が深いか。
1 抑圧説
2 検索失敗説
3 痕跡崩壊説
4 干渉説
5 健忘説

問題 1.203 日記資料の分析から，青年期の内面的特徴を記述したのは誰か。
1 W. ジェームズ
2 G. S. ホール
3 E. シュプランガー
4 Ch. ビューラー
5 M. ミード

問題 1.204 生活体の行動は刺激と反応の用語で完全に記述でき，予測できるとする理論を何というか。
1 S-R 理論
2 S-S 理論
3 R-R 理論
4 S-O-R 理論
5 TOTE 理論

問題 1.205 われわれに与えられる直接的な経験は，個々バラバラの要素的感覚によって合成されたモザイクではなく，ダイナミックな構造をもつ有意味な全体であることを強調した立場はどれか。
1 構成主義
2 連合主義
3 機能主義
4 ゲシュタルト心理学
5 行動主義

問題 1.206 発達を規定する要因として，成熟優位説を唱えたのは誰か。
1 J. B. ワトソン
2 W. シュテルン
3 A. L. ゲゼル
4 A. R. ジェンセン
5 J. ピアジェ

問題 1.207 手の届かない所のバナナを取るという課題解決場面において，あるチンパンジーは試行錯誤によらずに，以前とは不連続な課題解決行動を達成した。W. ケーラーは，これを場の体制化がなされたためであると考え，このような行動の獲得を何とよんだか。
1 観察学習
2 動物学習
3 潜在学習
4 認知的学習
5 洞察学習

問題 1.208 主観的意識を研究対象とするのではなく，客観的行動を重視するという行動主義の心理学を宣言したのは誰か。
1 W. ヴント
2 W. ケーラー
3 J. B. ワトソン
4 M. ヴェルトハイマー

5　K. コフカ

■ **問題 1.209**　最初の性格検査を作ったとされる人物は誰か。
1　L. L. サーストン
2　R. S. ウッドワース
3　H. ロールシャッハ
4　E. クレペリン
5　E. K. ストロング Jr.

■ **問題 1.210**　行動は生活空間，すなわち人と環境との関数であると述べ，$B = f(P, E)$ という公式を立てたのは誰か。
1　W. ヴント
2　W. ケーラー
3　J. B. ワトソン
4　M. ヴェルトハイマー
5　K. レヴィン

■ **問題 1.211**　Ch. ビューラーが「青年期の生物学的意味は個体補充を必要とするところにある」という考え方から，青年期の重要な体験としてとらえたものは何か。
1　孤独
2　憧憬
3　依存
4　親密
5　心理的離乳

■ **問題 1.212**　J. B. ワトソンの行動主義に対して，自らの立場を目的的行動主義と名づけ，従来ワトソンが取り扱わなかった動物行動の目的的特性を強調したのは誰か。
1　C. L. ハル
2　E. C. トールマン
3　E. R. ガスリー
4　B. F. スキナー
5　E. R. ヒルガード

■ **問題 1.213**　1950年代に，概念学習の実験をおこない，走査方略や焦点方略のような被験者の思考方略（strategy）を検討したのは誰か。
1　N. A. チョムスキー
2　D. カーネマン
3　J. S. ブルーナー
4　D. I. スロービン
5　J. ピアジェ

■ **問題 1.214**　E. マックギニーズ（1949）は，社会的に，はばかられるようなことば（タブー語）や不快なことばは，中性語にくらべ知覚されにくいことを見出した。これは，何の働きであると説明されているか。
1　主体的知覚
2　知覚的錯誤
3　閾値下知覚
4　選択的知覚
5　知覚的防衛

■ **問題 1.215**　「人間は劣等感の所有者であり，常にその劣等感の克服を迫られている」と述べたのは誰か。
1　S. フロイト
2　C. G. ユング
3　A. アドラー
4　K. ホーナイ
5　E. フロム

■ **問題 1.216**　パーソナリティの特性を，表面的特性と根源的特性に区分してとらえたのは誰か。
1　H. J. アイゼンク
2　J. P. ギルフォード
3　R. B. キャッテル
4　G. W. オルポート
5　C. R. ロジャーズ

■ **問題 1.217**　EPPS性格検査（日本版）について，不適切な記述はどれか。
1　性格に関する質問文に対し，「はい」「？」「いいえ」のいずれかで回答する
2　A. L. エドワーズのEPPSが原版である
3　H. A. マレーの欲求表に基づいた15の性格特性が選ばれている
4　この検査は，性格の正常，異常を判別するものではない
5　社会的望ましさの要因が影響しないようになっている

■ 問題 1.218　H. J. アイゼンクはパーソナリティを4階層構造としてとらえているが，含まれないのはどれか。
1　類型
2　特性
3　習慣反応
4　特定反応
5　表面反応

■ 問題 1.219　パーソナリティ理解のため，個々の事例に関する生活史，パーソナリティ特性などを個別的，具体的に記述し，パーソナリティの独自性や統合性を強調する立場を何というか。
1　法則定立的接近法
2　事例研究的接近法
3　個性記述的接近法
4　個人内発達接近法
5　個人間変動接近法

■ 問題 1.220　多くの動物の活動には，約24時間を周期とする変動がある。これを何というか。
1　オーソ睡眠
2　モノアミン説
3　ラテラリティ
4　ストループ効果
5　サーカディアン・リズム

■ 問題 1.221　記憶の情報処理モデルで用いられる，「もし……ならば，〜せよ」という形式で表現されるものは何か。
1　アルゴリズム
2　ロゴジェン・モデル
3　プロダクション・ルール
4　フレーム
5　スクリプト

■ 問題 1.222　1970年代から，E. ロッシュらは，これまでの人工的カテゴリーではなく自然カテゴリーに関する概念形成の研究をおこない，カテゴリー間の境界が必ずしも明確でないことを明らかにした。これとかかわる彼らの理論を何とよんでいるか。
1　エクフォリー・モデル
2　理論ベースの概念理論
3　プロトタイプ理論
4　干渉理論
5　変形生成文法理論

■ 問題 1.223　R. J. スタンバーグ（1985）の知能理論は，コンポーネント理論，経験理論，文脈から構成されているが，このうちのコンポーネント理論は，R. B. キャッテルの知能理論の分類にしたがっている。それは何か。
1　流動性知能と結晶性知能
2　世間知と学校知
3　社会的知能と実用的知能
4　一般因子と特殊因子
5　知能Aと知能B

■ 問題 1.224　D. E. ルメルハート（1977）のいう知識の領域固有性について，もっとも近い説明はどれか。
1　一般的問題解決の下部構造であり，多くの領域からなる
2　ある領域固有のノウハウは，別の領域に対しアナロジー効果をもつ
3　知識は領域ごとにネットワーク上にあり，交流している
4　思考は，内容と独立した形式的操作能力によってなされている
5　エキスパートは，その領域に限定された技能を発達させている

■ 問題 1.225　サーチ・モデル，ロゴジェン・モデル，相互活性化モデルなどは，何を説明するモデルか。
1　意思決定の過程
2　演繹的推理
3　潜在学習
4　アクション・スリップ
5　単語認知の過程

■ 問題 1.226　「誤った信念課題」とよばれる方法を開発し，幼児期の「心の理論」の発達過程を調べる研究をしたのは誰か。
1　S. バロン - コーエン
2　J. W. アスティントン
3　D. プレマック

4　J. ブルーナー
5　S. R. リーカム

■ 問題 1.227　外的な報酬などが，後の内発的動機づけを低減させる現象を何というか。
1　フィードフォワード効果
2　フィードバック効果
3　学習性無力感効果
4　アンダーマイニング効果
5　エンハンシング効果

■ 問題 1.228　認知心理学で，「ハノイの塔」「ホビットとオーク」といえば，何のことか。
1　空間認知の課題
2　文章記憶の課題
3　対人認知の課題
4　問題解決の方略
5　拡散的思考の方略

■ 問題 1.229　A. バンデューラによれば，観察学習を支えるには4つの成分があるという。成分として該当しないものはどれか。
1　保持過程
2　注意過程
3　運動再生過程
4　条件づけ過程
5　動機づけ過程

■ 問題 1.230　A. M. コリンズとM. R. キリアン（1969）が提案した，意味記憶の階層構造モデルを何というか。
1　パンデモニアム・モデル
2　ボトムアップ処理モデル
3　トップダウン処理モデル
4　マルタ十字モデル
5　意味的ネットワーク・モデル

■ 問題 1.231　A. バンデューラが用いた概念で，「達成できる」という確信の程度のことを何というか。
1　自己確信
2　自己期待
3　自己効力
4　自己制御
5　自己達成

■ 問題 1.232　R. S. ラザラスとS. フォルクマンのストレス対処モデルともっとも関係のないものはどれか。
1　認知的対処法
2　行動的対処法
3　情緒的対処法
4　問題焦点型
5　情緒焦点型

■ 問題 1.233　「ジョハリの窓」と異なる内容は次のどれか。
1　自他に開放した領域
2　自己盲点の領域
3　自他に未知の領域
4　自己分析の領域
5　他者から隠した既知の自分の領域

■ 問題 1.234　エクササイズをさせて，感情的な自己洞察に導いていく立場の強いカウンセリング，心理療法の立場は次のうちどれか。
1　精神分析的アプローチ
2　ゲシュタルト療法
3　論理療法
4　行動療法
5　来談者中心療法

■ 問題 1.235　交流分析に含まれていないものはどれか。
1　シナリオ分析
2　構造分析
3　時間の構造化
4　ゲーム分析
5　パス解析

■ 問題 1.236　社会的望ましさ（social desirability）の研究で有名なのは誰か。
1　A. L. エドワーズ
2　R. ローゼンソール
3　D. W. オズグッド
4　D. C. マクレランド
5　G. H. ミード

■ **問題 1.237** 移行学習課題を用いて，5〜6歳以下の年少児とそれ以後の年長児では，言語媒介による反応様式をとるかとらないかの違いがあることを示したのは誰か。
1　H. H. ケンドラー
2　B. T. ガードナー
3　A. J. プレマック
4　J. ピアジェ
5　H. サンクレール

■ **問題 1.238** 1959年，生理的な欠乏状態を前提としない概念である，コンピテンス（環境と効果的に相互交渉する潜在能力）を提案したのは誰か。
1　T. ヤング
2　R. W. ホワイト
3　H. F. ハーロー
4　D. H. ハイムズ
5　N. A. チョムスキー

■ **問題 1.239** 目標達成の動機づけは，その動機の強さ（M），期待（P），誘因価（I）の積，つまり，$f(M×P×I)$であらわされると主張したのは誰か。
1　D. C. マクレランド
2　C. L. ハル
3　J. W. アトキンソン
4　S. シャクター
5　G. W. オルポート

■ **問題 1.240** 古典的条件づけ（レスポンデント条件づけ）における消去の途中で，条件刺激以外の刺激が与えられると条件反応の抑制が一時的に解除される。これを何というか。
1　脱制止
2　外制止
3　一次条件づけ
4　二次条件づけ
5　自然回復

■ **問題 1.241** J. P. ギルフォードの知能構造モデルの3次元のうち2つは，操作と所産である。あと1つは何か。
1　内容
2　単位
3　認知
4　記憶
5　関係

■ **問題 1.242** 無意味つづりを用いたH. エビングハウス（1885）の忘却曲線では，保持の量的変化が示されているが，その実験における20分後の保持率は次のどれか。
1　100%
2　88%
3　58%
4　44%
5　26%

■ **問題 1.243** 思考はそれを伝える言語によって異なるというような言語相対性仮説を唱えたのは誰か。
1　J. S. ブルーナー
2　B. L. ウォーフ
3　D. I. スロービン
4　N. A. チョムスキー
5　H. ガードナー

■ **問題 1.244** S. フロイトの区別した3つの不安の型のうち，誰もが認めるような危険や恐怖に対して生じる不安は，何とよばれるか。
1　特性不安
2　現実不安
3　神経症不安
4　道徳的不安
5　状態不安

■ **問題 1.245** 条件刺激の提示後の数秒（約5秒）後に，無条件刺激を提示して，一定時間後に条件刺激と無条件刺激の両方を同時に終了させるタイプの条件づけを何というか。
1　同時条件づけ
2　遅延条件づけ
3　痕跡条件づけ
4　逆行条件づけ
5　時間条件づけ

■ **問題 1.246** サンプルの母集団が正規分布であることを前提にして，サンプル平均値Aとサンプル平均値B，あるいはサンプル平均値

Aと母平均値との間に統計的な差があるかどうかを検定する方法を何というか。
1 t 検定
2 F 検定
3 符号検定
4 U 検定
5 χ^2 検定

問題 1.247 主に名義尺度によって測定された2つの属性の関連の有無を検定する方法を何というか。
1 シェッフェの検定
2 テューキーの検定
3 F 検定
4 χ^2 検定
5 t 検定

問題 1.248 データの全変動を，設定された要因の効果と要因間の交互作用に関する変動に分解して，各要因の効果および要因間の交互作用の検定をおこなう方法を何というか。
1 クラスター分析
2 因子分析
3 分散分析
4 主成分分析
5 潜在構造分析

問題 1.249 サンプリングの方法で，母集団をいくつかの部分集団に分けたうえで，それぞれについてランダムサンプリングをおこなう方法は，次のうちどれか。
1 層別サンプリング
2 クラスターサンプリング
3 2段サンプリング
4 単純サンプリング
5 副次サンプリング

問題 1.250 3つ以上の平均値の差の検定に適用される検定法はどれか。
1 ϕ 検定
2 分散分析
3 平均分析
4 χ^2 検定
5 多変量解析

問題セット 1

領域 1
「原理・方法・歴史・数理・計量」

問題 2.1 「アヴェロンの野生児」が発見されたのはいつ頃か。
1　18 世紀初頭
2　18 世紀中期
3　18 世紀末
4　19 世紀初頭
5　19 世紀中期

問題 2.2 精神物理学的測定法について無関係なものを選べ。
1　比較法
2　調整法
3　極限法
4　恒常法
5　上下法

問題 2.3 A. L. エドワーズによるテスト EPPS の理論的な基盤は誰の理論か。
1　J. W. アトキンソン
2　D. C. マクレランド
3　H. A. マレー
4　S. フロイト
5　A. フロイト

問題 2.4 MMPI についての記述として誤りのあるものはどれか。
1　ミネソタ大学で開発
2　複数の日本版がある
3　MAS は MMPI から作成された
4　10 の臨床尺度がある
5　因子的妥当性が保証されている

問題 2.5 「私は〜」のように不完全な文章の後に自由に文章を続けてもらいパーソナリティ特性を推測する方法を何というか。
1　SCT
2　MFFT
3　RFT
4　MAS
5　言語連想検査

問題 2.6 多重比較の検定公式として望ましくないものはどれか。
1　ボンフェローニの方法による検定
2　テューキーの方法による検定
3　シェッフェの方法による検定
4　スチューデントの t 分布を利用した検定
5　ダンカンの方法による検定

問題 2.7 心理尺度の作成で必要なことは何か。
1　妥当性
2　技術性
3　精密性
4　透明性
5　反復性

問題 2.8 共分散構造分析と無関係のものを選べ。
1　適合度指標
2　Amos
3　因果モデル
4　直接効果
5　決定係数

問題 2.9 新聞社などがおこなう全国規模の社会調査（電話による世論調査）では，どのくらいの回答者数を目標としているか。
1　500 人
2　1,000 人〜2,000 人
3　3,000 人〜4,000 人
4　5,000 人
5　10,000 人

■ 問題 2.10　次の調査方法のうち，もっとも回収率（回答率）が低いものはどれか。
1　電話調査
2　集合調査
3　面接調査
4　郵送調査
5　留置調査

領域 2
「知覚・認知・学習・神経・生理」

■ 問題 2.11　物体のもつ反射率に対応する心的物理量をあらわす語はどれか。
1　見えの明度
2　明るさ
3　明度
4　暗さ
5　輝度

■ 問題 2.12　次のうちで奥行きの反転する図形を選べ。
1　ミュラー-リヤー錯視
2　ネッカーの立方体
3　ルビンの杯
4　ツェルナー錯視
5　カニッツァの三角形

■ 問題 2.13　カクテルパーティ現象と関係の深いものを選べ。
1　失認症
2　摂食障害
3　選択的注意
4　幾何学的錯視
5　学習障害

■ 問題 2.14　奥行き知覚の成立に毛様体筋がかかわるのはどれか。
1　水平視差
2　両眼視差
3　輻輳
4　調節
5　垂直視差

■ 問題 2.15　1960 年代にアメリカ手話をチンパンジーに教えたガードナー夫妻の研究について，チンパンジーが習得したリストに含まれていないものはどれか。
1　3 語文
2　名詞
3　動詞
4　形容詞
5　500 語

■ 問題 2.16　鏡映描写実験でおこなっているのは次のどれか。
1　視覚的記憶
2　視覚と手の協応
3　単眼視
4　立体視
5　指機能の分化

■ 問題 2.17　P. トンプソンによるサッチャー錯視（1980）の説明を選べ。
1　会話上の言い間違い
2　男女の顔の類似
3　右顔半分のみによる合成顔
4　左顔半分のみによる合成顔
5　上下逆さまの顔

■ 問題 2.18　いわゆる嘘発見器で用いる生理指標に含まれないものを選べ。
1　瞳孔
2　皮膚電気反応
3　呼吸
4　心拍
5　血圧

■ 問題 2.19　走性に含まれないものを選べ。
1　走光性
2　走温性
3　走流性
4　走化性
5　走意性

■ 問題 2.20 H. ヘニングによる味の4面体説に含まれないものを選べ。
1 甘味
2 塩味
3 酸味
4 苦味
5 辛味

領域 3 「発達・教育」

■ 問題 2.21 発達段階の区分の観点として，適切でないものはどれか。
1 社会的習慣や教育制度に基づく観点
2 身体的発達などによる観点
3 特定の精神機能を中心とした観点
4 全体的な精神機能の発達的変化を基準とした観点
5 時間間隔を基準にした観点

■ 問題 2.22 次は社会的参照に関連する記述であるが，誤っているものを選べ。
1 1歳前後に発生
2 共同注意
3 間主間性
4 他者の意図
5 馴化

■ 問題 2.23 次は，普通は生後3ヶ月ごろまでには消失する反射であるが，それとは異なるものを選べ。
1 吸啜反射（吸乳反射）
2 把握反射
3 バビンスキー反射
4 膝蓋腱反射
5 自動歩行反射

■ 問題 2.24 平成になってからのいじめの発生件数の一般的傾向について正しい記述はどれか。
1 小学校と中学校での発生件数はほぼ同じで，もっとも多い
2 中学校と高校での発生件数はほぼ同じで，もっとも多い
3 小学校での発生件数がもっとも多い
4 中学校での発生件数がもっとも多い
5 発生件数の多さに一般的な傾向はみられない

■ 問題 2.25 不登校についての記述で誤っているものはどれか。
1 不登校の子どもは，中学生にもっとも多い
2 不登校には，けがや病気による欠席数は含まない
3 不登校とは，出席すべき日数のうち30日以上欠席したものをいう
4 不登校児童生徒は，進級できない
5 不登校は，学年が進むにつれ多くなる傾向にある

■ 問題 2.26 文部科学省では，校内暴力を4分類しているが，これに該当しないものはどれか。
1 生徒間暴力
2 対教師暴力
3 対人暴力
4 暴走行為
5 器物損壊

■ 問題 2.27 次の組み合わせのうち誤りのある組み合わせはどれか。
1 B. F. スキナー – プログラム学習
2 A. バンデューラ – モデリング学習
3 D. P. オーズベル – 有意味受容学習
4 J. S. ブルーナー – 発見学習
5 M. モンテッソーリ – 問答法

■ 問題 2.28 E. H. エリクソンが「基本的信頼 vs 不信」という発達的危機をあげた時期はどれか。
1 乳児期
2 早期幼児期
3 遊戯期
4 学童期
5 青年期

■ 問題 2.29 B. S. ブルームの提唱した形成的評価として正しいものはどれか。

1　学習指導を始めるにあたって，学習者の実態を把握すること
2　学習指導を進めている途中で，学習者の状況を把握すること
3　一定の学習指導が終わった段階で，学習者の学習成果を把握すること
4　学習者の習得度を集団内での位置として把握すること
5　学習者の習得の伸びを把握すること

■ 問題 2.30　病気や外的な影響によらない人生後半期の変化のパターンは何というか。
1　エイジング
2　発達加速現象
3　発達と老化
4　年齢的変化
5　生活の質

領域 4
「社会・感情・パーソナリティ・産業・組織」

■ 問題 2.31　J. L. ホランドの開発したVPI職業興味検査（Vocational Preference Inventory）は，6つのパーソナリティ型をとらえるものであるが，これに含まれないものはどれか。
1　現実型
2　芸術型
3　社会型
4　企業型
5　権力型

■ 問題 2.32　暴力的テレビ番組が子どもに与える影響について研究したのは誰か。
1　P. G. ジンバルドー
2　F. ハイダー
3　A. バンデューラ
4　J. ボウルビィ
5　S. シャクター

■ 問題 2.33　ある地位にいる人に対して，周りの人たちがこのように行動すべきだと考えている役割内容はどれか。
1　役割期待
2　役割知覚
3　役割葛藤
4　役割遂行
5　役割取得

■ 問題 2.34　態度変容に直接にはかかわらない要因はどれか。
1　情報源の信憑性
2　情緒
3　両面的コミュニケーション
4　社会的促進
5　認知的不協和

■ 問題 2.35　態度の測定に関係がないのは誰か。
1　R. リッカート
2　E. S. ボガーダス
3　L. ガットマン
4　A. ポルトマン
5　L. L. サーストン

■ 問題 2.36　ホーソン研究を中心的に進めたとされる人物を次のうちから選べ。
1　K. レヴィン
2　F. W. テーラー
3　G. E. メーヨー
4　E. フロム
5　T. W. アドルノ

■ 問題 2.37　説得される心理について，異なるものを選べ。
1　返報性
2　好意
3　コミットメントと一貫性
4　同調
5　権威

■ 問題 2.38　パーソナリティ理論のなかで期待，基準，目標－計画，自己効力概念といった語を用いてパーソナリティ構造を説明しようとするのはどれか。
1　学習理論
2　社会的認知理論
3　5因子特性モデル
4　C. R. ロジャーズの人格理論
5　認知的・情報処理理論

■ 問題 2.39　E. フロムの解明した権威主義的パーソナリティにかかわらないものはどれか。
1　孤独感と無力感
2　服従と支配
3　逃避のメカニズム
4　自分と対象との融合
5　対象喪失と罪悪感

■ 問題 2.40　精神分析の去勢不安ともっとも関係の深いコンプレックスはどれか。
1　エディプス・コンプレックス
2　エレクトラ・コンプレックス
3　カイン・コンプレックス
4　劣等コンプレックス
5　ジーザス・コンプレックス

領域 5
「臨床・障害・健康・福祉・犯罪・非行」

■ 問題 2.41　行動療法と無関係なものを選べ。
1　J. ウォルピ
2　O. H. マウラー
3　E. T. ジェンドリン
4　H. J. アイゼンク
5　B. F. スキナー

■ 問題 2.42　ロールシャッハ・テストについて無関係な人物を選べ。
1　E. クレペリン
2　J. E. エクスナー
3　S. J. ベック
4　B. クロッパー
5　片口安史

■ 問題 2.43　認知症の中核症状に含まれないものはどれか。
1　記憶機能の低下
2　思考力（計算，判断など）の低下
3　意思伝達機能の低下
4　視空間機能の低下
5　呼吸機能の低下

■ 問題 2.44　21 番目の染色体異常によって引き起こされる知的障害はどれか。
1　自閉症
2　ダウン症
3　AD/HD
4　LD
5　人格障害

■ 問題 2.45　ソンディ・テストにおいて使われる刺激は何か。
1　インク・ブロット
2　顔写真
3　風景画
4　記号
5　ことば

■ 問題 2.46　C. R. ロジャーズの来談者中心療法（非指示的療法）に関係の薄いものはどれか。
1　自己概念と経験の不一致
2　無条件の肯定的配慮
3　共感的理解
4　系統的脱感作
5　他者受容の経験

■ 問題 2.47　TAT についての記述として誤りのあるものはどれか。
1　H. A. マレーが開発
2　具体的な絵について自由に物語を作ってもらう
3　主題統覚検査
4　投影法
5　学習理論に基づく

■ 問題 2.48　空の巣症候群とは何か。
1　ストレス反応の 1 つで，過度の身体疲労と感情の枯渇を示す症候群
2　「もっと自分に適した仕事があるに違いない」といった明確な方向性や目的もなしに，離・転職を企図する人たちの思考様式，行動パターン
3　夫は仕事で忙しく，子どもが就職，結婚して巣立っていくと，女性（妻・母）は空虚感や抑うつ感が高じて，さまざまな症候群を示す
4　特に感情の高揚や抑圧などの心理的要因によって，呼吸器系，循環器系，神経・筋肉系などに症状があらわれる

5 出産後3～4日目頃から出現し，泣く，抑うつ気分，不安，緊張，焦燥などの軽度の情緒障害

■ **問題 2.49** 不定愁訴とは何か。
1 身体的愁訴が多様で，明らかな器質的所見が認められないもの
2 生理的機能に機能低下，過度の上昇，失調などの障害が生じている状態
3 精神的苦痛や不安から逃れたり，快感を求めて，強迫的に行為を反復すること
4 長時間の精神的活動や身体的活動のために生理的機能低下や消耗感が生ずること
5 書字の際に，指，手首，ひじ，肩などに不随意なけいれんが起こること

■ **問題 2.50** 少年法で，家庭裁判所の審判に付す少年としているものはどれか。
1 不登校少年
2 触法少年
3 犯罪被害少年
4 精神障害少年
5 発達障害少年

問題セット 2

領域 1
「原理・方法・歴史・数理・計量」

問題 2.51 17世紀の哲学者で，生まれたとき「心は白紙」の状態（tabula rasa　タブラ・ラサ）で，知識の源泉は感覚の経験から成立すると述べた人は誰か。
1　アリストテレス
2　プラトン
3　デカルト
4　ロック
5　ヴント

問題 2.52 理論とは何か。
1　検証可能な命題
2　操作に反応して変化する要因
3　統計的指標
4　事実を説明したり，予測したり，体系化するのに役立つ原理
5　ある場面で次に何が起きるかを推論する台本

問題 2.53 2つの群間に統計的に有意な差がみられたとき，それは何を意味するか。
1　その差は統計的には事実だが，実践的な意味はほとんどない
2　その差は，サンプリングの変動の結果を意味する
3　その差は，偶然の変動によるものではない可能性を意味する
4　帰無仮説を採択することを意味する
5　有意確率が50％であることを意味する

問題 2.54 極端な数値によってもっとも影響を受けるのは，どの代表値か。
1　平均値
2　メディアン
3　レンジ
4　モード
5　閾値

問題 2.55 因子分析と無関係なものを選べ。
1　共通性
2　斜交解
3　相関行列
4　偏回帰係数
5　共分散行列

問題 2.56 カイ自乗検定と無関係なものを選べ。
1　自由度
2　名義尺度
3　平均値
4　周辺確率
5　期待度数

問題 2.57 データマイニングの解析法について無関係なものを選べ。
1　階層型ネットワークモデル
2　T. コホーネン
3　人工知能
4　統計学
5　S. S. スティーヴンス

問題 2.58 心理学の研究をおこなうときには守るべき倫理規定があるが，これに該当しないのはどれか。
1　インフォームド・コンセント
2　プライバシーの保護
3　研究結果のフィードバック
4　ディセプション
5　すべて該当しない

問題 2.59 研究において，研究目的や仮説などをあらかじめ知っていると分析結果が特定の

方向にゆがむ危険性がある。これを避けるためにとられる方法はどれか。
1　ランダム・サンプリング
2　統制条件
3　プラセボ効果
4　ハインドサイト・バイアス
5　ブラインド・テスト

■ **問題 2.60**　遺伝と環境の影響を調べる研究対象として，次のどれが一番適切か。
1　二卵性双生児
2　同一環境で育った一卵性双生児
3　養子縁組の子どもとその縁組の親
4　異なった環境で育った一卵性双生児
5　兄弟姉妹

領域 2
「知覚・認知・学習・神経・生理」

■ **問題 2.61**　感覚受容器に作用して知覚を生じさせる刺激は何というか。
1　近刺激
2　遠刺激
3　知覚刺激
4　感覚刺激
5　受容刺激

■ **問題 2.62**　明るい所と暗い所で光の波長に対する感度が変わることを何というか。
1　プルキンエ現象
2　擬態
3　ビジュアル・キャプチャー
4　主観色現象
5　彩度同化

■ **問題 2.63**　ヒトが光を感知する網膜の三層構造について，光刺激が伝わる正しい順序はどれか。
1　両極細胞→視細胞→神経節細胞
2　神経節細胞→両極細胞→視細胞
3　視細胞→神経節細胞→両極細胞
4　神経節細胞→視細胞→両極細胞
5　視細胞→両極細胞→神経節細胞

■ **問題 2.64**　発話思考法に関して誤った説明を選べ。
1　質的な方法である
2　解決過程を言語で表現する
3　推論過程を言語で表現する
4　自分の問題解決法を解説していく
5　発話プロトコル法のことである

■ **問題 2.65**　問題解決における領域固有性に関係のあるものを選べ。
1　4枚カード問題
2　ハノイの塔問題
3　宣教師と人食い人種問題
4　パズル
5　上記のいずれも関係がある

■ **問題 2.66**　言語機能に関する組み合わせ対のうちで組み合わせの誤りを選べ。
1　PET - 陽電子放出断層撮影法
2　fMRI - 機能的磁気共鳴画像法
3　C. ウェルニッケ - 流暢性失語
4　P. P. ブローカ - 言語性失語
5　失語症 - 言語聴覚士

■ **問題 2.67**　プロスペクト理論について関係のないものを選べ。
1　D. カーネマン
2　A. トヴェルスキー
3　M. アレの選択課題
4　言語のモジュール
5　意思決定

■ **問題 2.68**　次のうちで視聴覚相互作用の例を選べ。
1　スリーパー効果
2　フィードバック効果
3　サブリミナル効果
4　マガーク効果
5　ブーメラン効果

■ **問題 2.69** A. バンデューラらの社会的学習理論について観察学習・モデリングの効果が実証されていないのはどれか。
1 道徳的判断
2 愛他的行動
3 満足の遅延行動
4 攻撃行動
5 長さについての知覚判断行動

■ **問題 2.70** チンパンジーのヴィキに音声言語を習得させたヘイズ夫妻の研究では，ヴィキが習得できた語はおおよそいくつか。
1 5語以内
2 10語程度
3 20語程度
4 50語程度
5 100語程度

領域3
「発達・教育」

■ **問題 2.71** ジェンダーとは何か。
1 男性および女性の生物学的ならびに社会的な定義
2 男性および女性の生物学的な定義
3 男性あるいは女性であるという本人の感覚
4 伝統的な男性あるいは女性の特性を示す程度
5 性ホルモンによる定義

■ **問題 2.72** ジェンダーは，子どもが自分の経験をみるレンズを通して形成されるとする説はどれか。
1 社会的認知理論
2 L. S. ヴィゴツキーの社会文化理論
3 J. ピアジェの理論
4 ジェンダー・スキーマ理論
5 L. コールバーグの認知理論

■ **問題 2.73** テストステロンというホルモンについて，正しいのはどれか。
1 女性にのみみられる
2 男性にのみみられる
3 人の性別を決める
4 女性の性器の発達を刺激する
5 男性の性器の発達を刺激する

■ **問題 2.74** ジェンダー差に関する進化論的説明は，どのように批判されてきたか。
1 事実の後づけ説明である
2 男性－女性というステレオタイプを強めた
3 性に対する文化の影響を過小評価している
4 1～3のすべて
5 正答はない

■ **問題 2.75** 生後1ヶ月ぐらいまでの乳児の視力はどのぐらいとされているか。
1 0.01
2 0.05
3 0.1
4 0.5
5 1.0

■ **問題 2.76** 他視点取得について無関係なものを選べ。
1 J. ピアジェとB. イネルデ（インヘルダー）
2 心の理論
3 R. セルマン
4 3つ山問題
5 意味ネットワークモデル

■ **問題 2.77** 観察学習・モデリング理論における代理強化とは何か。
1 モデルと学習者が交代で強化を受ける
2 モデルと学習者が同時に強化を受ける
3 モデルが強化を受ける
4 学習者が強化を受ける
5 1～4には正答がない

■ **問題 2.78** 不登校生徒児童数に関する記述として正しいものを選べ。
1 一般に不登校中学生数は不登校小学生数よりも多い
2 一般に不登校中学生数と不登校小学生数とはほぼ同じである

3　年度によって一定せず，不登校中学生数が多いときも，不登校小学生数が多いときもある
4　不登校中学生数が増加し，不登校小学生数が減少している
5　不登校中学生数も不登校小学生数も大幅な減少傾向にある

■ 問題 2.79　H. M. ロビンソンは効果的な学習方略として，概観する→設問する→［　　］→復唱する→復習するという5つの流れからなるSQ3R法を提唱している。［　　］に入るのは次のどれか。
1　実現する（realize）
2　受けとめる（receive）
3　読む（read）
4　記録する（record）
5　強化する（reinforce）

■ 問題 2.80　C. G. ユングは人の一生を一日の太陽の動きになぞらえているが，太陽が真上に来るときを何といっているか。
1　人生の最盛期
2　人生の正午
3　人生の分岐点
4　人生の折り返し点
5　人生のとらえ直し

領域 4
「社会・感情・パーソナリティ・産業・組織」

■ 問題 2.81　R. J. スタンバーグの知能の鼎立理論の下位理論として正しいものはどれか。
1　コンポーネント理論，経験理論，文脈理論
2　経験理論，文脈理論，言語理論
3　文脈理論，言語理論，空間理論
4　言語理論，空間理論，コンポーネント理論
5　空間理論，コンポーネント理論，経験理論

■ 問題 2.82　態度変容への抵抗に関して免疫理論があるが，その代表的な研究者は誰か。
1　J. W. ブレーム
2　W. J. マクガイア
3　D. カッツ

4　H. J. アイゼンク
5　M. J. ローゼンバーグ

■ 問題 2.83　集団内の同調行動にもっとも関係の薄いものはどれか。
1　集団圧力
2　集団規範
3　集団凝集性
4　集団面接
5　集団決定

■ 問題 2.84　F. E. フィードラーの状況即応理論で扱われていないものはどれか。
1　リーダーとメンバーとの関係
2　集団課題の構造
3　リーダーの権限
4　メンバーの能力特性
5　集団効率

■ 問題 2.85　組織心理学者 E. H. シャインは，管理者のもつ人間観を3つに分類し，これを批判的に考察して第4の人間観を提唱した。それは次のなかのどれか。
1　合理的経済人
2　社会人
3　自己実現人
4　複雑人
5　自由人

■ 問題 2.86　S. ミルグラムのおこなったアイヒマン実験とはどれか。
1　対連合学習を用い，課題を間違えたサクラに電気ショック（実際はショックが与えられない）を与える実験
2　赤信号にもかかわらず，モデルが信号を無視して違反行動をするとき，周囲の人々が同調行動をするかを調べる実験
3　一般市民をランダムに看守役と囚人役に分け，それぞれの役割遂行を調べた実験
4　アカゲザルの子を針金親と布親によって育てた実験
5　隣室で異状な物音がして，女性がけがをして困っている状況下で，ひとはどのような行動をするかを調べた実験

問題 2.87 群集のパニック行動に無関係のものはどれか。
1 恐怖や不安
2 突然性や予測不可能性
3 リーダーの不在
4 競争事態
5 集団圧力

問題 2.88 G. O. ウェルズの製作したラジオ番組（コロンビア放送：CBS）「火星からの侵入」にもっとも関係するものはどれか。
1 親和動機
2 態度変容
3 流言
4 社会的勢力
5 好奇動機

問題 2.89 2者関係において適切な心理的距離の取り方に関する葛藤をあらわすことばはどれか。
1 自己モニタリング
2 やまあらしのジレンマ
3 ハインツのジレンマ
4 セルフ・ハンディキャッピング
5 クラウディング

問題 2.90 対人魅力の規定因として含まれないものを選べ。
1 近接性
2 単純接触の効果
3 身体的魅力
4 好意の返報性
5 対人距離

領域5
「臨床・障害・健康・福祉・犯罪・非行」

問題 2.91 不安障害と無関係なものを選べ。
1 パニック障害
2 摂食障害
3 広場恐怖症
4 強迫性障害
5 ストレス障害

問題 2.92 前頭前野（前頭葉の連合野）の損傷による機能障害を調べるテストとして含まれないものを選べ。
1 新近性テスト
2 ウィスコンシン・カード分類テスト
3 ストループテスト
4 モダリティテスト
5 流暢性テスト

問題 2.93 M. E. P. セリグマンの学習性無力感の実験について無関係なものはどれか。
1 帰属療法
2 動機づけ的側面
3 認知的側面
4 情動的側面
5 1〜4 はいずれも関係がある

問題 2.94 記憶障害について正しくない説明を選べ。
1 健忘症と認知症（痴呆症）は区別できる
2 側頭葉性健忘は別名を純粋健忘という
3 コルサコフ症候群は器質性健忘である
4 記憶の二重貯蔵モデル（1968）の二重とは感覚記憶と短期記憶のことである
5 前脳基底部健忘は器質性健忘である

問題 2.95 系列的な動作で順序を間違う失行はどれか。
1 構成失行
2 観念失行
3 拮抗性失行
4 口顔面失行
5 肢節運動失行

問題 2.96 日常的な失語症がみられないのに文字や単語が読めない失認はどれか。
1 物体失認
2 環境失認
3 純粋失認
4 色彩失認
5 相貌失認

問題 2.97 人工妊娠中絶は妊娠何週未満におこなわれるか。
1 妊娠16週未満

2　妊娠 19 週未満
3　妊娠 22 週未満
4　妊娠 25 週未満
5　妊娠 28 週未満

問題 2.98　性感染症に含まれないものはどれか。
1　クラミジア感染症
2　梅毒
3　淋病
4　エイズ
5　パーキンソン病

問題 2.99　児童相談所の役割に含まれないものはどれか。
1　子どもに関する相談
2　子どもや家庭に関する精神保健上の判定
3　子どもの矯正教育
4　子どもの一時保護
5　子どもの福祉に関する実情の把握

問題 2.100　E. H. エリクソンはパトグラフィーとされる心理・歴史的研究をおこなったが，彼が取り上げた人物ではないのは誰か。
1　ヒトラー
2　ガンジー
3　ルター
4　ゴーリキー
5　ニュートン

問題セット3

領域1
「原理・方法・歴史・数理・計量」

■ **問題 2.101** 心身一元論を主張したのは次のうちの誰か。
1 ガルヴァーニ
2 デカルト
3 ワトソン
4 ホッブス
5 グランクリン

■ **問題 2.102** 次の組み合わせで誤った組み合わせはどれか。
1 P. アリエス-『子供の誕生』
2 W. T. プライヤー-『児童の精神』
3 H. ウェルナー-『発達心理学入門』
4 G. S. ホール-『青年期』
5 W. ジェームズ-『発達心理学原理』

■ **問題 2.103** 「心理学は長い過去をもっているが短い歴史しかもっていない」(『心理学要論』, 1908) と述べたのは次のうち誰か。
1 L. S. ヴィゴツキー
2 J. デューイ
3 H. エビングハウス
4 J. B. ワトソン
5 K. レヴィン

■ **問題 2.104** 次の著者と書物の組み合わせのうちでもっとも年代の古いのはどれか。
1 W. ケーラー-『類人猿の知恵試験』
2 J. B. ワトソン-『行動主義者の見た心理学』
3 W. ジェームズ-『心理学原理』
4 N. A. チョムスキー-『統語論的構造』
5 S. フロイト-『精神分析入門』

■ **問題 2.105** 社会心理学の実験などでは実験の意図がさとられると研究目的を達することが困難になるので実験協力者（サクラ）やカバー・ストーリーを使うことがある。その実験の事後に被験者（実験対象者）に対しておこなう説明を何というか。
1 インフォームド・コンセント
2 デブリーフィング
3 アクション・リサーチ
4 シェアリング
5 アイス・ブレーキング

■ **問題 2.106** 次の尺度の種類のうちで、数の大小関係が表現できない尺度はどれか。
1 名義尺度
2 順序尺度
3 間隔尺度
4 比尺度
5 絶対尺度

■ **問題 2.107** ノンパラメトリック検定に分類されるものを選べ。
1 分散分析
2 因子分析
3 U 検定
4 t 検定
5 F 検定

■ **問題 2.108** 推計学による統計的検定について無関係なものを選べ。
1 第一種の誤り
2 第二種の誤り
3 因子パターン
4 帰無仮説
5 対立仮説

■ **問題 2.109** 次は大きな影響を与えた研究とその研究者の組み合わせである。組み合わせの

間違っているものを選べ。
1　J. B. ワトソンとR. レイナー（1920）－アルバート坊やの情動的条件づけ
2　S. ミルグラム（1963）－命令に服従する行動
3　E. F. ロフタス（1975）－誘導尋問と目撃証言
4　E. J. ギブソンとR. D. ウォーク（1960）－見せかけの崖を使った赤ちゃんの奥行知覚
5　H. ロールシャッハ（1961）－神経症についての系統的脱感作

問題 2.110　認知心理学の誕生年は，俗に認知革命といわれているが，それはいつのことか。
1　1956年
2　1965年
3　1969年
4　1971年
5　1985年

領域 2
「知覚・認知・学習・神経・生理」

問題 2.111　知覚や学習の領域において，部分の総和は全体とは異なるという原理に基づいて研究を進めた学派はどれか。
1　ゲシュタルト心理学
2　パーソナリティ心理学
3　行動主義心理学
4　精神分析学
5　数理心理学

問題 2.112　逆転・反転メガネの着用実験によって初めて発生する現象とはいえないものはどれか。
1　外界の画像が上下逆転する
2　外界の画像が左右反転する
3　空間定位が喪失する
4　身体感覚が分裂する
5　1～4の選択肢のいずれにもない

問題 2.113　同じ明度の灰色の紙を黒い台紙と白い台紙の上に置くと，黒い台紙に置かれた方はより白く，一方で白い台紙に置かれた方はより暗く見える。これを何というか。
1　透明視
2　明るさの同化
3　色の対比
4　明るさの対比
5　明度の恒常性

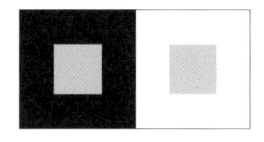

図 2-113

問題 2.114　人間の長期記憶に関して，言語的に表現できる事実や出来事についての知識を何というか。
1　手続き的知識
2　ネットワーク知識
3　宣言的知識
4　パターン認識
5　言語性IQ

問題 2.115　人工知能の研究についてもっとも無関係な語を選べ。
1　コンピュータ
2　チェス
3　ヒューリスティックス
4　エキスパート・システム
5　ステレオタイプ

問題 2.116　忘却を説明する理論のうちで，前後する最初の方の記憶内容が後の方の記憶内容を妨害して想起できないとする考えを何というか。
1　逆行干渉説
2　レミニッセンス
3　順行干渉説
4　記憶痕跡説
5　抑圧説

■ 問題 2.117　仮現運動のうちで，たとえばミューラー－リヤーの錯視図を用いて，外向き矢羽の図と内向き矢羽の図とをすばやく交互に示すと，まるでその図が伸縮運動をしているかのように見える現象を何というか。
1　α（アルファ）運動
2　β（ベータ）運動
3　γ（ガンマ）運動
4　フェイド
5　ワイプ

■ 問題 2.118　奥行き知覚を生み出す刺激布置の要因に含まれないものを選べ。
1　肌理の勾配
2　重なり合い
3　相対的大きさ
4　運動視差
5　大気遠近法

■ 問題 2.119　人間の体温の変化は生物リズムに従っているが，それは何というか。
1　ウルトラディアン・リズム
2　インフラディアン・リズム
3　サーカディアン・リズム
4　バイオ・リズム
5　ケミカル・リズム

■ 問題 2.120　大きさの錯視を選べ。
1　ヘリングの錯視
2　エビングハウスの錯視
3　ツェルナーの錯視
4　ミューラー－リヤー錯視
5　ポッゲンドルフ錯視

領域 3
「発達・教育」

■ 問題 2.121　J. ピアジェの認知発達理論で無関係な用語を選べ。
1　シェマ
2　消去
3　均衡化
4　調節
5　同化

■ 問題 2.122　U. ブロンフェンブレンナーによる生態学的発達モデルと無関係な語はどれか。
1　マクロシステム
2　メゾシステム
3　メタシステム
4　エクソシステム
5　マイクロシステム

■ 問題 2.123　発達指数（DQ）を求める正しい式はどれか。
1　DQ = DA × CA × 100
2　DQ =［CA ÷ DA］× 100
3　DQ =［DA ÷ CA］× 100
4　DQ =［DA ÷ CA］÷ 100
5　DQ =［DA × CA］÷ 100

■ 問題 2.124　足の裏に刺激を与えると足の親指が反り返ったり他の 4 本の指が扇状に開いたりする新生児の反射は何か。
1　バビンスキー反射
2　把握反射
3　口唇探索反射
4　モロー反射
5　自動歩行反射

■ 問題 2.125　M.D.S. エインズワースのストレンジ・シチュエーション法によるアタッチメントの分類のうちに含まれないものはどれか。
1　信頼型
2　安定型
3　回避型
4　アンビバレント型
5　無秩序・無方向型

■ 問題 2.126　表情による情動の表出で発達的にみてもっとも遅くあらわれるのはどれか。
1　共感
2　嫌悪
3　驚き
4　恐れ
5　悲しみ

■ 問題 2.127　E. H. エリクソンの発達段階説における親密性 vs 孤立という心理・社会的危機は，人間発達のどの時期とされるか。

1 幼児後期
2 児童期
3 青年期
4 成人前期
5 老年期

■ 問題 2.128　J. E. マーシャによる自我同一性地位（アイデンティティ・ステイタス）に含まれないものを選べ。
1 アイデンティティ拡散
2 アイデンティティ・コンプレックス
3 アイデンティティ達成
4 モラトリアム
5 フォークロージャー

■ 問題 2.129　ATI（適性処遇交互作用）ともっとも関係の深いものはどれか。
1 L. J. クロンバック
2 B. S. ブルーム
3 完全習得学習
4 ジグソー学習
5 発見学習

■ 問題 2.130　社会的微笑があらわれるのはいつ頃からか。
1 生後1ヶ月
2 生後3ヶ月
3 生後5ヶ月
4 生後7ヶ月
5 生後9ヶ月

領域 4
「社会・感情・パーソナリティ・産業・組織」

■ 問題 2.131　社会的かしこさを社会的知能の概念として提唱した人物は誰か。
1 E. L. ソーンダイク
2 A. バンデューラ
3 J. L. モレノ
4 R. バーオン
5 P. サロヴェイ

■ 問題 2.132　P. M. サイモンズによる研究で、親の養育態度を把握する軸と無関係のものを選べ。
1 愛情
2 保護
3 支配
4 服従
5 拒否

■ 問題 2.133　次のうちでホメオスタシス性動機に含まれないものを選べ。
1 性動機
2 飲水
3 睡眠
4 摂食
5 体温調節

■ 問題 2.134　自己について「知る者としての自己」と「知られる者としての自己」の2つの自己を区別して論じたのは誰か。
1 J. N. バック
2 S. ローゼンツァイク
3 W. ジェームズ
4 G. W. オルポート
5 E. クレッチマー

■ 問題 2.135　心理療法における転移に関して正しいものはどれか。
1 治療者がクライエントに対してもつ感情反応
2 クライエントが治療者に対してもつ感情反応
3 治療者のもつ記憶や態度が行動として表出すること
4 クライエントのもつ記憶や態度が行動として表出すること
5 クライエントが抱えている問題を把握すること

■ 問題 2.136　J. L. ホーンとR. B. キャッテルによる知能理論のうちで経験の蓄積による知的能力をあらわす語はどれか。
1 流動性知能
2 社会的知能
3 結晶性知能
4 博物的知能
5 人格的知能

■ 問題 2.137　J. L. モレノによる集団治療のための人間関係テストは5つあるが，次のなかからそれと異なるものを選べ。
1　知己テスト
2　ソシオメトリック・テスト
3　自発性テスト
4　状況テスト
5　自由連想テスト

■ 問題 2.138　H. ガードナーの多重知能理論の8つの因子に含まれないものはどれか。
1　言語的知能
2　流暢性知能
3　身体 - 運動的知能
4　論理 - 数学的知能
5　音楽的知能

■ 問題 2.139　動作性IQと言語性IQを算出できる知能検査を作成したのは次の誰か。
1　E. ロッシュ
2　W. マクドゥーガル
3　W. T. プライヤー
4　R. J. スタンバーグ
5　D. ウェクスラー

■ 問題 2.140　J. R. P. フレンチ Jr. と B. H. レイヴンによる，受け手から見た社会的勢力の理念モデル5類型に含まれないものはどれか。
1　外見勢力
2　報酬勢力
3　準拠勢力
4　正当勢力
5　専門勢力

領域 5
「臨床・障害・健康・福祉・犯罪・非行」

■ 問題 2.141　E. T. ジェンドリンが「焦点づけ（Focusing）」（1978）のなかであげた体験過程としての4位相に含まれないものはどれか。
1　自分のなかにある概念的には漠然としているが，はっきりと感じられる意味に焦点をあわせる
2　感じられている意味に焦点を当てていると次第に明瞭になってくる
3　さまざまな連想や記憶が関連づけられてくる
4　焦点を当てていたものが，はっきり変化して感じられる
5　焦点を当てていたものが次第に漠然としてきて，無意味に感じられる

■ 問題 2.142　失感情症と訳されている心身症的な疾患名は次のうちどれか。
1　アレキシサイミア
2　コノミプラミン
3　フェノバルビタール
4　トリアゾラム
5　トリヘキシフェニジル

■ 問題 2.143　次の語のなかでリーダーシップ研究に無関係な語はどれか。
1　専制型
2　民主型
3　放任型
4　K. レヴィン
5　E. L. デシ

■ 問題 2.144　遊戯療法についての説明で適切ではない記述を選べ。
1　子どもを対象とする
2　遊びの目的は対人関係の訓練である
3　セラピストは遊びを自己表現として受けとめる
4　おもちゃを使うことが多い
5　セラピストとゲームをすることが多い

■ 問題 2.145　S. フロイトの精神分析理論に関して無関係な語を選べ。
1　リビドー
2　エディプス・コンプレックス
3　幼児性欲
4　無意識
5　認知行動療法

■ 問題 2.146　C. R. ロジャーズのアプローチに関してもっとも無関係なものを選べ。
1　クライエント中心療法

2　フォーカシング
3　パーソン・センタード・アプローチ
4　箱庭療法
5　非指示的療法

問題 2.147　森田療法と無関係な語を選べ。
1　軽作業
2　絶対臥褥(がじょく)
3　ヒポコンドリー性基調
4　社会復帰準備
5　統合失調症

問題 2.148　チックの説明として正しいものはどれか。
1　随意的な筋肉が，不随意的で無目的な運動を急速に繰り返すこと
2　自己の肉体の一部を傷つける行為
3　自分に関する現在の時間，場所，対人的状況が判断できないこと
4　意識が混濁し，幻覚が出現すること
5　実体験ではないことが，誤って追想され，実際であるかのよう話されること

問題 2.149　ストレス反応に関する語で無関係なものを選べ。
1　自律訓練法
2　汎適応症候群
3　コーピング
4　バイオ・フィードバック
5　家族療法

問題 2.150　E. キューブラ-ロスによる死への5段階について正しい順序になっているものを選べ。
1　否認と孤立→怒り→取り引き→抑うつ→受容
2　怒り→否認と孤立→抑うつ→取り引き→受容
3　受容→取り引き→抑うつ→怒り→否認と孤立
4　抑うつ→否認と孤立→怒り→受容→取り引き
5　いずれも正しくない

問題セット4

領域1
「原理・方法・歴史・数理・計量」

問題 2.151 調査データのサンプリング法で，別名を等間隔抽出法という抽出法はどれか。
1. 系統的抽出法
2. 単純無作為抽出法
3. 多段抽出法
4. 層化抽出法
5. 標本抽出法

問題 2.152 次のうちで質問紙法の特徴を選べ。
1. 面接者が被面接者と1対1で面談する
2. 質問の意味を明確に伝えることができる
3. 容易に回答できる
4. 因果関係の実証に適する
5. 現実の社会的場面からは遊離しがちである

問題 2.153 バイアス，剰余変数，交互作用，交絡という語は，次のどの研究法とかかわりがあるか。
1. 質問紙調査法
2. 実験法
3. アクション・リサーチ
4. 心理検査法
5. 参加観察法

問題 2.154 同一の被調査者に対して時期を置いて同じ質問をおこない，それによって回答の変化をみる調査を何というか。
1. パネル調査
2. 繰り返し調査
3. 留め置き調査
4. 面接調査
5. 集合調査

問題 2.155 次のような回答形式を何というか。
「以下のフルーツの組み合わせについて，それぞれ好きな方を選んでください」
（リンゴ-バナナ），（オレンジ-バナナ），（なし-リンゴ）……。
1. 単一回答法
2. 複数回答法
3. 強制選択法
4. 一対比較法
5. 評定法

問題 2.156 認知革命として記念すべき日となったマサチューセッツ工科大学でのシンポジウムと無関係な人物は次のうちの誰か。
1. G. A. ミラー
2. N. A. チョムスキー
3. A. ニューエル
4. H. A. サイモン
5. J. J. ギブソン

問題 2.157 仮現運動あるいはファイ現象について「運動視に関する実験的研究」（1912）を発表したのは誰か。
1. H. L. F. von ヘルムホルツ
2. W. ヴント
3. F. ブレンターノ
4. M. ヴェルトハイマー
5. K. コフカ

問題 2.158 次の産業・組織心理学に関する組み合わせのうちで不適切なものを選べ。
1. W. D. スコット-『広告の理論』
2. H. ミュンスターベルク-『心理学と産業能率』
3. 上野陽一-倉敷労働科学研究所
4. 古賀行義-名古屋高等商業学校
5. F. W. テーラー-『科学的管理法の原理』

問題 2.159 セマンティック・ディファレンシャル法と無関係のものを選べ。
1 C. E. オズグッド
2 意味微分法
3 評定尺度法
4 因子分析
5 KJ 法

問題 2.160 標本集団から得られた統計量から，母集団の統計量を推定するときの信頼度に関して正しいものはどれか。
1 点推定は区間推定よりも信頼度が高い
2 点推定は区間推定よりも信頼度が低い
3 点推定も区間推定も信頼度は同じ
4 抽出率によるので，どちらともいえない
5 どのような統計量かによるので，一概にはいえない

領域 2
「知覚・認知・学習・神経・生理」

問題 2.161 相対的臨界期（敏感期）の正しい説明を選べ。
1 ハイイロガンの刻印づけのことである
2 人間の絶対音感が例である
3 人間にも多くみられる
4 能力の限界を比較することである
5 相対評価による知覚のことである

問題 2.162 われわれが物を見るとき，その形は見る角度が変わっても同じに見えてしまう傾向をもっている。これを何というか。
1 安定性
2 恒常性
3 空間知覚
4 錯視
5 錯覚

問題 2.163 E. C. バートレットの記憶変容過程に関する実験（1932）で用いられた有名な物語はどれか。
1 幽霊たちの戦争
2 インディアンの祭
3 ロビンフッドの冒険
4 チンパンジーの交尾の仕組み
5 ある日のアライグマ

問題 2.164 手続き的知識とかかわるプロダクション・システムをあらわすルールを選べ。
1 so～that
2 if～then
3 whether～or
4 as～as
5 not～but

問題 2.165 潜在記憶について関係の深い語を選べ。
1 展望的記憶
2 アルツハイマー型認知症
3 意識しないで想起
4 エピソード記憶
5 顕在記憶

問題 2.166 D. A. ノーマンの ATS モデルとは何か。
1 マスキング理論
2 アクション・スリップの説明理論
3 忘却の説明理論
4 選択的注意の理論
5 カテゴリー学習の理論

問題 2.167 大規模な空間の表象のタイプ分けの 1 つをルートマップ型とすると，もう 1 つは次のうちのどれか。
1 シェムヤキンマップ型
2 トールマンマップ型
3 シーゲルマップ型
4 ハートマップ型
5 サーヴェイマップ型

問題 2.168 脳内で視覚野の領域がある場所を次のなかから選べ。
1 側頭葉上側
2 側頭葉下側
3 前頭葉
4 頭頂葉
5 後頭葉

■ 問題 2.169　次は皮膚感覚の外部受容器についての組み合わせである。組み合わせが誤っているものを選べ。
1　痺（しびれ）－ ルフィニ小体
2　冷 － クラウゼ末端器
3　触 － マイスナー小体
4　圧 － パチニー小体
5　疼痛 － 自由神経終末

■ 問題 2.170　次は無条件反射（レスポンデント）に関する語であるが，無条件刺激－無条件反射の組み合わせを考えたときに無条件刺激があいまいか特定できないものを選べ。
1　利尿
2　血管運動反射
3　発熱
4　瞳孔反射
5　唾液反射

領域 3
「発達・教育」

■ 問題 2.171　乳児の社会性の発達について，出現する順が正しいのはどれか。
1　人見知り→いないいないばあ→始語→あやすと微笑
2　いないいないばあ→始語→あやすと微笑→人見知り
3　あやすと微笑→人見知り→いないいないばあ→始語
4　始語→人見知り→あやすと微笑→いないいないばあ
5　いないいないばあ→あやすと微笑→人見知り→始語

■ 問題 2.172　J. ピアジェの発達理論における「対象の永続性」はどの時期にあたるか。
1　感覚運動期
2　前操作期
3　具体的操作期
4　形式的操作期
5　臨界期

■ 問題 2.173　乳幼児精神発達診断法（津守式，0～7歳）が1ヶ月から12ヶ月児までに調べる5領域と異なるものを選べ。
1　運動
2　探索・操作
3　認知
4　食事
5　理解・言語

■ 問題 2.174　B. F. スキナーによるプログラム学習について無関係な語を選べ。
1　積極的反応の原理
2　スモールステップの原理
3　即時反応の原理
4　自己ペースの原理
5　レスポンデントの原理

■ 問題 2.175　学力テスト得点の標準偏差が 2.0，平均値が 60.0 であり，いまこのなかでAさんの得点が 72.0 であるとするとAさんの z 得点（標準得点）はいくらか。
1　3.0
2　6.0
3　24.0
4　8.57
5　－4.0

■ 問題 2.176　ソシオメトリック・テストについて無関係な語を選べ。
1　ソシオメトリック地位
2　J. L. モレノ
3　ソシオグラム
4　リーダーシップ
5　仲間関係

■ 問題 2.177　ポートフォリオ評価について関係のないものを選べ。
1　紙ばさみ
2　書類入れ
3　ファイル
4　総合的な学習
5　相対評価

■ 問題 2.178　生徒が計画して実際の場のなかで達成する目的をもったグループ活動のことを

何とよぶか。
1 バズ学習
2 集団学習
3 プロジェクト学習
4 分散学習
5 集中学習

■ 問題 2.179　D. E. スーパーによる「ライフ・キャリアの虹」に出てくる「人生の役割」とは違うものを選べ。
1 子ども
2 学生
3 余暇享受者
4 市民
5 老人

■ 問題 2.180　次は短期記憶の発達とかかわる語であるが，これとは異なるものを選べ。
1 情報の体制化
2 チャンキング
3 扁桃核
4 ゴルジ体
5 海馬

領域 4
「社会・感情・パーソナリティ・産業・組織」

■ 問題 2.181　W. ミッシェルによる『パーソナリティと査定』（1968）で問題としたものはどれか。
1 経時的な安定性
2 状況的な一貫性
3 相互作用性
4 測定の妥当性
5 研究の倫理性

■ 問題 2.182　次の人たちは基本的情動の研究者であるが，このなかから他とは異なる立場の者を選べ。
1 P. エクマン
2 C. E. イザード
3 R. プルチック
4 J. A. ラッセル
5 C. R. ダーウィン

■ 問題 2.183　R. W. ホワイトは自らが環境に対して有効な働き手であるという感じを得ようとする動機を考えたがこれを何というか。
1 内発的動機
2 外発的動機
3 自己決定動機
4 エフェクタンス動機
5 セルフ・エフィカシー動機

■ 問題 2.184　E. シュプランガーは，人生においてどのような価値観を重視するか，どのような生き方を望むかということから6つの価値類型を立てている。このなかから6つの価値類型に含まれないものを選べ。
1 審美的人間
2 経済的人間
3 理論的人間
4 宗教的人間
5 道徳的人間

■ 問題 2.185　次のうちで投影法検査はどれか。
1 MMPI
2 P-Fスタディ
3 ベンダー・ゲシュタルト検査
4 NEO-PI-R
5 内田＝クレペリン精神作業検査

■ 問題 2.186　情動体験には認知の役割は必要がないとするR. B. ザイアンスの主張があるが，その根拠とする実験でみられる現象はどれか。
1 単純接触効果
2 末梢起源説
3 接近−回避コンフリクト
4 回避−回避コンフリクト
5 接近−接近コンフリクト

■ 問題 2.187　組織の外に関心を向け創造性を志向する変革型リーダーシップ（B. M. バス，1998）について，その条件とは異なるものを選べ。
1　カリスマ性
2　企画力
3　志気を鼓舞する動機づけ
4　知的刺激
5　個別配慮性

■ 問題 2.188　次の略語の意味で誤っているものを選べ。
1　CDP：キャリア開発プログラム
2　OJT：職場内訓練
3　OFF-JT：職場外訓練
4　QOL：職業生活の質
5　QC：品質管理

■ 問題 2.189　H. J. リーヴィットらによるコミュニケーション・ネットワークの実験では，5名の集団間のメンバーで問題解決をすることが課せられている。比較対象とする集団の型は4つあるが，これには含まれていないものを選べ。
1　サークル型（円形）
2　鎖型（一列型）
3　Y型
4　車輪型（十文字型）
5　K型

■ 問題 2.190　S. ミルグラムによる有名な服従実験（1974）では，生徒役の被験者（実験対象者）が教師役のサクラ（実験協力者）による過酷な命令に服従してしまうという行動がみられた。このような命令に服従してしまった理由は次のどれとみなされたか。
1　自分は代理であるという心理状態のため
2　教師役の実験協力者の演技が下手だったから
3　これは実験にすぎないから
4　実験者 - 被験者効果のため
5　記憶力を問う学習課題であったため

領域5
「臨床・障害・健康・福祉・犯罪・非行」

■ 問題 2.191　より未熟な発達水準，低い要求水準へと退いてしまう自我防衛を以下のうちから選べ。
1　取り入れ
2　補償
3　昇華
4　退行
5　反動形成

■ 問題 2.192　次のうちから投影法検査を選べ。
1　SCT
2　MMPI
3　MPI
4　内田 = クレペリン精神作業検査
5　WISC-Ⅲ

■ 問題 2.193　タイプA行動パターンの特徴と異なるものを選べ。
1　大声で早口にしゃべる
2　狭心症
3　心筋梗塞
4　競争を好み熱中する
5　弱い敵意性と攻撃性

■ 問題 2.194　家族療法についての誤っている記述を選べ。
1　クライエントはIPとよばれる
2　家族境界に着目する
3　二重拘束
4　モア・オブ・ザ・セイム
5　ファシリテーション

■ 問題 2.195　DSM-Ⅳ-TR（アメリカ精神医学会）による分類であるが，誤った記述を選べ。
1　A群には分裂病性人格障害，妄想性人格障害が含まれる
2　B群には反社会性人格障害，境界性人格障害が含まれる
3　B群には自己愛性人格障害，演技性人格障害が含まれる
4　C群には回避性人格障害が含まれる

5　D群には依存性人格障害，強迫性人格障害が含まれる

問題 2.196　「身体症状から重い病気であると訴え検査を繰り返し，異常が見つからないのにかかわらず納得しない」といた記述はDSM-IV-TRによる身体表現性障害のうちのどれにあたるか。
1　身体化障害
2　転換性障害
3　疼痛性障害
4　心気症
5　身体醜形障害

問題 2.197　「他人の動機を悪意のあるものと解釈するような不信と疑いの深さの様式」とは，パーソナリティ障害のうちのどの診断名にもっともあてはまるか。
1　演技性パーソナリティ障害
2　回避性パーソナリティ障害
3　強迫性パーソナリティ障害
4　シゾイドパーソナリティ障害
5　妄想性パーソナリティ障害

問題 2.198　身体への働きかけを促すことによって心身両面への「気づき」を啓発・促進させようとする方法を何というか。
1　ボディ・イメージ
2　ホスピタリズム
3　デス・エデュケーション
4　治療キャンプ
5　ボディ・ワーク

問題 2.199　内観療法と無関係な語を選べ。
1　浄土真宗
2　吉本伊信
3　身調べ
4　絶食
5　精神修行法

問題 2.200　カウンセリングに関する用語の説明として記述が不適切なものを選べ。
1　リファー：クライエントを他の専門施設，専門家に紹介すること
2　リエゾン：精神科と他の科の医療スタッフが継続的に治療上の連携システムを作ること
3　ラポール：カウンセラーとクライエントが互いに信頼し受容できる関係のこと
4　オリエンテーション：どのような治療手順になるかを説明すること
5　インテーク面接：クライエントに対しての受付面接のこと

問題セット 5

領域 1
「原理・方法・歴史・数理・計量」

■ **問題 2.201** 「ダブルバーレル質問」とは，どのような内容の質問か．
1 1つの質問のなかに，複数の内容が含まれる質問
2 2重否定の表現を用いた質問
3 社会的に好ましくない表現を含んだ質問
4 回答者のプライバシーを侵害する質問
5 1つのことばが多義的である質問

■ **問題 2.202** S. フロイトの精神分析学で仮定されている，いわゆる精神的エネルギーは何とよばれているか．
1 リビドー
2 イド
3 エス
4 スーパー・エゴ
5 エゴ

■ **問題 2.203** 新フロイト派に含まれる人は次のうち誰か．
1 E. フロム
2 C. G. ユング
3 A. アドラー
4 A. フロイト
5 A. ビネー

■ **問題 2.204** 人間主義的・実存主義的アプローチのグループに含まれない人は誰か．
1 V. E. フランクル
2 D. マクアダムス
3 C. R. ロジャーズ
4 G. A. ケリー
5 J. ボウルビィ

■ **問題 2.205** 内田＝クレペリン精神作業検査の記述として誤りのあるものを選べ．
1 作業の中身は加算作業である
2 E. クレペリンはドイツの精神医学者である
3 作業量は分析視点の1つである
4 誤数は分析視点の1つである
5 検査者と被検査者がおこなう一対一の個別検査である

■ **問題 2.206** サーストン法に関する以下の説明のうちで誤っている記述を選べ．
1 社会的態度を測定する
2 等現間隔法のことである
3 心理テストではない
4 面接法の1つである
5 L. L. サーストンらが考案した

■ **問題 2.207** P-F スタディに関する記述として誤っているものを選べ．
1 S. ローゼンツァイクが考案
2 力動的精神分析的パーソナリティ理論に基づく
3 投影法
4 欲求不満場面の線画図版
5 児童用，青年用，成人用がある

■ **問題 2.208** 事前テストと事後テストの平均値を比較する統計的検定法はどれか．
1 符号検定
2 二項検定
3 対応のある t 検定
4 コルモゴロフ＝スミルノフの2標本検定
5 マン＝ホイットニーの U 検定

■ **問題 2.209** 社会的構成主義の立場に含まれないものを選べ．
1 G. H. ミードの象徴的相互行為論

2　L. ウィトゲンシュタインの言語ゲーム論
3　エスノメソドロジーに基づく認知研究
4　J. ピアジェの構成主義
5　状況的認知研究

■ 問題 2.210　次の組み合わせのうちで不適切なものを選べ。
1　A. H. マズロー – 人間性心理学
2　R. R. シアーズ – 対象関係論
3　J. B. ロッター – 認知的・社会的学習説
4　E. H. エリクソン – 自我心理学
5　R. メイ – 実存主義的心理療法

領域 2
「知覚・認知・学習・神経・生理」

■ 問題 2.211　P. W. ソーンダイクは「サークル島の物語」(1977) を題材として物語文法の研究を発展させているが、これは何についての研究か。
1　有意味材料の記憶
2　オペラント条件づけ
3　レスポンデント条件づけ
4　技能学習
5　創造性

■ 問題 2.212　次の用語のうちで他と異なる内容の語を選べ。
1　自発する
2　オペラント
3　強化
4　罰
5　処理水準

■ 問題 2.213　パターン認識の基礎過程とかかわるものを選べ。
1　パンデモニアムモデル
2　条件づけ
3　協同学習
4　モデリング
5　行動療法

■ 問題 2.214　人間の眼が注視点から別の注視点へとすばやく移動する運動を何というか。
1　ファイ現象
2　幾何学的錯視
3　恒常現象
4　サッケード
5　アクション・スリップ

■ 問題 2.215　大きな社会的事件が起こると、個人がそのことについて生き生きとはっきり憶えていて、また、なかなか忘れない記憶がある。これを何というか。
1　トラウマ
2　PTSD
3　プライミング効果
4　リハーサル
5　フラッシュバルブ記憶

■ 問題 2.216　目を閉じていても鼻に触れることができるのは脳のどの部分の働きによるか。
1　脳幹
2　海馬
3　小脳
4　視床下部
5　大脳基底核

■ 問題 2.217　データ駆動処理型の認知処理過程を次のうちから選べ。
1　概念駆動処理
2　ボトムアップ処理
3　トップダウン処理
4　並行処理
5　1～4 のいずれも誤答

■ 問題 2.218　K. ブロードマンの脳地図について誤った記述を選べ。
1　生理心理学者 K. ブロードマンの作成による
2　脳地図とは大脳の地図（見取り図）のことである
3　顕微鏡で細胞構築の違いを調べた地図である
4　人の脳は 48 の領域である
5　人の脳は第 1 野から第 52 野までの領野番号が付いている

■ 問題 2.219　ヴィンセント曲線の説明にふさわしいものを選べ。
1　刻印づけ（インプリンティング）の状態をみたもの
2　もっとも早い反応時間を調べたもの
3　群の平均値をグラフ化したもの
4　学習曲線の特性を調べたもの
5　多くの課題の難易度を比較したもの

■ 問題 2.220　A. D. バッドリーの作業記憶モデルについて直接には無関係の用語を選べ。
1　中央制御部
2　視空間スケッチパッド
3　音声的ループ
4　一次音響貯蔵庫
5　認知地図

領域 3
「発達・教育」

■ 問題 2.221　老年期に関する特徴について正しいものを選べ。
1　結晶性知能の得点は落ち込みが少ない
2　流動性知能の得点は上昇する
3　知能の総合得点は横ばいになる
4　老年期の個人差は少ない
5　1〜4 はいずれも正しくない

■ 問題 2.222　エキスパート（熟達者）と初学者の違いを示す語とは無関係な語を選べ。
1　感覚貯蔵庫
2　手続き的知識
3　宣言的知識
4　チャンクの構造化
5　チャンクの大きさ

■ 問題 2.223　子どもが家庭生活や社会生活の一場面を模して遊ぶ遊びのタイプはどれか。
1　ルールゲーム遊び
2　感覚遊び
3　ひとり遊び
4　ごっこ遊び
5　協同遊び

■ 問題 2.224　次は著名な発達心理学者と心理学の用語の組み合わせであるが、間違っているものを選べ。
1　R. R. シアーズ－発達的同一視説
2　J. ケイガン－熟慮型－衝動型テスト（MFF テスト）
3　L. S. ヴィゴツキー－最近接領域の概念
4　R. J. ハヴィガースト－発達課題
5　J. S. ブルーナー－完全習得学習

■ 問題 2.225　次は発達の原理であるが、これにあてはまらないものを選べ。
1　発達の段階性
2　発達の方向性
3　発達のリズム
4　発達の順序性
5　発達の個人差

■ 問題 2.226　T. B. ブラゼルトンらは新生児の行動状態を 5 つに分類しているが、新生児の状態に含まれない行動を選べ。
1　社会的微笑
2　浅い眠り
3　深い眠り
4　静かに注意を向けている
5　目を開けて四肢を動かしている

■ 問題 2.227　進路指導についての基本的な流れとして適切なものはどれか。
1　進路相談→就職・進学指導と援助→生徒・自己理解→啓発的経験→進路情報の収集
2　進路相談→就職・進学指導と援助→生徒・自己理解→啓発的経験→進路情報の収集
3　生徒・自己理解→進路情報の収集→啓発的経験→進路相談→就職・進学指導と援助
4　啓発的経験→生徒・自己理解→就職・進学指導と援助→進路情報の収集→進路相談
5　進路情報の収集→啓発的経験→就職・進学指導と援助→進路相談→生徒・自己理解

■ 問題 2.228　進路指導・キャリア教育について誤りのある記述を選べ。
1　中学校に職業指導という必修教科ができ

たことがある
2 普通科には進路指導主事，職業科（専門学科）には職業指導主事がいる
3 ミネソタプランの正式名称はミネソタキャリア発達カリキュラムである
4 生徒指導とはガイダンスの訳である
5 「職業観・勤労観を育む学習プログラム」の4領域は人間関係形成，情報活用，将来設計，意思決定の4能力である。

問題 2.229 メンタリングについて誤りのある記述を選べ。
1 メンターの語は古代ギリシャの伝説「オデッセイ」にある
2 メンターは先輩の役割を果たす
3 プロテジェ（メンティ）が後輩の役割にあたる
4 日本の徒弟制における師匠 - 弟子関係と同じである
5 看護師組織や会社の現職教育の方法として広まっている

問題 2.230 D. J. レヴィンソンのライフサイクル論についての主張に含まれていない記述を選べ。
1 アメリカ成人男性への面接調査から提唱した理論である
2 人生は安定期と移行期が交互に繰り返され変化する
3 成人前期は22歳から40歳までである
4 「移行期」はR. J. ハヴィガーストの危機と同じ概念である
5 児童期と青年期→成人前期→中年期→老人期の4段階である

領域4
「社会・感情・パーソナリティ・産業・組織」

問題 2.231 協力的心理，利己的・搾取的心理，自己犠牲的・自虐的心理，報復的・自己防衛的心理などは，ある対人関係ゲームに出てくる語である。それは次のどれか。
1 4枚カード問題
2 リスキー・シフト
3 囚人ジレンマゲーム
4 トラッキング・ゲーム
5 コーシャス・シフト

問題 2.232 緊急事態における援助行動についての5段階モデル（R. A. バーロンとD. バーン，1977/1984）であるが，援助を開始する段階が正しい順番になっているのはどれか。
1 援助の方法→行動の決定→緊急認知→自己責任の確認→判断の正確性
2 自己責任の確認→緊急認知→行動の決定→判断の正確性→援助の方法
3 行動の決定→自己責任の確認→判断の正確性→援助の方法→緊急認知
4 緊急認知→判断の正確性→自己責任の確認→援助の方法→行動の決定
5 判断の正確性→自己責任の確認→行動の決定→援助の方法→緊急認知

問題 2.233 好き嫌いをあらわす表情と特に関連の深い筋肉を選べ。
1 前頭筋
2 口輪筋
3 頬骨筋
4 笑筋
5 眼輪筋

問題 2.234 パーソナル・スペース（個人空間）の研究によると，個人との間でみられる通常の対人行動の距離は近い方からどの順番になっているか。
1 親密距離→個体的距離→社会的距離→公衆的距離
2 親密距離→個体的距離→公的距離→社会的距離
3 親密距離→個体的距離→性的距離→年齢的距離
4 親密距離→個体的距離→年齢的距離→性的距離
5 いずれも正しくない

■ 問題 2.235　J. A. リーによる恋愛の6型のうちで，ストーゲイ（ストルゲ）型とはどれか。
1　性愛（情熱的な恋愛）
2　遊愛（遊び感覚の恋愛）
3　狂愛（熱狂的な恋愛）
4　友愛（友愛的な恋愛）
5　利愛（実利的な恋愛）

■ 問題 2.236　F. ハイダーのバランス理論について誤った記述を選べ。
1　P-O-X モデルである
2　行動の不均衡状態は均衡状態へと変化する
3　好き嫌いの人間関係とかかわっている
4　かけ算の＋－記号が使われる
5　3項（3者）関係をあらわす

■ 問題 2.237　主張的な自己呈示行動のうちで相手に好意感情をもたせたいものはどれか。
1　自己宣伝
2　示範
3　哀願
4　威嚇
5　取り入り

■ 問題 2.238　男らしさと女らしさを兼ね備えた概念を何というか。
1　ジェンダー
2　ステレオタイプ
3　セックス
4　ソシオメトリー
5　アンドロジニー

■ 問題 2.239　人と人とが親しくなることに関する親密化理論について無関係なものを選べ。
1　帰属理論
2　社会的交換理論
3　G. レヴィンジャー
4　社会的浸透理論
5　SVR 理論

■ 問題 2.240　人間のなわばりに関する理論について無関係なものを選べ。
1　パーソナル・スペース
2　R. ソマー
3　E. T. ホール
4　I. アルトマン
5　J. E. エクスナー

領域 5
「臨床・障害・健康・福祉・犯罪・非行」

■ 問題 2.241　交流分析についてかかわりのある語を選べ。
1　トークン・エコノミー
2　ストローク
3　シェイピング
4　バイオ・フィードバック
5　タイム・アウト

■ 問題 2.242　非指示的カウンセリングに関する用語とは異なるものを選べ。
1　繰り返し
2　感情の明確化
3　受容
4　感情の反射
5　解決法の助言

■ 問題 2.243　次のうちから不適切な日本語訳の語を選べ。
1　プライマリ・ケア：一次医療
2　ロール・プレイ：役割遊び
3　スーパー・エゴ：超自我
4　デイ・ドリーム：白昼夢
5　ノイローゼ：神経症

■ 問題 2.244　運動チック，発声チックの症状が認められるのはどれか。
1　トゥレット症候群
2　不安障害
3　パニック障害
4　健忘
5　アスペルガー障害

■ 問題 2.245　児童福祉施設に含まれないものはどれか。
1　児童厚生施設
2　保育所
3　乳児院

4　幼稚園
5　助産施設

■ 問題 2.246　心身相関について無関係なものを選べ。
1　I. P. パヴロフの条件反射理論
2　W. B. キャノンの情動 - 交感神経系説
3　H. セリエのストレス学説
4　D. プレマックの心の理論
5　S. フロイトの精神分析学

■ 問題 2.247　3歳児健診の正式名称はどれか。
1　3歳児健康診査
2　3歳児健康診断
3　3歳児健康診察
4　3歳児健康問診
5　3歳児健康診療

■ 問題 2.248　OTと略される医療スタッフはどれか。
1　作業療法士
2　理学療法士
3　看護師
4　言語聴覚士
5　臨床検査技師

■ 問題 2.249　次は知能や記憶の障害についての説明であるが，このうちで誤っている記述を選べ。
1　精神薄弱は知的障害に改称された
2　痴呆は認知症に改称された
3　アルツハイマー病は適応障害の一種である
4　脳血管性認知症は認知症の一種である
5　発達障害のうち特に知能面の障害を知的障害という

■ 問題 2.250　「自己実現した人間」（A. H. マズローによる）の特徴とは異なる記述を選べ。
1　基本的欲求の充足
2　価値に動機づけられてそれを得ようと努める
3　病気からの解放
4　過去を総括して未来を展望する
5　自己の能力の積極的活用

教職分野 1
子どもの発達の理解

問題 3.1 発達の特徴についての説明で不適切な記述を選べ。
1. 一定の方向性がある
2. 順序性がある
3. 分化と統合がある
4. 性差はない

問題 3.2 生涯にわたる発達について言及している理論はどれか。
1. J. ピアジェの認知発達理論
2. S. フロイトの心理・性的発達理論
3. A. バンデューラの社会的認知理論
4. E. H. エリクソンの心理・社会的発達理論

問題 3.3 次は R. J. ハヴィガーストの発達課題の青年期用リストの一部である。このうち誤っているものはどれか。
1. 配偶者への求愛と選択
2. 親からの情緒的な独立の達成
3. 行動を導く倫理体系の発達
4. 結婚と家庭生活の準備

問題 3.4 S. フロイトの心理・性的発達理論の発達段階説について，一番最初の時期は次のうちどれか。
1. 口唇期
2. 潜在期
3. 性器期
4. 肛門期

問題 3.5 L. コールバーグが提唱した道徳的判断の発達理論について，最初の 5 つの段階が正しい順序のものはどれか。
1. 良い子→法と秩序→社会的契約→服従と罰→返報性
2. 返報性→良い子→法と秩序→服従と罰→社会的契約
3. 法と秩序→返報性→良い子→社会的契約→服従と罰
4. 服従と罰→返報性→良い子→法と秩序→社会的契約

問題 3.6 次は，E. H. エリクソンが提唱した心理・社会的発達理論の各発達段階における心理・社会的危機（クライシス）のリストの一部である。正しい順序のものを選べ。
1. 勤勉性と劣等感→自主性と罪悪感→基本的信頼感と基本的不信感→自律性と恥・疑惑
2. 基本的信頼感と基本的不信感→自律性と恥・疑惑→自主性と罪悪感→勤勉性と劣等感
3. 自律性と恥・疑惑→基本的信頼感と基本的不信感→自主性と罪悪感→勤勉性と劣等感
4. 自主性と罪悪感→自律性と恥・疑惑→勤勉性と劣等感→基本的信頼感と基本的不信感

問題 3.7 J. ピアジェの認知発達の理論について，最後の段階はどれか。
1. 具体的操作期
2. 前操作期
3. 形式的操作期
4. 感覚運動期

問題 3.8 新生児期の特徴について誤った記述を選べ。
1. 誕生の瞬間から約 1 週間，おおまかには約 3 ヶ月までを新生児期という
2. 新生児は強度の近視である
3. /pa/ と，/ba/ の言語音を識別する
4. 甘さ，酸っぱさ，苦さなどの味覚が備わっている

問題 3.9 乳児期の一般的な特徴について誤った説明を選べ。
1 延滞模倣があらわれる
2 モノ（対象）の永続性がわかる
3 把握反射があらわれる
4 喃語があらわれる

問題 3.10 乳児の対人関係の発達について誤った記述を選べ。
1 母親（養育者）に対する愛情的な結びつきや，その行動をアタッチメント（愛着）とよぶ
2 M. D. S. エインズワースはアタッチメントの理論を提唱した
3 J. ボウルビィによるとアタッチメントは乳児期の発達課題である
4 乳児期はアタッチメントを形成する重要な時期である

問題 3.11 次のうちで，順調な発達の説明として誤りのある記述はどれか。
1 6ヶ月前後になると，顔に布をかぶせると片手でとる
2 6ヶ月前後になると，始語があらわれる
3 8ヶ月前後になると，「いないないばー」をすると喜ぶ
4 1歳頃になると，座った位置から一人で立ちあがる

問題 3.12 次は，先天性の奇形や障害が起こる可能性の高い感染症のリストであるが，誤りはどれか。
1 トキソプラズマ
2 梅毒
3 トリソミー21
4 巨大細胞ウイルス

問題 3.13 DSM-IVとは何か，正しいものを選べ。
1 アメリカ精神医学会による精神疾患の診断統計マニュアル
2 ドイツ医学会による子どもの心身発達診断マニュアル
3 日本医師会による子どもの発達診断マニュアル
4 世界保健機構による疾病分類のマニュアル

問題 3.14 身体の障害についての説明のうちで誤っているものを選べ。
1 両眼の視力が0.02未満を盲とよぶ
2 色覚異常には，全色盲と赤緑色盲がある
3 聴力損失が90デシベル以上を聾とよぶ
4 脳性麻痺は脳損傷や核黄疸等による身体の運動障害である

問題 3.15 知的障害に関連する説明について誤った記述を選べ。
1 IQが約50〜約70の範囲を軽度の知的障害としている
2 フェニルケトン尿症は常染色体劣性遺伝による先天性の代謝障害である
3 21トリソミーとはダウン症候群を引き起こす染色体異常である
4 胎児の低栄養，未熟児は遺伝によるものである

問題 3.16 乳幼児期によくみられるコミュニケーション障害の1つに吃音症があるが，これについて誤った記述を選べ。
1 吃音症とは，いわゆる「どもり」のことである
2 2〜7歳ぐらいの時期に多くみられる
3 女児の方が多い
4 約60％は成長につれ自然に寛解するとされる

■ 問題 3.17　注意欠陥／多動障害について誤った記述を選べ。
1　注意欠陥／多動障害は，通常，AD/HDと略称される
2　小児神経科または小児精神科の専門分野である
3　健康な子どもに比べて脳の活動レベルが低い
4　脳が異常な活動をしていることが多い

■ 問題 3.18　録画し終わったビデオにラベルを書く場面を見た後で，そのビデオを視聴したりすると，録画していない新しいビデオもラベルを書くだけで視聴できると考えた幼児がいた。W. シュテルンや J. ピアジェの用語を使うと，この思考は何というか。
1　転導推理
2　アニミズム
3　三段論法
4　エピソード記憶

■ 問題 3.19　3つ山問題の説明について誤った記述を選べ。
1　J. ピアジェの考案した思考課題である
2　子どもの善悪判断を調べる課題である
3　自己中心性の概念を調べる課題である
4　空間課題である

■ 問題 3.20　J. ピアジェの保存課題の説明でもっとも誤った説明を選べ。
1　数の保存課題がある
2　重さの保存課題がある
3　流れの保存課題がある
4　体積の保存課題がある

■ 問題 3.21　子どもの文字の認知について誤った説明を選べ。
1　字を書くときに鏡に映したようにひっくり返った文字を鏡映文字という
2　鏡映文字は左右の方向弁別や形の認知が十分に発達していないことによる
3　鏡映文字は，そのつど修正しないと影響が残る
4　鏡映文字は，非対称形であればどんな文字でも発生する

■ 問題 3.22　J. ピアジェの道徳的判断に関する発達理論で誤った記述を選べ。
1　例話を用いて，子どもの答え方から道徳的判断の段階を判定する
2　幼児期では，結果論に基づいた道徳的判断をする
3　児童期では，動機論に基づいた道徳的判断をする
4　青年期では，客観論に基づいた道徳的判断をする

■ 問題 3.23　M. B. パーテンによる遊びの発達理論に含まれない遊びはどれか。
1　音楽遊び
2　平行遊び
3　連合遊び
4　協同遊び

■ 問題 3.24　「いすがネンネしている」「雲がサヨナラって言ってる」のような幼児の知覚の特徴を何というか。
1　共感覚
2　相貌的知覚
3　錯視
4　知覚の恒常性

■ 問題 3.25　次は J. ピアジェの具体的操作期の説明であるが，誤っているものはどれか。
1　ほぼ児童期に対応する
2　次の発達段階は形式的操作期である
3　保存課題が解決できる
4　自己中心性が確立する

■ 問題 3.26　知能検査についての説明で誤りのあるものはどれか。
1　知能検査は，一般知能検査と創造性検査とに分類される
2　ウェクスラー知能検査は，言語性知能と動作性知能を診断する
3　田中＝ビネー知能検査は，個別式知能検査である
4　A 式知能検査とは，解答のときに，文字や言語を使う言語性検査のことである

問題 3.27 J. ピアジェの提唱した遊びの発達理論の用語に含まれないものはどれか。
1　実践遊び
2　象徴遊び
3　ルール遊び
4　創造遊び

問題 3.28 反抗期の説明について誤っているものを選べ。
1　第1反抗期は，2歳～4歳頃にみられる衝動的な独立・自立の欲求のあらわれである
2　第1反抗期では，しつけの面で子どもと親との衝突があらわれる
3　第2反抗期は，12, 13歳頃のいわゆる思春期にあらわれる
4　第2反抗期では，経済的な面で子どもと親との衝突があらわれる

問題 3.29 児童期の仲間関係の特徴のうち誤りのある説明を選べ。
1　ギャング集団が形成される
2　おとなから独立した，自分たちだけの世界を作ろうとする
3　離散・集合を繰り返す
4　集団内だけに通用する秘密やことばが出てくる

問題 3.30 自閉症について誤った記述を選べ。
1　知的障害の1つである
2　アメリカ精神医学会（1994）では，自閉性障害という診断名である
3　境界の子どもは，非定型広汎性発達障害と診断される
4　自閉症の原因は，先天的な脳の機能障害とする説が有力である

問題 3.31 自閉性障害の行動面の特徴として，もっとも誤った記述を選べ。
1　身ぶりや表情が理解できない
2　計算，読む，書くなどの学業のいずれかが著しく劣る
3　ふり，ごっこ遊びの欠如
4　特定の事物に異常なほど熱中しこだわる

問題 3.32 学習障害の説明のうちでもっとも誤った記述を選べ。
1　中枢神経系に何らかの機能障害があると推定される
2　脳波やCT, MRIのような検査によって異常が特定できる
3　平均的な知能は，ほぼ正常範囲にある
4　医学的な診断名と教育的な分類とが異なる

問題 3.33 青年期の心理的離乳について誤った説明を選べ。
1　親に対する心理的な依存関係から脱却しようとすることである
2　両親よりも友人が身近な存在となる
3　経済的な自立がきっかけになる
4　L. S. ホリングワースによって名づけられた

問題 3.34 思春期のようすのうちで誤った説明を選べ。
1　およそ12歳頃～15, 16歳にわたる時期である
2　二次性徴として精通や初潮が発現する
3　性的発達は男女の性差が目立ち，個人差が少ない
4　自己の内面に注意を向けるようになる

問題 3.35 次は青年期が「疾風怒濤の時期」であるとする説明である。これと無関係な記述はどれか。
1　G. S. ホールが青年期の特徴として解説した
2　疾風怒濤は社交－孤独のような対立感情が相互に出現するようすである
3　疾風怒濤の時期は，青年期の「第2の誕生」の後にあらわれる
4　青年期がそれほど激動の時期ではないという説を青年期平穏説という

問題 3.36 N. アイゼンバーグの提唱した認知的な向社会性の理論について，含まれない記述はどれか。
1. レベル１：快楽主義的で実際的な志向
2. レベル２：他人の要求志向
3. レベル３：承認と対人的志向・ステレオタイプ的志向
4. レベル４：客観的志向

問題 3.37 創造性について誤った説明を選べ。
1. 創造性を調べるために創造性検査が開発されている
2. 創造性の自己啓発や能力開発法として，KJ法，ブレーン・ストーミングが開発されている
3. 発散的思考は創造性と関係がある
4. G. ワラスは創造性の過程について，準備→洞察→孵化→確認の4段階があるとした

問題 3.38 E. H. エリクソンによる「アイデンティティ」の説明について誤った記述はどれか。
1. C. G. ユングの精神分析理論の影響を強く受けている
2. 青年期の危機は，アイデンティティ対アイデンティティ拡散である
3. 青年期におけるアイデンティティの確立は重要課題である
4. アイデンティティは自我同一性と訳される

問題 3.39 アイデンティティの説明について誤った記述を選べ。
1. 年相応の意識や行動を自覚させるアイデンティティを，発達的アイデンティティという
2. 性役割に関する周囲からの期待への自覚と意識を，性役割アイデンティティという
3. 周囲からの期待と自覚によって自分の地位を高めるアイデンティティを，ステイタス・アイデンティティという
4. 個人の意識や行動を社会的には否定的な方向に導いてしまうアイデンティティを，否定的アイデンティティという

問題 3.40 アイデンティティ拡散の説明で誤った記述はどれか。
1. 対人関係において親密さが欠落する
2. 時間的展望が拡散する
3. 勤勉さが拡散する
4. 自意識が欠落する

問題 3.41 アイデンティティ・ステイタスについて正しい説明はどれか。
1. フォークロージャー（早産型）は，危機を経験せず積極的関与をしている状態である
2. モラトリアムは，危機を経験せず積極的関与もしていない状態である
3. アイデンティティ達成（同一性達成）は，危機を経験せず積極的関与をした状態である
4. アイデンティティ拡散（同一性拡散）は，危機を経験し積極的関与をした状態である

問題 3.42 青年期では二次性徴の発現によって，自分や同輩の身体的な変化に対する関心や不安が生じる。この時期の摂食障害の説明について誤った説明を選べ。
1. 拒食症は摂食障害の１つである
2. 過食症は摂食障害の１つである
3. やせ願望と肥満恐怖は表裏一体である
4. 摂食障害には性差はほとんどない

問題 3.43 神経性食欲不振症の特徴について妥当でない記述を選べ。
1. 女性性の否定がみられる
2. 不活発である
3. 食後に嘔吐する
4. ボディー・イメージ（身体像）にゆがみがある

問題 3.44 青年期の恐怖症の特徴について妥当でない記述を選べ。
1. 赤面恐怖がみられることがある
2. 自己臭恐怖がみられることがある
3. 醜形恐怖がみられることがある
4. ヒステリー恐怖がみられることがある

問題 3.45 L. コールバーグの説明について誤っているものを選べ。
1 アメリカの発達心理学者である
2 J. ピアジェの認知発達理論の影響を受けている
3 道徳的判断の理論を提唱した
4 文化により固有の発達段階があると主張した

問題 3.46 L. S. ヴィゴツキーの説明について誤っているものを選べ。
1 ソヴィエト（旧ソ連）の心理学者である
2 マルクス主義理論をベースにしている
3 発達の成熟説を完成させた
4 発達の最近接領域の概念を提唱した

問題 3.47 J. ピアジェの説明について誤っているものを選べ。
1 子どもの自己中心性の研究をおこなった
2 幼児・児童期の数・量・時間・空間などの概念形成過程を解明した
3 認知発達の段階理論を提唱した
4 知能検査を標準化した

問題 3.48 A. ビネーの説明について誤っているものを選べ。
1 世界で最初の知能検査（発達検査）であるビネーテストを開発した
2 IQ（知能指数）を考案した
3 アメリカではスタンフォード＝ビネー式として広まった
4 日本には，田中＝ビネー式，鈴木＝ビネー式として広まった

問題 3.49 E. H. エリクソンの説明について誤っているものを選べ。
1 精神分析家である
2 生涯にわたる発達理論を提唱した
3 S. フロイトに大きな影響を与えた
4 青年期の問題をアイデンティティという用語で概念化した

問題 3.50 S. フロイトの説明について誤っているものを選べ。
1 無意識の発見者として知られる
2 精神分析の創始者である
3 自由連想法を確立した
4 外向性－内向性の向性概念を提唱した

教職分野 2
教職の基礎：学習指導，学級経営

問題 3.51 教育評価の用語について誤った説明を選べ。
1. 集団のなかで個人の相対的位置を調べるテストを集団準拠テスト（NRT）という
2. 目標の達成度を調べるためのテストを目標準拠テスト（CRT）という
3. 対象を測ることを測定という
4. 測定した資料を統計的に分析することを評価という

問題 3.52 標準検査について誤った説明を選べ。
1. マニュアルがある
2. コンピュータ採点である
3. 妥当性がある
4. 信頼性がある

問題 3.53 学習指導の過程でおこなう形成的評価（formative evaluation）について誤った説明を選べ。
1. 指導中におこなう
2. 主に絶対評価を用いる
3. 成績を決定する資料とする
4. 指導の調整に役立てる

問題 3.54 動機づけの説明のうちで誤った記述はどれか。
1. 人の意欲を喚起して行動へと駆り立てる過程である
2. 行動を始発させる誘因機能がある
3. 始発した行動を維持する維持機能がある
4. 行動を一定の方向に導いて終結させる指向的機能がある

問題 3.55 学習指導の過程でおこなう総括的評価について誤った説明を選べ。
1. 時期としては，単元の終わり，学期の終わり，学年の終わりになされる
2. 指導計画の改善，指導法の改良に役立つ
3. 成績決定の参考資料にする
4. 相対評価を用いる

問題 3.56 指導要録のなかに児童生徒の「関心，意欲，態度」を記載する欄がある。それは何というか，正しいものを選べ。
1. 観点別評価
2. 評定
3. 行動の記録
4. 生活の記録

問題 3.57 口頭試験の一般的な活用について不適切な記述を選べ。
1. 質問内容はあらかじめ準備する
2. 質問内容が理解できないときには答えを無理に求めない
3. 質問は簡潔なものがよい
4. 相手に緊張させないように努める

問題 3.58 次のなかには，面接法や評定尺度法でよく生じる対人的な評価のゆがみが含まれている。それはどれか。
1. ハロー効果
2. シャルパンティエ効果
3. ピグマリオン効果
4. マスキング効果

問題 3.59 次は論文体テストで見かける設問文の文末である。目的に合わない組み合わせを選べ。
1. 「～記述せよ」－あるトピック，理論などを詳しく書かせる
2. 「～説明せよ」－あるトピック，理論などの細かい点を明らかにして，解釈を加えさせる
3. 「～比較せよ」－あるトピック，理論などの重要な特徴について，何かと何かの異

同に言及させる
4 「〜評価せよ」－あるトピック，理論などの長所を示して価値判断させる

問題 3.60 論文体テストの採点に影響する要因についてもっとも不適切な説明を選べ。
1 筆跡がきれいだと成績得点が高くなる
2 その生徒に対する教師の期待が低いと成績得点が低くなる
3 誤字・脱字の量が多いと成績得点が低くなる
4 最初に採点した採点は厳しいが，採点が進むにつれて採点が甘くなる

問題 3.61 次のうちで再認形式の客観的テストはどれか。
1 完成法
2 訂正法
3 配列法
4 短答法

問題 3.62 目標準拠測定の特徴について不適切な記述を選べ。
1 資格試験には，目標準拠測定が役立つ
2 完全習得学習は，この測定に基づいて評価をする
3 創造性，関心・意欲・態度の領域の把握には無理がある
4 指導目標が明確なので評価規準の設定が容易にできる

問題 3.63 テスト結果のあらわし方について誤った説明を選べ。
1 学力偏差値は，10（[個人の得点] − [集団の平均値]）／[標準偏差] ＋ 50 で求められる
2 偏差値による5段階表示の人数百分率は，5〜1の順に，全体の7%, 24%, 38%, 24%, 7%である
3 成就値は，[知能偏差値] − [学力偏差値] で求められる
4 回帰成就値は，成就値のゆがみを修正しようと考案された値である

問題 3.64 偏差値について，明らかに誤った説明を選べ。
1 偏差値の名称は日本のオリジナルである
2 Z 得点（Z-score）を偏差値とよぶ
3 偏差値は絶対尺度である
4 T 得点（T-score）を偏差値とよぶ

問題 3.65 知能検査の教育利用について妥当でない言説を選べ。
1 知能検査には，特定の文化圏の人たちには見なれない内容が含まれている
2 知能検査は，学習の動機づけや健康について調べることができない
3 知能検査の結果は，子どもに優劣のラベルを貼り付ける
4 発達的にみると知能指数は変動する

問題 3.66 リテラシーについて誤った説明を選べ。
1 読み書き能力をリテラシーという
2 読み，書き，そろばん（計算）を 3R's という
3 コンピュータやビデオを使った受信・発信や，その理解能力をメディアリテラシーという
4 計算能力をナンバーリテラシーという

問題 3.67 練習方法について誤った記述を選べ。
1 一定の学習課題を，始めから終わりまでひとまとめに反復練習する方法を全習法という
2 一定の学習課題をいくつかに分割して，部分ごとに学習していく方法を分習法という
3 反復練習で，時間的に集中して反復学習する方法を集中学習という
4 反復練習で，学習時間を分割して間に休憩時間をとって学習する方法を分割学習という

問題 3.68 発見学習について誤った記述を選べ。
1. 児童生徒の帰納的な推理力の育成をはかる方法である
2. B. S. ブルームが中心になって学習法を確立させた
3. 児童生徒の直観的な思考を要求する学習法である
4. 教師が準備して発見状況をお膳立てすることがある

問題 3.69 内発的動機づけの説明について誤った記述はどれか。
1. 好奇心に基づく
2. 概念的な葛藤が内発的動機づけを引き起こす
3. 既知の知識と矛盾する知識が内発的動機づけを引き起こす
4. 賞や罰の大きさ・強さによって内発的動機づけが喚起される

問題 3.70 注意について誤った記述を選べ。
1. あることに注意して他を無視することを選択的注意という
2. カクテルパーティ現象とは選択的注意の一例である
3. 覚えようとしないのに記憶にとどまることを偶発的学習という
4. 維持型リハーサルをすると注意が妨害される

問題 3.71 忘却についてもっとも誤った説明はどれか。
1. 「喉まで出かかる現象」は、記憶の検索の失敗による
2. 覚えた後で睡眠をとると記憶が定着するのは順向干渉を防ぐからである
3. 「非常に苦痛な記憶は忘却される」とするのは精神分析的な説明である
4. マジカルナンバー（不思議な数字）7とは、記憶範囲のことである

問題 3.72 学習性無力感（learned helplessness）について誤った記述を選べ。
1. 学習性無力感とは、学習する能力のないことである
2. 学習性無力感とは、いわゆる「やる気のなさ」のことである
3. 学習性無力感は、解消・克服することができる
4. 学習性無力感の存在は、心理学実験によって実証された

問題 3.73 評価のゆがみについて誤った説明を選べ。
1. 寛大化エラーとは、評定者が友人、好きな人、自分の学級の子どもなどの対象に対して、実際よりよい方向へゆがめて評定してしまうことである
2. ステレオタイプとは、多くの情報を処理しきれないで評価がゆがむことである
3. 厳格化エラーとは、評定者が、未知の人、嫌いな人などの対象に対して、実際より悪い方向へゆがめて評定してしまうことである
4. 論理的エラーとは、無関係な2つを論理的に同じとみなす評価のゆがみである

問題 3.74 次は学習方法と開発者の組み合わせである。誤りを選べ。
1. 直線型プログラム学習 - B. F. スキナー
2. 有意味受容学習 - J. S. ブルーナー
3. 枝分かれ型プログラム学習 - N. A. クラウダー
4. 先行オーガナイザーによる学習 - D. P. オーズベル

問題 3.75 バズ学習について誤った説明を選べ。
1. バズ学習のバズは、蜂の出す＜ブンブン＞という音のことである
2. 集団を利用した学習指導の方法である
3. 習熟度別（能力別）編成のメンバーに効果がある
4. バズ学習は、一斉授業の過程の一部分の時間になされる

問題 3.76 ピグマリオン効果について誤りのある記述を選べ。
1. 教師期待効果ともいう

2 ピグマリオン効果という用語は，ギリシャ神話にちなんでいる
3 教師がプラスの期待をもって振る舞うと，その児童の知能得点が上昇した
4 ピグマリオン効果の実験結果は，その後の研究でも再確認され実証された

問題 3.77 教育過程について，「どの教科でも，その基礎を発達のどの段階にある子どもにも効果的に教えることが可能である」といったスローガンを掲げた人は誰か。
1 L. S. ヴィゴツキー
2 J. S. ブルーナー
3 B. S. ブルーム
4 D. P. オーズベル

問題 3.78 適性処遇交互作用についてもっとも正しい記述を選べ。
1 教授法の違いは，子どもの学習適性の違いに有利・不利を及ぼす
2 子どもの適性は，教育への投入時間に比例して伸びる
3 教師の特性は，学習適性の低い子どもに対してのみ効果を及ぼす
4 子どもの適性は，教師によって異なる効果を受ける

問題 3.79 次のうちで教育工学に無関係のものはどれか。
1 CAI
2 MFF
3 OHP
4 CMI

問題 3.80 各種の相関係数を使った統計処理のうちで妥当なものはどれか。
1 A中学校の生徒の国語と英語のテスト得点に関して，ピアソンの積率相関係数を求めた
2 小学校1年生B組の児童について，4月からの生まれ月に順位をつけ，50メートル走の着順に順位をつけ，両者の間でピアソンの積率相関係数を求めた
3 中学校「理科」の実験参加の意欲について5段階で得点をつけ，理科の中間テストの成績の順位との間でピアソンの積率相関係数を求めた
4 小学校3年C組の児童の「国語」の授業中の態度を，教師が5段階で評定した。他方で，「国語」「社会」「算数」などの各教科のうちで国語が何番目に好きな教科であるかを児童に書かせた。これらの数値との間でピアソンの積率相関係数を求めた

問題 3.81 中学校「理科」と「数学」の期末テストの得点について，ピアソンの積率相関係数を求めた。4学級の結果のうちで，両教科の間にもっとも密接な相関関係 (r) を示したものはどれか。
1 1年A組の「理科」と「数学」間の相関係数 $r = -0.35$
2 1年B組の「理科」と「数学」間の相関係数 $r = 0.00$
3 1年C組の「理科」と「数学」間の相関係数 $r = 0.67$
4 1年D組の「理科」と「数学」間の相関係数 $r = 1.12$

問題 3.82 知能の理論について誤りを選べ。
1 R. B. キャッテルは，知能を流動性知能と結晶性知能に分けた
2 J. P. ギルフォードは，言語理解，語の流暢さ，記憶，数，空間，知覚，帰納推理の7つの基本的精神能力を想定した
3 H. ガードナーは，言語的知能，音楽的知能，空間的知能，論理-数学的知能，身体-運動的知能，個人内知能，個人間知能，博物学的知能の8つを考えた
4 D. ゴールマンによる EQ とは，情動的知能のことである

問題 3.83 次は自己効力を効果的に育成する4つの方法であるが，このうちで誤った説明はどれか。
1 計画表を作らせる
2 君はやればできるんだということをことばで説得する
3 うまくいったモデル（お手本）を見せる
4 自分自身の有能さを判断できるような生理的な体験を自覚させる

問題 3.84 J. R. P. フレンチ Jr. と B. H. レイヴンは，リーダーのパワー（影響力，勢力）を5つに分類した。次はそのうちの4つであるが，このうちで誤りはどれか。
1　専門性
2　準拠性
3　創造性
4　正当性

問題 3.85 学校の集団について正しい説明を選べ。
1　学校は1次集団であり，学級はフォーマル集団である
2　学校はインフォーマル集団であり，学級はフォーマル集団である
3　学校は2次集団であり，学級はフォーマル集団である
4　学校はフォーマル集団であり，学級は1次集団である

問題 3.86 次のうち，学級集団の凝集性を強める条件とは無関係なものはどれか。
1　学級集団のメンバーに優秀なリーダーがいる
2　メンバー間の関係が協力的である
3　メンバー間に類似性がある
4　集団内に魅力的な人がいる

問題 3.87 次は大西誠一郎が小学校の学級集団構造の発達のようすをまとめたものである。誤りのある説明を選べ。
1　1～2年生は個人的分離期であり，児童は孤立している
2　3年生以降は一部集中期であり，漠然とした集合になる
3　4年生以降は集団的集合期であり，相互交渉，水平的結合ができる
4　5～6年生は集団的統一期であり，強力な相互依存性役割分化がある

問題 3.88 小学校の学級内での仲間関係つくりに関して，よくみられる時間的な変化を正しく記述したものはどれか。
1　孤立探索期→水平的分化期→垂直的分化期→部分集団形成期→集団統合期
2　集団統合期→部分集団形成期→孤立探索期→水平的分化期→垂直的分化期
3　部分集団形成期→垂直的分化期→水平的分化期→集団統合期→孤立探索期
4　水平的分化期→孤立探索期→集団統合期→部分集団形成期→垂直的分化期

問題 3.89 リーダーシップPM理論について誤っているものを選べ。
1　Pとはリーダーの目標達成機能である
2　Mとはリーダーの集団維持機能である
3　PM型リーダーがもっともすぐれている
4　PM型はリーダーの自己評価により測定される

問題 3.90 フォーラムの進め方の説明は次のうちのどれか。
1　古代ローマの集会所でおこなわれた会議にならった形式。最初に誰かが講演し，次にこれに対する質疑をし，さらに討議をかわす
2　古代ギリシアにおける食後の酒宴の意味からきている。ある提案者が特定のテーマについて提案・意見を述べ，それについて他の参加者が批判・討議をおこなう方法
3　選ばれた何名かが参加者の前で自由に討議し，その間，必要に応じて一般参加者を討議に参加させる方法
4　特定のテーマについて肯定，否定の2組に分かれて，一定のルールのもとで主張，質問，反論，論議をし，審判が討論の勝敗を決める

問題 3.91 ソシオメトリック・テストについて誤りのある記述はどれか。
1　ソシオメトリック・テストでとらえる構造をコミュニケーション構造という
2　J. L. モレノが開発した集団内の人間関係を測定しようとする方法である
3　テストの手続きでは，集団内のメンバーのなかで一緒のグループになりたい人となりたくない人を選ばせて対人関係を分析する
4　選択・排斥の相互関係を図示したものをソシオグラムという

■ **問題 3.92** 教育工学の技法の1つであるP-D-Sについて正しいものを選べ。
1 P は presentation, D は decision である
2 D は do, S は safety である
3 S は see, P は plan である
4 P は performance, D は device である

■ **問題 3.93** 次は，教師のパワーの内容はどんな順序で重要視されるかを調べた狩野・田崎（1990）の研究で，その表中の数字は重要性の順番である。子どもの年齢によって，重要度が異なるのがわかるが，ここでA, B, Cの所に入る児童生徒の学齢期はどれか。

教師のパワー	学齢期		
	A	B	C
親近・受容	3位	5位	2位
外見性	5位	1位	6位
正当性	7位	2位	3位
明朗性	6位	4位	1位
罰	1位	7位	7位
熟練性	4位	3位	5位
準拠性	2位	6位	4位

1 A：小学生，B：中学生，C：高校生
2 A：中学生，B：小学生，C：高校生
3 A：高校生，B：小学生，C：中学生
4 A：中学生，B：高校生，C：小学生

■ **問題 3.94** 集団の働きに関する用語であるコーシャス・シフトについて，正しい説明を選べ。
1 集団討議をすると，個人の判断よりももっと危険のある選択肢に結論が決まってしまうこと
2 集団討議をすると，個人の判断よりももっと安全な選択肢に結論が決まってしまうこと
3 集団討議をすると，他集団からの意見を受け付けなくなること
4 集団討議をすると，全員一致の結論を求めること

■ **問題 3.95** 集団の働きに関する用語である社会的促進について，正しい説明を選べ。
1 人が課題をおこなうときに，そばに他者がいることによって作業者の課題の遂行が促進されること
2 集団から集団内の個人に対して，同質化への心理的な圧力が働くこと
3 集団で協同作業をするときには，単独のときより手抜きをすること
4 集団になるとリーダーなどの地位が発生すること

■ **問題 3.96** 学習心理学で著名な B. F. スキナーの貢献について，誤まった記述を選べ。
1 彼の理論はCAIに応用された
2 彼の理論は行動療法に応用された
3 彼の理論はネズミなどの動物実験に基づく科学的な証拠によっている
4 彼の理論は行動を導く認知構造の変化を説明した

■ **問題 3.97** 社会的認知理論を提唱した A. バンデューラの貢献について誤った記述を選べ。
1 自己効力の理論を提唱した
2 モデルを見習うことによるモデリング・観察学習の理論を構築した
3 恐怖症などの治療について行動修正による治療効果を実証した
4 社会的認知の発達段階説を提唱して攻撃性の発達研究に貢献した

■ **問題 3.98** E. L. ソーンダイクの貢献について誤った記述を選べ。
1 アメリカ教育心理学，発達心理学の父といわれる
2 形式的陶冶の重要性を主張した
3 学習の原理として三大法則を提唱した
4 「ソーンダイクの単語帳」を編さんした

問題 3.99 J. S. ブルーナーの業績について誤った記述を選べ。
1 子どもの概念形成の方略について『思考の研究』を著した
2 ニュー・ルック心理学の中心人物である
3 映像的，動作的，象徴的の順に表象的な能力が発達するとした『認識能力の成長』を著した
4 1959年のウッズホール会議を踏まえた『教育の過程』(1960) は日本の教育界にも大きな影響を与えた

問題 3.100 B. S. ブルームの業績について誤った記述を選べ。
1 発見学習の理論的指導者である
2 『教育評価ハンドブック』(1971) の共著者として知られる
3 教育目標を分類することを研究した
4 教育到達度評価国際協会の創立者の一人である

教職分野 3
教職の基礎：生徒指導，教育相談，進路指導

問題 3.101 学校の嫌いな児童生徒についての説明で不適切なものを選べ。
1 怠学とは，児童生徒が教室内で消極的な授業態度でいることである
2 A. M. ジョンソンらは，学校に対して強い不安や恐怖を抱く症例を学校恐怖症とよんだ
3 長期欠席児童とは，単年度にケガなどの理由による欠席をのぞいて，通算30日以上欠席した児童生徒のことである
4 時代とともに呼称が「登校拒否」から「不登校」へと変化したのは，気持ちは学校を拒否していないのに行動的に行けない児童生徒が存在したからである

問題 3.102 次のうちから非社会的行動としてあてはまるものを選べ。
1 校則無視
2 口をきかない
3 寄付行動
4 性的非行

問題 3.103 反社会的行動のみられる生徒の発見の手がかりとして適切とはいえないものを選べ。
1 盗み
2 性的非行
3 家出
4 わがまま

問題 3.104 学校教育相談の主な役割と異なるものはどれか。
1 教育行政機関との連携
2 問題をもった児童生徒の早期発見・診断
3 心理療法の活用
4 他の相談機関への紹介

問題 3.105 学校教育相談の特徴について，主な目的とは異なるものを選べ。
1 問題行動のある児童生徒だけを扱う
2 学校生活のあらゆる機会を利用しておこなう
3 定期的に相談する
4 児童生徒自身の考えを受容する態度をもってのぞむ

問題 3.106 学校教育相談と無関係の用語を選べ。
1 チャンス相談
2 呼び出し相談
3 定期相談
4 来談者相談

問題 3.107 教育相談の過程について誤った説明はどれか。
1 教育相談の最初の面接のことを導入面接という
2 その次の段階を判定または診断という
3 その次の段階を処置（助言や紹介）という
4 相談室で面接相談を続けていくことを継続という

問題 3.108 教師のカウンセリング・マインドについて誤った説明はどれか。
1 カウンセリング・マインドという語は，心理学のカウンセリング理論からの専門用語である
2 教師のカウンセリング・マインドとは，カウンセリングの原理を生かしたような人間関係を大切にする教師の姿勢・態度のことである
3 教師は，児童生徒に共感的理解をもって接しなければいけない
4 教師は，児童生徒に対して無条件の肯定的な配慮をもって接しなければいけない

問題 3.109 カウンセリングの源流は3つあるとされるが，正しくないのは次のどれか。
1 職業指導運動
2 ボランティア運動
3 精神衛生運動
4 精神測定運動

問題 3.110 心理学関係の資格について誤っているものはどれか。
1 臨床心理士は，（財）日本臨床心理士資格認定協会の資格である
2 産業カウンセラーは，（社）日本産業心理学会の資格である
3 学校心理士は，日本教育心理学会など5つの学会が協力して認定している資格である
4 認定キャリア・カウンセラーは，日本キャリア教育学会の資格である

問題 3.111 カウンセリングの用語について誤りを選べ。
1 カウンセリングにおいて，相手に話を聞いてもらう人をクライエントという
2 カウンセリングにおいて，相手の話を聞く役割の人をカウンセラーという
3 カウンセリングにおいて，相手に情報を与えたり勧奨することをオリエンテーションという
4 カウンセリングとは，相談面接のことである

問題 3.112 カウンセリング・マインドを育成するために開発されている研修プログラムについて，次のなかで異なるものはどれか。
1 ブラインド・ウォーク
2 Who are you？（あなたは誰？）質問によるインタビュー
3 性格検査の実施と自己診断
4 対人的効果訓練

問題 3.113 ソーシャル・サポートの送り手には4つの働きがあるとされるが，それについて誤っているものを選べ。
1 問題の解決に役立つ情報を提供する
2 ほめたり，アドバイスをする
3 激励したり，共感したりする
4 仕事を休ませて代わりに働く

問題 3.114 ステレオタイプの説明のうちで誤った記述を選べ。
1 W.リップマンが著書『世論』で定義した
2 偏見と同じである
3 差別とは異なる
4 原義は，印刷用の原型から作り出される鉛版のことである

問題 3.115 ステレオタイプの例として不適切なものはどれか。
1 美しい人たちは性格がよい人だ
2 子どもっぽい顔の人たちはたくましくない
3 背の高い男性たちはリーダーシップがある
4 学校は勉強する所である

問題 3.116 コミュニケーションのブーメラン効果について誤りを選べ。
1 聞き手が説得者のあいまいな態度に不信感をもつときに起こる
2 聞き手が説得者の意図に不信感をもつときに起こる
3 聞き手が説得者の内容に不信感をもつときに起こる
4 聞き手が説得者の強制的態度に反発するときに起こる

問題 3.117 構成的グループ・エンカウンターについて無関係の用語を選べ。
1 エクササイズ
2 シェアリング
3 振り返り
4 ライフプラン

問題 3.118 心理検査の実施上の留意点について不適切な記述を選べ。
1 生徒には実施目的や理由を説明して同意を得る
2 検査の実施手順は，できるだけ定められた方法にしたがう

3 結果は断定的に扱わないことである
4 結果を返す時には生徒が傷つくような形では返さない

■ 問題 3.119 心理検査の種類について誤った説明を選べ。
1 ロールシャッハ・テストは，投影法（投映法）の1つである
2 MMPIは，質問紙法の1つである
3 内田＝クレペリン精神作業検査は，作業検査の1つである
4 SD（セマンティック・ディファレンシャル）法は，自由連想法の1つである

■ 問題 3.120 内田＝クレペリン精神作業検査について誤った説明のものを選べ。
1 1ケタの数字を2つ単位で加算することを，早く連続しておこなう
2 前半20分→休憩10分→後半20分の加算作業である
3 定型曲線とは，健康者常態定型曲線のことである
4 教員採用試験などの適性検査や，精神科患者の社会復帰の見込みを診断するときなどに用いられる

■ 問題 3.121 YG性格検査について正しい説明を選べ。
1 性格の類型論の立場で作られている
2 主要5因子（ビッグ・ファイブ）から成っている
3 Yは矢田部達郎，Gはギルフォードの略である
4 作業検査法の1つである

■ 問題 3.122 性格検査の説明について誤っているものを選べ。
1 P-Fスタディでは，主題のあいまいな絵を見せて説明させる
2 ロールシャッハ・テストでは，インクの染み状の絵が何に見えるかを答えさせる
3 バウム・テストでは，1本の実のなる樹木を紙に自由に描かせる
4 カラー・ピラミッド検査では，24色の色彩チップのうちの15枚を好きなように5段にピラミッド状に並べさせる

■ 問題 3.123 適応機制について誤りのある記述を選べ。
1 「補償」：望ましい特性を強調することによって弱点をカバーする
2 「合理化」：失敗や望ましくない行動を正当化することで失敗感を回避しようとすること
3 「抑圧」：社会的に受け入れがたいような欲求や苦痛体験を意識的に忘れようとすること
4 「昇華」：欲求と反対の傾向を示すことで危険な願望が起こるのを阻止すること

■ 問題 3.124 「A子ちゃんのことを好きなのに，意地悪ないたずらをする男子」の行動について，これを防衛機制として解釈すると次のどれに一番近いか。
1 投射
2 抑圧
3 攻撃
4 反動形成

■ 問題 3.125 A. H. マズローの欲求階層理論における階層の順序の正しいものを選べ。
1 生理的欲求→安全の欲求→所属と愛情の欲求→承認と自尊の欲求→自己実現の欲求
2 安全の欲求→生理的欲求→承認と自尊の欲求→所属と愛情の欲求→自己実現の欲求
3 所属と愛情の欲求→生理的欲求→安全の欲求→承認と自尊の欲求→自己実現の欲求
4 承認と自尊の欲求→自己実現の欲求→生理的欲求→所属と愛情の欲求→安全の欲求

■ 問題 3.126 A. H. マズローの欲求階層モデルを修正した，C. P. アルダファのERGモデルの階層の順序について，正しいものを選べ。
1 存在欲求→成長欲求→関係欲求
2 成長欲求→存在欲求→関係欲求
3 関係欲求→成長欲求→存在欲求
4 階層性は想定されていない

■ 問題 3.127　S.フロイトの理論について誤りを選べ。
1　快楽原則にしたがう部分を超自我という
2　現実原則にしたがう部分を自我という
3　快楽原則に対立する概念が現実原則である
4　リビドーは快楽原則とかかわりがある

■ 問題 3.128　葛藤（コンフリクト）について誤っている説明を選べ。
1　葛藤とは，2つ以上の欲求が同時にあって選択に迷うことによる情緒的な緊張状態である
2　勉強も嫌いだが落第点も困る事態は，回避－回避型葛藤である
3　A高校もB高校も合格したがどちらに入学するか迷う事態は，誘惑－誘惑型葛藤である
4　好きな人に告白したいが断られるのが恐いという事態は，接近－回避型葛藤である

■ 問題 3.129　ストレスについて誤っている説明を選べ。
1　ストレスを避けたり処理する行動をストレッサーという
2　H.セリエによると，ストレスとは過剰刺激による副腎皮質系の適応反応である
3　H.セリエは，ストレスを生じさせる刺激は，間脳→脳下垂体→副腎皮質→全身という経路をたどるとした
4　ストレスは普通以上の緊張によってもたらされる心身のゆがみや崩れである

■ 問題 3.130　欲求不満について誤っている説明を選べ。
1　攻撃的行動は，欲求が阻止されたときにその障害物に対して起こる行動である
2　S.ローゼンツァイクは，攻撃を外罰，内罰，無罰の3つに分類した
3　攻撃的行動によって本来の欲求は解消される
4　欲求不満に耐える心の強さを欲求不満耐性という

■ 問題 3.131　来談者中心的カウンセリングの基本仮説のうちで誤った記述を選べ。
1　来談者はカウンセラーとの面接の後では成長する
2　個人は成長，適応，健康への欲求をもっている
3　認知的な面よりも情緒的な面を強調する
4　幼児期の外傷経験や過去の生育歴よりも現在の直接の場面を強調する

■ 問題 3.132　C.R.ロジャーズは「十分に機能する人間」を治療の目標としているが，次のうちで不適切な説明を選べ。
1　自分の経験に対して開かれているであろう
2　自分自身を評価の主体として経験するであろう
3　他人とともに最大の調和を保って生活することができるであろう
4　自己構造は他者構造と共感するであろう

■ 問題 3.133　C.R.ロジャーズによる「不適応」の考えのうち，不適切な記述を選べ。
1　「不適応」の治療法では，まず抑圧や禁止から解放して不安を解除することをめざす
2　「不適応」の状態とは，自己に対して自信過剰の状態である
3　「不適応」の治療法では，自己認知を変化させる
4　「不適応」の治療法では，クライエント自身に自主的に態度変容させることを試みる

■ 問題 3.134　ジョハリの窓とは何か，誤った説明を選べ。
1　グループ体験で参加者の成長を説明するのに使われる性格構造論である
2　ジョハリとは，発案者にちなんでいる
3　窓は3つある
4　ジョハリの窓で好ましいとされるのは，自他にオープンな性格の人である

■ 問題 3.135　グループカウンセリングの説明について誤っているものを選べ。

1　心理劇は，劇をすることによる心理療法である
2　エンカウンター・グループは，治療的カウンセリングというよりも開発的カウンセリングである
3　Tグループは，人間関係や対人的感受性についての訓練的なニュアンスの強い集団療法である
4　行動療法は，作業させることによって社会生活に適応させる方法である

問題 3.136　交流分析において無関係のものを選べ。
1　脚本分析
2　ゲーム分析
3　回帰分析
4　構造分析

問題 3.137　起立性調節障害について誤った説明を選べ。
1　幼児期に多発する症状である
2　自律神経失調症の1つである
3　症状は，めまい，立ちくらみ，脳貧血などを主訴とする
4　季節，性別による傾向がみられる

問題 3.138　自傷行為について誤った説明を選べ。
1　境界性人格障害でみられることがある
2　手首自傷症候群（リスト・カッティング）はこの1つである
3　自殺未遂の1つである
4　思春期やせ症にみられることがある

問題 3.139　「誇大性，賞賛されたいという欲求，および共感の欠如の様式」とは，次の人格障害のうちのどの説明に近いか。
1　演技性人格障害
2　自己愛性人格障害
3　強迫性人格障害
4　依存性人格障害

問題 3.140　進路指導の規定について，趣旨の誤っている記述を選べ。
1　生徒が自らの生き方を考えるように進路指導をおこなう
2　生徒が主体的に進路を選択できるように指導する
3　ホームルームの時間内で進路指導をおこなう
4　計画的，組織的に進路指導をおこなう

問題 3.141　職業の選択・指導の基礎とされる特性・因子理論の説明について不適切な記述を選べ。
1　この理論による職業指導の始まりは20世紀初頭である
2　特性・因子理論とは，要するに適材適所の考え方である
3　J. L. ホランドの職業選択理論は，特性・因子理論の考え方に沿っている
4　特性・因子理論ではキャリア発達を重視する

問題 3.142　次はD. E. スーパーによる進路発達理論である。職業生活の諸段階の順序の正しいものを選べ。
1　下降段階→成長段階→維持段階→探索段階→確立段階
2　維持段階→下降段階→探索段階→確立段階→成長段階
3　成長段階→探索段階→確立段階→維持段階→下降段階
4　探索段階→確立段階→成長段階→下降段階→維持段階

問題 3.143　キャリア・カウンセラーの役目について誤った記述を選べ。
1　生徒，学生，成人のキャリアの方向づけを助力する
2　進路の選択・決定に助力する
3　人間の成長・発達を促進することを専門領域とする
4　職業選択よりも生き方のサポートを重視する

■ 問題 3.144 「ライフ・キャリアの虹」についての説明で誤った記述を選べ。
1 E. H. エリクソンの提案したものである
2 人の生活段階として，成長段階から下降段階までの6つを想定している
3 人の役割の配列として，子どもから家庭経営者までの6つを想定している
4 「ライフ・キャリアの虹」を参照すると，生涯にわたる個人の現時点での位置の確認に役立つ

■ 問題 3.145 進路指導で使用する心理検査の説明で不適切なものを選べ。
1 興味検査，志向検査としては，職業レディネステスト，VPI 職業興味検査がある
2 進路適性検査としては，PAS カード，ATAC 進路適性診断テストがある
3 進路発達検査，進路成熟検査としては，CDT 進路発達検査がある
4 性格検査としては，日本版 GHQ 精神健康調査票，顕在性不安検査がある

■ 問題 3.146 進路相談とかかわる技法の系譜について誤った記述を選べ。
1 進路相談とは，生徒の進路発達や職業選択を援助する過程でおこなわれるカウンセリングである
2 進路相談の草分けである F. パーソンズは，職業指導は個人分析・職業研究および両者の結合による相談からなるとした
3 E. G. ウィリアムソンは，現象学的な考え方を取り入れた指示的カウンセリングの技法を体系づけた
4 C. R. ロジャーズは，非指示的（来談者中心的）カウンセリングを提唱した

■ 問題 3.147 C. R. ロジャーズの業績と貢献について誤った説明を選べ。
1 精神分析学的な影響を受けたカウンセリングをおこなった
2 彼の療法は，来談者（クライエント）中心療法である
3 面接を録音し科学的な研究を展開した
4 パーソンセンタードアプローチ（PCA）として知られている

■ 問題 3.148 J. L. モレノの業績と貢献について誤った説明を選べ。
1 サイコドラマを考案した
2 集団心理療法に貢献した
3 ソシオメトリーを発想した
4 指示的カウンセリングをベースにした心理療法を体系化した

■ 問題 3.149 A. H. マズローの業績と貢献について誤った説明を選べ。
1 第三勢力の心理学者である
2 人間性心理学を批判した
3 自己実現という概念を重要視した
4 欲求階層説を提唱した

■ 問題 3.150 現代のカウンセリング関係の説明で誤った組み合わせを選べ。
1 A. E. アイヴィ – マイクロカウンセリング
2 A. エリス – 論理療法
3 E. T. ジェンドリン – フォーカシング
4 森田正馬 – 内観療法

総合問題

問題 4.1　心理学の歴史

次の文章は，心理学の歴史についての記述である。読んで，以下の問いに答えなさい。

1879年に（　①　）が，ドイツのライプチヒ大学に実験心理学の講座を開設したのが，近代心理学の出発点であるとされている。心理学を独立した経験科学とし，感覚や反応時間の実験をおこなった。②実験を受けた当人の意識内容を観察・報告させるという（　③　）を通して，実験の結果をとらえた。

しかし，精神活動を自然科学的な方法で取り扱うことに対する批判がドイツの哲学者から出てきた。こころは了解されるべきものである，という（　④　）の⑤心理学的アプローチである。彼は，個人の精神活動をよく観察し，分析し，他と比較して解釈・了解するものであるとした。この考え方は，E. シュプランガーやヒューマニスティック心理学（人間性心理学）の⑥ A. H. マズロー，カウンセリングの⑦ C. R. ロジャーズに引き継がれている。

一方，アメリカの J. B. ワトソンは，外から観察できない意識を研究しても観念的で役に立たない，意識は行動にあらわれて初めて観察しうると考えた。心理学は，外部から客観的に観察できる行動を対象とすべきであるという⑧考え方を提唱した。この考え方は，1910年代から盛隆をきわめ，E. C. トールマンや C. L. ハル，（　⑨　）に引き継がれた。

M. ヴェルトハイマーらは，行動を理解するためには，環境を含めた1つのまとまりとしての全体をそのまま研究すべきだという⑩考え方を主張した。この考え方は，知覚研究の法則の発見に大きく貢献しただけでなく，人間の行動の説明と理解に寄与した。（　⑪　）は，$B = f(P, E)$ という公式を示し，「人の行動は人と環境の関数である」という有名な説を展開した。⑪は，生活空間の概念を用いて行動を理解しようとする（　⑫　）心理学とよばれる力学的理論を提起した。

問1　①の空欄に適切な人名を埋めなさい。
問2　心理学の方法論的な定義を踏まえて，②実験とは何か，心理学の観点から説明しなさい。
問3　③の空欄に適切な語句を埋めなさい。
問4　④の空欄に適切な人名を埋めなさい。
問5　⑤の学派を，どんな心理学と総称しているか答えなさい。
問6　⑥ A. H. マズローの欲求の階層説について簡潔に述べなさい。
問7　⑦ C. R. ロジャーズのとったカウンセリングの技法を何というか，答えなさい。
問8　⑧の考え方を何というか，答えなさい。
問9　⑨には，オペラント行動の研究をした人物が入る。その人名を答えなさい。
問10　⑩の考え方を何というか，答えなさい。
問11　⑪の空欄に適切な人名を埋めなさい。
問12　⑫の空欄に適切な語句を埋めなさい。

問題 4.2　知覚

次の文章は，知覚に関する記述である。読んで，以下の問いに答えなさい。

　知覚対象が変化したか，しないかの違いに気づくことが，知覚対象を把握するのに重要である。この刺激変化の違いがわかる最小の変化量を（　①　）という。また，一定の刺激が連続して与えられると，その刺激に対する②感受性が変化する。この現象を（　③　）という。
　物理的環境には無数の刺激が同時に存在しているが，われわれはそれらの刺激をすべて知覚しているわけではない。多くの刺激のなかから選択的に知覚し，刺激のなかの特定の部分を関連させて，あるまとまりをもったものとして知覚している。このまとまりをもって知覚する傾向を，知覚の（　④　）という。知覚成立の基本的な特性である。このまとまりの法則について，ゲシュタルト心理学の創始者である（　⑤　）は，⑥近接の要因，類同の要因，⑦閉合の要因，よい連続の要因などをあげている。こうしたまとまりの法則によって，全体として形態的にもっともすぐれた，もっとも秩序ある簡潔なまとまりをなしたものとして知覚が成立する。この傾向を（　⑧　）の原理という。
　環境内の事物が実際に動いて，その像が網膜上で刻々と位置を変えることによって運動感が生じる。しかし，実際には運動が生じていないのに運動しているように見える場合がある。これを⑨仮現運動という。
　知覚に及ぼす個人差の要因として，J. S. ブルーナーと C. C. グッドマンによる貨幣の大きさの知覚判断の研究が有名である。知覚する者にとって価値あるものは過大視され，欲求が強いほど過大視が大きい傾向にあることを明らかにした。この研究は，心理学における（　⑩　）の先駆的な研究として知られている。

問 1　①の空欄に適切な語句を埋めなさい。
問 2　②の感受性の変化の例をあげなさい。
問 3　③の空欄に適切な語句を埋めなさい。
問 4　④の空欄に適切な語句を埋めなさい。
問 5　⑤の空欄に適切な人名を埋めなさい。
問 6　⑥近接の要因について，説明しなさい。
問 7　⑦閉合の要因について，説明しなさい。
問 8　⑧の空欄に適切な語句を埋めなさい。
問 9　⑨仮現運動の例を1つあげなさい。
問 10　⑩の空欄に適切な語句を埋めなさい。

問題 4.3　記憶

次の文章は，記憶に関する記述である。読んで，以下の問いに答えなさい。

　R. C. アトキンソンとR. M. シフリンによる記憶モデルによると，記憶システムは少なくとも次の3つからなっていると考えられている。外界からの刺激は，まずは感覚器官で受け取られ，一時的に感覚記憶のなかに登録される。ここで刺激の特徴が分析され，一部の情報が①短期記憶に転送される。短期記憶の情報は，リハーサルによって短期記憶のなかに維持され続けたり，（　②　）に転送される。②に関するもっとも古典的な③実験は，無意味な綴りのリストを記銘してから，20分後，1時間後，9時間後，……，31日後に繰り返し再学習し，最初の学習成立時間と再学習の時間の差から節約率を出す方法であった。

　E. タルヴィングは，②には2つのタイプがあることを提唱した。1つは，世の中に関する知識，規則，言語，概念のような一般的知識として蓄えてある（　④　）記憶である。もう1つは，個人的な記憶であり，その人自身の人生での出来事での記憶である。この記憶を（　⑤　）記憶という。この2つのタイプの記憶をあわせて宣言的記憶という。この宣言的記憶と対をなす記憶として，料理の作り方，パソコンの立ち上げ方など，⑥生活の手順や段取りに関する記憶がある。

　最近では，過去のことを覚えているということばかりではなく，現在よりも先の時点で，ある行動をしたりプランを実行したりすることを覚えているという記憶にも，研究の光が当てられるようになってきた。こうした先々の予定についての記憶は，（　⑦　）記憶とよばれている。さらに，記憶の過程や構造についてはA. バッドリーらによって作業記憶（ワーキング・メモリー）の研究が進められている。

　記憶の欠損のことを健忘という。健忘には，部分的な健忘と全般的な健忘がある。部分的な健忘として，⑧特定の人物や出来事について想起できないもの，ある一定期間だけの記憶がすっかり脱落しているものなどがある。全般的な健忘には，⑨順向性健忘と逆向性健忘がある。

　新しい状況を過去に経験したことがあると感じる体験を（　⑩　）という。事実ではないのに，いま現在置かれた状況は過去のある時点で見たり体験したと感じることである。偽記憶ともいわれるが，過去の経験を正確に想起できない一種の記憶錯誤である。

問1　①の短期記憶の容量は，G. A. ミラーによるとどの程度の範囲か答えなさい。
問2　②の空欄に適切な語句を埋めなさい。
問3　③の実験をおこなった人物は誰か。
問4　④の空欄に適切な語句を埋めなさい。
問5　⑤の空欄に適切な語句を埋めなさい。
問6　⑥の生活の手順や段取りに関する記憶を何というか。
問7　⑦の空欄に適切な語句を埋めなさい。
問8　⑧を何というか，答えなさい。
問9　⑨の順向性健忘について，例をあげて説明しなさい。
問10　⑩の空欄に適切な語句を埋めなさい。

問題 4.4 発達に関する規定因

次は人間発達の規定因と把握方法について解説した文章である。読んで，以下の問いに答えなさい。

人間の発達を支える要因についてはいくつかの代表的な立場があった。

まず最初には，人間の発達過程は，生得的にもっている遺伝的な要素や内的秩序が，一定の順序で，時間の経過に伴って展開するという考え方が唱えられた。たとえば，A. L. ゲゼルらは，双生児に階段登りの訓練をしても長期の効果がみられなかったという 1930 年代の有名な実験から，①適切な成熟状態を待たなければ学習・訓練の効果は薄いと考えた。

これに対して，初期の行動主義者は，発達的な行動の変化は個体が学習によって獲得した刺激と反応の連合の数の違いであるとした。この考え方を（ ② ）説とよぶ。たとえば，行動主義者の（ ③ ）は，「私に何人かの子どもをまかせてくれれば，そのうちのどの子どもでも，望み通りの専門家にしてみせよう。その子の適性，才能，気質，親の職業，民族などにかかわりなく，医者にでも，法律家にでも，芸術家にでも（以下略）……」などと宣言したという。これら 2 つの立場は，単一要因で説明を試みているので，まとめて単一要因説とよばれる。

こうした遺伝を重視する立場と，学習を重視する立場との論争のなかから，W. シュテルンは，④「遺伝も環境も」ともに加算的に関与しているという考え方を提案した。A. R. ジェンセンは，⑤環境からの刺激が少なくても発現してくる特性もあり，豊富な刺激によって初めて発現する特性もあるとする考え方を提出した。

近年では，発達は環境に対して受け身的でなく，能動的なものだとする見方が定着し，時間の経過につれてダイナミックで双方向的，共働的な影響過程があるのだと考えられている。いずれにせよ，環境要因のなかに，母体内環境への化学的影響を含めるかどうかによって，話はまったく変わってくる。最近，R. プロミンを代表とする行動遺伝学からの新しい考え方が提出されてもいる。

ところで，発達の変化をみるには，調査対象となる人たちの年齢変化をどう調べるかが課題となる。1 つの方法は，⑥同一時点で，異なる年齢の別々の対象者を選び，そこで見出された年齢ごとの差を年齢変化とみなす方法である。別の方法は，⑦同一の対象者を，長期的に追跡調査し，年齢変化を調べる方法である。

問 1 ①の考え方を何というか。
問 2 ②の空欄に適切な語句を埋めなさい。
問 3 ③の空欄に適切な人名を埋めなさい。
問 4 ④の考え方を何というか。
問 5 ⑤の考え方を何というか。
問 6 ⑥の方法を何というか。
問 7 ⑥の方法の長所と短所を簡潔に述べなさい。
問 8 ⑦の方法を何というか。
問 9 ⑦の方法の長所と短所を簡潔に述べなさい。

問題 4.5 行動・性格をとらえる心理検査

次は行動・性格をとらえる測定法と評価についての記述である。読んで，以下の問いに答えなさい。

個人のいろいろな特性を調べるテストは，学力検査と心理検査に大別される。心理検査（心理テスト）は，知能検査，適性検査，パーソナリティ検査の3つに大別される。その他にも，創造性検査，学習適応性検査，ソシオメトリック・テスト，認知型テストなどがある。

〈知能とは何か〉とひとくちにいうことは難しいが，たとえば，（ ① ）は，「目的的に行動し，合理的に思考し，能率的に自己の環境を処理する総合的・全般的能力である」と包括的に定義している。知能を調べるには，標準化された知能検査を用いることになる。知能検査には，知能を知的な働きの全体として総合的にとらえる検査（鈴木＝ビネー式知能検査，田中＝ビネー式知能検査など），言語性と非言語性（動作性）を分析的に診断できる検査（WPPSI，WISC-R，WAIS-Ⅲなど）がある。知能検査は100年の歴史をもって今日に至っているが，そのあいだには，②数々の批判があり，他方でまた，それを克服しようとした試みがあった。

適性検査には，③進路適性検査，④職業適性検査，⑤事故傾向予測検査などがある。

パーソナリティ検査は，その方法によって，評定法，質問紙法，投影法，⑥作業検査法の4つに分類できる。

非常に多くの心理検査が開発されているが，実際に教師が，これらの検査を頻繁に実施して児童生徒に結果を伝えることはあまりない。学校内では，入学時，あるいは教育相談のときに，諸方法のなかの1つとして習熟者が実施する場合がほとんどである。しかし，結果の扱いや解釈について教育的な配慮をもって対処するためには教師もまた，初歩的な知識はもっておいた方がよいだろう。

問1　①の空欄に適切な人名を埋めなさい。
問2　②知能検査に対する代表的な批判と反論の一例を示しなさい。
問3　③の例をあげなさい。
問4　④の例をあげなさい。
問5　⑤の例をあげなさい。
問6　内田＝クレペリン精神作業検査の長所と短所をあげなさい。

問題 4.6　J. ピアジェの認知発達理論

次の文章は，J. ピアジェによる認知発達の説明である。読んで，以下の問いに答えなさい。

スイスに生まれた発達心理学者 J. ピアジェ（1896-1980）は，思考や知能のような，いわゆる知的な発達の道すじを，シェマ，および操作という概念を用いて説明しようとした。シェマとは説明しにくい概念であるが，平たくいえば，人が見たり聞いたり直接体験したりするときに働く，頭のなかの図式，つまり自分がもっている知識構造のことである。「わかる」ための認知の枠組みのようなものである。操作とは，直接的な体験・行為が頭のなかでおこなわれるようになったもののことといってよい。

ピアジェによると，人は，外界に対して操作をし，シェマを再構成していく働きをもっている。これは同化と調節の過程でもあり，この両者の均衡化に伴って認知発達が進むと考えた。

認識能力の発達は，どんな水準の操作ができるかに基づいた以下の4つの段階として描かれる。

ピアジェによる思考の発達段階

基本段階	下位段階
(1) （ ① ）期	6つの段階（略）
(2) （ ② ）期	前概念的思考の段階
	直観的思考の段階
(3) 具体的操作期	
(4) （ ④ ）期	

最初の段階①は，誕生～1歳半ないし2歳までの時期である。この時期は，生得的反射を基礎とした協応的・体制的な反応スタイルを形成していく時期である。

次の段階は②期とよばれ，2歳～6, 7歳頃までの時期である。この時期の特徴は，イメージや表象を使って，思考できるようになることにある。しかし，必ずしも，まだ十分な論理的思考を展開することはできず，かなりの混乱がみられる。その例として，ピアジェの③保存課題の解決時の反応をあげることができよう。

第3段階は，7歳頃～11, 12歳頃までの時期であり，具体的操作期とよばれる。この時期には，いろいろな論理的な操作ができるようになる。たとえば，液量の保存課題などが理解できる。ただし，具体的操作ということばに示されるように，この時期の子どもたちは，まだ課題の素材が具体的であるかどうかに依存している。したがって，重さや体積のような課題では，液量のときよりもかなり理解が遅れる。

最後の段階④は，12歳以上の時期である。この時期には抽象的な思考ができるようになっている。実際にまだ起こっていないことの可能性についても，論理的に推論できるようになる。

なお，上記の表のうちで，(1) ①期の6つの段階と，(2) ②期・前概念的思考の段階をあわせて，（ ⑤ ）段階という。これに対し，後半の (2) ②期の直観的思考段階，(3) 具体的操作期，(4) ④期をあわせて，（ ⑥ ）段階という。また，(2) (3) (4) をあわせて，（ ⑦ ）期という。

問1　①の空欄に適切な語句を埋めなさい。
問2　①の時期の名称から，どんなことがうかがえるか，述べなさい。
問3　②の空欄に適切な語句を埋めなさい。
問4　③について，液量の保存の典型的な反応を述べなさい。
問5　④の空欄に適切な語句を埋めなさい。
問6　⑤の空欄に適切な語句を埋めなさい。
問7　⑥の空欄に適切な語句を埋めなさい。
問8　⑦の空欄に適切な語句を埋めなさい。

問題 4.7 青年期の人間関係

次の文章は，青年期の人間関係について述べたものである。読んで，以下の問いに答えなさい。

L. S. ホリングワースは，青年期が「家族の監督から離脱し，物事を自分の判断によって決定したくなる時期」であるとして，①親から精神的に独立していく過程に着目した。この時期には，すでに②論理的・抽象的な思考ができるようになることもあって，青年は，親を中心としたおとなの現実主義的な考え方や妥協的な態度に対して矛盾を感じて批判的となり，それがしばしば衝突を引き起こす。この（ ③ ）期は，青年前期に特有で，親からの分離 – 個体化過程のあらわれとみられている。D. P. オーズベルは，この過程を（ ④ ）の過程とよんでいる。

青年を取り巻く環境は次第に広がりをもち，中心となる心理的な人間関係は，家族から友人やモデルとなる人物へと移っていく。そして，親しい友人と行動をともにするなかで，⑤仲間集団の行動様式や判断基準などを学ぶ。

青年は，友人との付き合いのなかで互いの表面 – 内面のギャップを感じ，心底からは理解しあえないという「⑥孤独の体験」を経験する。しかし，他方では，友人は，知らなかった情報をもたらす存在であり，自分と比較する対象ともなり，また同一視の対象ともなるので，お互いに関係を深めていくことになる。このようにして，自己形成をしつつある青年は，自分がどのように友人からみられているのかについて強い関心をいだく。これを G. W. オルポートは（ ⑦ ）とよんだ。

青年期に入る頃には，⑧身体的・生理的な著しい変化がみられ，それとともに異性や恋愛，性への関心が高まってくる。Ch. ビューラーは，生物学的観点から，青年期は個体が補充を必要とする時期であり，その根本体験として異性への（ ⑨ ）が生じるのだと特徴づけている。

異性への関心は，淡い恋心を抱いて異性を美化し偶像化する空想的・想像的な段階から，次第に現実的，客観的に眺められるようになるとともに，実際的な関係をもとうとするようになる。

問1　①の過程を何というか。
問2　②の認知能力は，J. ピアジェの認知発達段階では何にあたるか。
問3　③の空欄に適切な語句を埋めなさい。
問4　④の空欄に適切な語句を埋めなさい。
問5　⑤のように，仲間集団のなかで共有して形成されるものを何というか。
問6　⑥の下線部のように青年期の特徴をとらえたのは誰か。
問7　⑦の空欄に適切な語句を埋めなさい。
問8　⑧の下線部の変化によって身体にあらわれる特徴を何というか。
問9　⑧の下線部は，時代によってその発現の年齢が異なり，若い世代の方が低年齢化していることが知られている。この現象を何というか。
問10　⑨の空欄に適切な語句を埋めなさい。

問題 4.8　E. H. エリクソンの発達理論

次の文章は、E. H. エリクソンの発達理論について述べたものである。読んで、以下の問いに答えなさい。

　自分とは何か？　この問いに対する答えは、さまざまであるが、いずれにせよ、次の点だけは共通である。すなわち、〈わたしはわたしであって、他の何ものでもない〉〈自分らしさ、それがわたしだ〉。

　この問いかけに正面から挑戦した精神分析家が、①E. H. エリクソンである。彼は、心理・社会的観点から、発達漸成理論図式とよばれるライフサイクル理論を唱えた。この理論は、人間が生物的存在として生命を受けて死に至る心理生物的過程と、人間社会のなかでさまざまな相互作用を経て成長していく社会的過程との相互関係から、人間の心理社会的発達をとらえようとするものである。

　この発達理論は、異なる方向性をもつ一対の②心理・社会的危機（crisis）に特徴づけられる。たとえば最初の乳児期段階では、母性的養育者（母親）との対人的関係のなかで、〈基本的信頼感（あるいは信頼）対 不信感〉という同調的性向か非同調的性向かの意志決定問題が心理・社会的危機として位置づけられている。そして、このバランスによって、その個人を生かし活動を意味づけ、生き生きとさせる内的な力として、徳（virtue）が備わる。最初の乳児期段階の徳は、人生に対するもっとも基本なパースペクティブ、希望（hope）である。

　とりわけ特筆すべきは、③青年期の危機について、〈アイデンティティ達成 対 アイデンティティ拡散（あるいは同一性 対 同一性拡散）〉をあげて、④アイデンティティ論を展開するとともに、青年期はこの危機を乗り超えるために⑤社会的に責任や義務を一時的に猶予されている時期であるとしたことにある。

　J. E. マーシャ（1966）は、青年期のこの危機を解決する過程を、アイデンティティ・ステイタス（同一性地位と訳することもある）の問題として実証的に⑥類型化したが、これがきっかけとなって多くの研究がみられ、また最近は中心となる環境、すなわち各時期の⑦相互性に注目した研究も盛んになってきた。

　エリクソンの理論は、アイデンティティ論とともに、人生全体を展望していることから、発達的研究の重要な理論的基礎を提供している。

問1　①エリクソンがもっとも影響を受けたのは誰の理論か。
問2　②を簡単に説明せよ。
問3　③の青年期に獲得されることが期待される徳（virtue）は何か。
問4　④でアイデンティティの感覚とされているものを2つあげなさい。
問5　⑤の状態は何とよばれるか。
問6　⑥は、どんな基準によって類型化されるか。
問7　⑥のうち、アイデンティティ達成型とは何か。
問8　⑦の相互性のうち青年期に重要とされるのは、どんな人との相互性か。
問9　エリクソンは、著名人のライフヒストリーを理論にしたがって分析しているが、その人物の例をあげなさい。
問10　エリクソンの著作のうち、主要なものを2つあげなさい。

問題 4.9 道徳性の発達

次の文章は，道徳性の発達に関する理論について述べたものである。読んで，以下の問いに答えなさい。

　道徳性の発達を説明する心理学のアプローチには，大きく3つの立場がある。1つは，精神分析学的理論である。この理論では，両親との同一視の過程を通して，文化的な規範や価値を①超自我の中に内面化することが道徳性の発達であるととらえる。S.フロイトによれば，それは5〜6歳頃の②エディプス・コンプレックスの解決の結果として達成される。

　2つは，社会的学習理論である。この理論では，子ども自身に対する罰や報酬を通して，あるいは③モデリングの過程を通して学習が進み，社会規範の学習や愛他的行動の学習がなされると考える。

　3つは，認知発達理論である。この理論では，道徳的問題について理性的に考える道すじには，発達段階がみられるとする。この考えに立つ代表者の一人が，L.コールバーグである。彼は，④J.ピアジェの考え方を継承・発展させた研究者として知られる。L.コールバーグは，子どもでも，自分なりの正しさの枠組みをもっていて，それに基づいて道徳的な判断をしているのだと考えた。そして，正しさの枠組みは，発達とともに質的変化をとげるとして，⑤3水準6段階からなる発達段階説を提唱した。

　他方，C.ギリガンは，L.コールバーグの理論が男性を中心とした考え方であり，男女による道徳性の発達には違いがあると主張した。彼女は，男性は「正義」を主要原理とした道徳性を発達させ，他方，女性は，⑥人間関係，気くばり，共感などを主要原理とする道徳性を発達させると指摘した。

　N.アイゼンバーグは，他者に利益をもたらす自発的行動全般をさして，向社会的行動という用語を用いた。なかでも，他者の利益のために，外的報酬を期待することなく，自発的・意図的になされる行動のことを愛他的行動とよんでいる。これは，自らの利益よりも，むしろ他者の福祉や正義が大切だとする価値観を内面化したものであろう。こうした行動が生じるためには，⑦相手の感情状態と同じ状態になることや⑧相手の立場に立つことが求められる。このことについて，M.L.ホフマンは，親のしつけとの関連から，力中心のしつけよりも，⑨誘導的しつけが有効であることを示唆している。

問1　①の超自我として内面化されたものを何というか。
問2　②について，簡潔に述べなさい。
問3　③の学習を何とよぶか。
問4　④のJ.ピアジェの道徳性発達理論を簡単に説明しなさい。
問5　⑤の3水準とは何か。
問6　⑥の内容を，何の道徳性とよんでいるか。
問7　⑦を何というか。
問8　⑧を何というか。
問9　⑨について簡単に説明しなさい。

問題 4.10　対人関係

次の文章は，対人関係に関する記述である．読んで，以下の問いに答えなさい．

　私たちが初対面の人に会った際など，ごく断片的な情報からだけでも，ある程度まとまった印象を形成することができるのは，暗黙裡の性格観があるからである．これは，人が漠然とした形でいだいている①パーソナリティについての考え方の枠組みであり，日常での印象形成に役立っているが，ときには②誤った対人認知の原因ともなる．印象形成には，情報の意味内容と提示順序のわずかな違いが大きく影響する場合がある．最初に提示された情報が全体の印象形成を強く方向づける（　③　）効果があり，第一印象が重要であることを示している．

　（　④　）は，自分（P）と他者（O），この二者に関連する第三者や事物（X）の3者関係が対人関係の認知を規定するとして，バランス理論を提唱している．3者関係にはバランス状態とインバランス状態の2つがあり，インバランス状態では3者関係は不安定なため，バランス状態に向かうよう動機づけられるという理論である．この理論は，（　⑤　）の提起した⑥認知的不協和理論に発展した．

　他者に対する好意的または非好意的な態度を対人魅力という．対人魅力を規定する要因として，まず⑦家が近い，席が近いなど空間的・物理的に近い人に好意をいだきやすい．この他に，身体的魅力や⑧類似性の要因があげられる．

　身の周りに起こるさまざまな出来事や他者あるいは自己の行為などについて，その原因を推測する過程を（　⑨　）という．H. H. ケリーは，「事象の原因はその事象が生じているときに存在し，その事象が生じていないときには存在しない」という共変動の原理を用いて原因の推測がおこなわれるとした．一貫性，一致性，弁別性の3つの情報の組み合わせが推測に寄与しているとする考え方で，心理学の統計手法で用いられる分散分析に似ているため，（　⑩　）モデルとよばれている．

問1　①パーソナリティの定義を述べなさい．
問2　②誤った対人認知の原因の例を述べなさい．
問3　③の空欄に適切な語句を埋めなさい．
問4　④の空欄に適切な人名を埋めなさい．
問5　⑤の空欄に適切な人名を埋めなさい．
問6　⑥の理論を簡潔に説明しなさい．
問7　⑦の要因を何というか．
問8　⑧の類似性の要因をバランス理論で説明しなさい．
問9　⑨に空欄に適切な語句を埋めなさい．
問10　⑩の空欄に適切な語句を埋めなさい．

問題 4.11　学習意欲

以下は，児童生徒のやる気について書かれた文章である。読んで，以下の問いに答えなさい。

　毎日，日本のどこかの学校では，〈やる気があればできる！〉という声が聞こえる。教師が同じ指示をしても，行動に移す子どもがいる一方で，そうでない子がいる。学習に前向きな子がいる一方，他方でそうでない子がいる。「やる気」「意欲」「態度」という用語は，しばしば，この子どもたちの行動の差を説明することばとして使われる。

　学習心理学の用語では，いわゆる「やる気」は，動機づけの問題として研究されてきた。学ぶこと自体がおもしろく興味深いのは，（　①　）動機づけによる学習行動である。すぐれた教師は，①動機づけを高める教育方法，指導法を工夫し実践している。もちろん，児童生徒の行動をほめたり叱ったりすることも動機づけを高める。これを（　②　）動機づけといい，これによっても学習行動は促進される。すぐれた教師は，児童生徒の個性に応じた，また，時と場に応じた動機づけを適切に操作している。

　社会心理学の用語では，態度とは，認知，感情，行動の3つの成分からなるとみなされる。態度は行動と関係するから，態度を変えることによって，ある行動が起こったり，中止になったりする。心理学では，態度を変えるためにことばによって働きかけることを説得（persuasion）といい，説得のためのコミュニケーションを説得的コミュニケーションという。説得的コミュニケーションによって，考えや態度が変わることを（　③　）という。

　説得的コミュニケーションは，説得の発信源が重要なポイントである。たとえば，信憑性（credibility）の高い送り手ほど，相手を説得する効果が高いことがわかっている。信憑性は，専門性，信頼性の2つの要素からなる。説得の技法によっても，③は影響される。たとえば，④最初に承諾されやすいようなこと（A）を依頼して相手に承諾させておく，そして次にはもっと承諾されにくいこと（B）を依頼する。そうすると，いきなり（B）を依頼するよりも，相手を説得・承諾させやすいことがわかっている。要するに，モノは言い方次第ということである。この他にも，譲歩的要請法，承諾先取り法などが知られている。

　③は，本人（P），相手（O），事物（X）の3項関係からみることもできる。F.ハイダーは，本人（P）による対人関係の認知が3項の要素間を不均衡から均衡へと向かわせるとする（　⑤　）理論を提唱した。態度が好意的な場合をプラス（＋），態度が非好意的な場合をマイナス（－）であらわすと，3項関係の心情関係の3つの符号の積が（　⑥　）になると均衡（バランス）状態になり安定する。そうでないと不均衡（アンバランス）の状態になり，これは不快な状態であるから，不快さを低減する方向へ態度が変わっていく。この理論にしたがえば，教師が児童生徒本人に対してだけ働きかけるのは，きわめて一面的で未熟な教育技術にすぎないことになる。

　A.バンデューラは，やる気や自信について，（　⑦　）という用語を使って説明している。（　⑦　）とは，ある結果を得るために自分が発揮できると考えたパワーのことである。ある課題を達成しようとするときの，自分に対する能力の見積もり，自信，信念である。（　⑦　）が高い児童生徒は成し遂げようと行動するパワーが強く，失敗しても挫折しにくい。他方，（　⑦　）の低い児童生徒は，課題に不安をもち，すぐにあきらめる。したがって，児童生徒の（　⑦　）を高めることが，やる気を引き出すポイントになる。A.バンデューラは，（　⑦　）を育成するために，4つのポイントをあげている。それらは，行動の達成，⑧代理的経験，言語的説得，情動喚起である。もちろん，教師もまた，自分はやればできるんだという効力を高めることが課題になる。これを教師効力という。教師効力の高い教師は，そうでない教師よりも，教室における児童生徒への働きかけが積極的であることがわかっている。

問1　①に適切な語句を埋めなさい。
問2　②に適切な語句を埋めなさい。
問3　③に適切な語句を埋めなさい。
問4　④は承諾を導く技法の1つである。この方法を何というか。

問5 ⑤に適切な語句を埋めなさい。
問6 ⑥に適切な語句を埋めなさい。
問7 ⑦に適切な語句を埋めなさい。
問8 ⑧について，具体的な例をあげなさい。

問題 4.12　ピグマリオン効果

以下は学習指導に及ぼす教師の役割について書かれたものである。読んで，以下の問いに答えなさい。

アメリカ西海岸の下層階級の人々の住むある小学校で，5月に「知能（知的能力）が急激に伸びる児童を予測するテスト」を実施した。その結果から，9月に各学級の約2割にあたる人数のそうした児童を選び出した。そして，その児童の名前を担任の教師に伝えた。翌年1月，同年5月（1年後），翌々年5月（2年後）に繰り返し同じテストを同じ児童たちに実施して，選ばれた「伸びる児童（late bloomers）」と，選ばれなかった児童に関する①IQ得点の伸びを比較した。1年後の結果では，選ばれた児童の1年生では15点以上，2年生で10点以上もIQ得点が伸びた。他方で，3年以上の児童では，差はみられなかった。翌々年のテストでは，小学6年で得点が向上した。

この実験で使ったテストは，じつは普通の知能テスト（非言語領域）であった。「選ばれた児童」は，実験による設定にすぎず，本当は単に乱数表によってランダムに抽出された児童で，これらは調査研究のために意図的に偽ってなされたのであった。

この実験で得られた差は，なぜ見出されたのだろうか。R.ローゼンソールらは，教師が「伸びる児童」に対して期待をし，そのために教師の児童に対する接し方が変わって，それによって「伸びる児童」が本当に伸びたのだと解釈した。つまりは，教師が何かを期待することが，自己成就的予言（self-fulfilling prophecy）として働いたと考えた。R.ローゼンソールらは，『（　②　）』という本を公刊し，この現象を③ピグマリオン効果と名づけた。

この研究は，その後，多くの追試や再検討がなされて，④実験手続き・結果についてのいろいろな問題点が指摘され，批判を受けた。けれども，データは別として，教育界の実感としては多くの納得・同意が得られたので，今日もピグマリオン効果の重要性が認められている。

ちなみに，ピグマリオンとは，ギリシア神話に登場する王である。彼は，自分のつくった乙女像に恋してしまい，愛の女神ヴィーナスに頼んで，この乙女像に命を吹き込んでもらって，この乙女と結婚したという。この神話にヒントを得て花売り娘が淑女に変身するストーリーとなったのが，ミュージカル「マイフェアレディ」である。

問1 ①のIQとは何の略か，また日本語で何というか。
問2 ②の本の書名は何か。
問3 ③ピグマリオン効果は，別名で，何とよばれているか。
問4 ④それらのうちの1つを述べなさい。
問5 教師－児童生徒の人間関係について，この実験から得られる教訓を自分で考えてみなさい。

問題 4.13　ソシオメトリック・テスト

次は，学級の子どもたちに対して集団指導をするために基礎資料を得る方法である。読んで，以下の問いに答えなさい。

　非公式集団の人間関係をみる方法としては，ソシオメトリック・テストが知られている。これは，集団内の人間関係改善のために，（　①　）が開発した方法の1つである。そのため，この方法は，学校でもしばしば，児童生徒のようすを知るための方法として使われてきた。特に小学校の高学年以降では，教師の前での言動と，教師がいないときの言動とが大きく異なることが目立ってくるので，これによって子どもたちの意外な面があらわれることもある。

　方法は簡単で，〈学級の席替えとか，理科などの班編成の参考にする〉と告げて，隣の席になりたい（なりたくない）者，一緒の班になりたい（なりたくない）者の名前を書かせる。その結果を②整理して，いくつかの観点に基づいて，③児童生徒の人間関係のネットワークを把握する。

　児童生徒に強い必要性があるときは別として，ふだんには，このようなテストをすることは現実的には抵抗感がある。できれば，教師は，日常から，よく子どもたちのようすを観察し，対話して，学級のようすを把握することに努めるのが本来のありかたである。

問1　①の空欄に適切な人名を埋めなさい。
問2　②で用いる，選択と被選択の行列表を何というか。
問3　②で人間関係のパターンを空間的に表示したものを何というか。
問4　田中熊次郎（1975）によると，③の学級集団ネットワークは，統一結合型，分断結合型，分断分離型，一部集中型，多数分離型の5つのタイプに分類できるという。小学校4, 5年頃から目立ってくるのは，このうちのどれか。
問5　ソシオメトリック・テストの問題点をあげなさい。

問題 4.14 教育評価法のあゆみ

次の文章は，教育の評価方法について，その発展の経過を述べたものである。読んで，以下の問いに答えなさい。

　20世紀初頭にあらわれた教育心理学者のE. L. ソーンダイクは，教育測定の父といわれる。彼は，教育心理学の体系化，①学習の試行錯誤説，知能の多因子論といった業績の他に，教育測定にも大きな影響を残した。たとえば，弟子のC. W. ストーンは，算数の推理検査に関する標準テストを作成し，従来の口頭試問と論文体テストによる方法を批判的に検討した。D. スターチとE. C. エリオットは，論文体テストの採点に主観が入りやすいことを実証した。これらをきっかけに，教師の採点の主観性を排除できるような工夫として，②真偽法，多肢選択法，組み合わせ法，完成法，③単純再生法などが開発された。

　1930年代に入ると，この教育測定運動は批判されるようになった。その理由は，測定対象が学力の一部に片寄っていること，客観的な測定を重視しすぎていて教育とのかかわりが薄いといった点であった。実際，④アメリカの進歩主義教育協会（PEA）は，1933年から1940年にわたって，これまでの伝統的な教育と新教育とを比較する実験教育を試みた。2つのカリキュラムの教育成果を教育目的に照らして評価し，学力を，思考，態度，身体的健康などを含めたものとして広く考えた。この研究をきっかけにして，教育の計画と改善には教育評価は効果的であることが周知され，のちに教育評価の研究が進んだ。測定の方法としては，⑤観察法，面接法，質問紙法などが開発された。

　シカゴ大学のB. S. ブルームは，教育到達度評価国際協会（IEA）の設立者の一人として知られる。1950年ごろから教育目標分類学を提唱し，学力を認知的領域など⑥3つの領域に分類し，これをさらに細分化した。ここに至って，指導にも評価にも，教育目標を分析したり設定したりすることが大切であることが広く知れわたった。J. B. キャロル（1963）は，⑦完全習得学習の理論を発表し，B. S. ブルームはこれを具体的に展開した。D. グレイザーは，⑧集団準拠法と目標準拠法を区別し，特に目標準拠法を重視した。これらのテストは，それぞれ集団準拠テスト（NRT），目標準拠テスト（CRT）とよばれる。

　診断的評価，⑨形成的評価，総括的評価の用語は，M. スクリバンによって提唱され，B. S. ブルームの完全習得学習の研究によって，広く日本にも知られた。

　1960年代に入り，教育工学が提唱されて，今日に至っている。その源は2つあり，1つはN. ウィーナーのサイバネティックスの提唱である。もう1つは⑩学習心理学者B. F. スキナーの条件づけ学習である。これらによって，視聴覚機器・教育メディア利用を活用すること，教育を実証的・工学的に研究すること，教育をシステム的にとらえて効率化の要因を検討していくことといった方向性が出され，教育評価の広がりがみられるようになった。

問1　①の試行錯誤説について，E. L. ソーンダイクは3つの法則が働くとした。その3つとは何か。
問2　②の長所と短所を1つずつ指摘しなさい。
問3　③を用いた設問例をあげなさい。
問4　④の研究は何とよばれているか。
問5　⑤について，質問紙法と比べたときの特徴を述べなさい。
問6　⑥3つの領域のうちのあと2つは何か。
問7　⑦の理論を簡単に説明しなさい。
問8　⑧集団準拠法と目標準拠法は，日本では，それぞれ何とよばれているか。
問9　⑨を説明しなさい。
問10　⑩を人間の教育に利用した学習を何というか。また，そのために，コンピュータを利用することを何というか。

問題 4.15 評価のゆがみ

次の文章は，評価のゆがみについて概説したものである。読んで，以下の問いに答えなさい。

教師－児童生徒の人間関係からみると，教師は評価する立場，児童生徒は評価される立場である。したがって，教師が客観的でない評価をすることは，ある子どもを「えこひいき」「イジメ」「差別」することと同じような行為として受け取られることがある。

ところが，教師がいくら努力したとしても，現状の技術では評価に主観性が入るのはやむをえない。それゆえ，教師，児童生徒，保護者はそれぞれ，陥りやすい評価のゆがみについて知っておくことが大切である。それによって，小さなことを大きく誤解する不幸を防ぐことができるかもしれない。以下は，評価のゆがみについての典型的なパターンである。

（　①　）は，紋切り型ともいわれる。たとえば，月曜日にバスケット・ボール部の部活をしているA君とB君だけが忘れ物をしたとしよう。そのエピソードが教師の記憶に残って，〈バスケット・ボール部の男子生徒は，忘れ物が多い子たちだ〉と思いこむ。すると，以後には，他の子も忘れているのに，「やっぱりA君やB君は，また忘れている」などと，先入観でA君，B君の忘れ物に注目してしまう。これが他の先生や学級の児童生徒などに広まってしまうと，バスケット・ボール部の男子たちはこんな児童生徒というイメージが広く固定的に定着する。簡単にいうとある集団への先入観，それが①である。

光背効果は，（　②　）ともいわれる。ある児童生徒が，何かよく目立つ良い特徴や悪い特徴をもっているとしよう。そうすると，その児童生徒のもつ行動や性格，考え方などの見かけ上のあらゆる特徴に対して，推論を一般化してしまう。正しく見ることができずに，その児童生徒のあらゆる特徴間に正の相関をもつように評定してしまう。

（　③　）とは，少ない情報から足りない情報を補って推論するときの論理的な誤りのことである。たとえば，A君が忘れ物をしたとしよう。そのエピソードが教師の記憶に残って，A君は忘れ物が多い子だと思いこむと，さらには，A君は「成績も悪い」「言動が粗野だ」とか，経験を解釈して推論してしまう。

（　④　）は，教師がA君やB君といった児童生徒に対してもつ好悪感情が評価の甘さ，厳しさに影響するということである。これを，J. P. ギルフォード（1954）は評定誤差の問題として論じている。好きな子には評価が甘くなり，これは正の（　④　）である。嫌いな子には厳しくなり，これは負の（　④　）である。内申書や面接などでは，どうしても，（　④　）があらわれることは否めない。

ピグマリオン効果（Pygmalion effect）は，（　⑤　）という研究者がオーク小学校の実験で得た，教師の期待が児童生徒の知能成績に影響するとした予言の効果である。もともと，ピグマリオンとは，（　⑥　）に出てくるキプロス王の名前である。ピグマリオンは自分が作った女性像に恋してしまいその像を人間に変えたいと切望したところ，女神ヴィーナスによってその願いが実現したという話から名づけられた。ただし，経験的には納得できるものの，多くの追試研究では実証はほとんど得られていないといわれている。

いずれにせよ，教師が児童生徒一人ひとりとかかわっていくうえでは，お互いの信頼関係なくしては学校生活は順調には営めない。この種の評価のゆがみに陥らないように，いつも自戒し，子どもたちと接していくことが求められている。

問1　①に適切な語句を埋めなさい。
問2　②に適切な語句を埋めなさい。
問3　③に適切な語句を埋めなさい。
問4　④に適切な語句を埋めなさい。
問5　⑤に適切な語句を埋めなさい。
問6　⑥に適切な語句を埋めなさい。

問題 4.16 ストレス（コーピング）

次の文章は，ストレスに関する記述である。読んで，以下の問いに答えなさい。

ストレスはもともと圧力や圧迫を意味する工学用語であったが，カナダの生理学者（ ① ）はその用語を援用し，ストレス学説を唱えた。生体に外から刺激が加えられると，生体にひずみが生じる。そのひずみに適応しようとしてある反応が起こる。その状態をストレスとよび，ストレスを生じさせる刺激を（ ② ）とよんだ。①は，持続的に②にさらされた結果生じる生体の抵抗について，（ ③ ）症候群という考え方を提唱した。この考え方によれば，ストレスに対する反応は④3つの時期（相）に分けられている。

個人はストレス状態を低減しようとさまざまな対処をおこなう。R. S. ラザラスとS. フォルクマンは，これを（ ⑤ ）とよんだ。彼らは，情動的な苦痛を低減させるための⑥情動焦点型と，ストレスの原因となる問題を解決するための（ ⑦ ）型の2つに大別している。

T. H. ホルムズとR. H. レイは，⑧日常生活上の重大な出来事が起こると，いままでに確立されてきた生活の様式に何らかの変化が生じるためにストレス状態が引き起こされる。結婚を50点としたときに，その他の出来事がどのくらいの負荷をもっているかを示した（ ⑨ ）尺度を提案した。結婚といったストレスとは無縁であるかのような喜ばしい出来事も，緊張や興奮を伴うストレスとなりうる。これは快ストレスという。過去1年間に起きた重大な出来事が多いほど（ ⑩ ）になる可能性が高くなることが報告されている。

問1　①の空欄に適切な人名を埋めなさい。
問2　②の空欄に適切な語句を埋めなさい。
問3　③の空欄に適切な語句を埋めなさい。
問4　④の3つの時期（相）を述べなさい。
問5　⑤の空欄に適切な語句を埋めなさい。
問6　⑥情動焦点型の例をあげなさい。
問7　⑦の空欄に適切な語句を埋めなさい。
問8　⑧を専門語句で何というか。
問9　⑨の空欄に適切な語句を埋めなさい。
問10　⑨の尺度で，もっともストレスの評価点が高いとされた出来事は何か。
問11　⑩の空欄に適切な語句を埋めなさい。また，その語句を簡単に説明しなさい。

問題 4.17　学校生活でみられる心配な行動

次の文章は，学校生活でみられる児童生徒の心配な行動について，教師がどのような態度で取り組むべきかを書いたものである。読んで，以下の問いに答えなさい。

児童生徒が，順調，円満に，また楽しく生き生きと学校生活を送るためには，教師は学習指導だけでなく生徒指導にも力を注がなければならない。この意味で教師は，児童生徒のようすをよく観察し，時には経過を見守り，時にはすばやく助言や指導，あるいは相談といった対応をおこなう必要がある。

児童生徒の問題行動は多様であるので早期に発見して対処することが望ましいが，かといって教師の思いこみや勝手な解釈で臨んでは，かえって問題をこじらせてしまうことにもなる。反応の早い教師は，「おや，変だな」「何か，ちょっと違うな」といった「気づき」を体得していて，しかもそれは，「児童生徒の行動の欠点探し」とは一線を画している。気づいたことにいつでも対処できる姿勢をもちつつも，それが問題行動であるかどうかを早合点せず，慎重に見守る姿勢も備わっている。

問1〜問7　次の1から7に書かれた児童生徒の行動には，どんな疾患の可能性があるのか，その名前を答えなさい（可能性の1つという意味である）。

1.	不安や緊張によって，発作的に，息がしにくく酸素が吸いにくい感じがして，胸部の圧迫感がある。動悸がし，呼吸の回数が過度に多くなる。時として手足がしびれたり，頭がボーッとして気が遠くなることがある。
2.	年齢的には思春期に多くみられる。標準体重より20％以上のやせ，食行動の異常，女性の場合の無月経，体重増加についての極度の恐怖などがみられる。
3.	便通の異常や腹部の諸症状が頻繁にみられる。下痢型，便秘型，ガス（放屁）型などがある。便通の異常の他に，頭痛，動悸，めまいなどの自律神経的症状を伴うことが多い。
4.	顔面をしかめる，口をぴくぴくさせる，まばたき，首や頭を振るなどの症状が頻繁に出現する。
5.	家庭ではよく話すのにもかかわらず，教室に入ると，まったくの黙り状態になる。それだけではなく，集団に参加しにくかったり，消極的で引っ込み思案である。対人不安や過度の緊張がうかがえる。
6.	腹痛や嘔吐が続く。時に，吐血や下血がある。夜や空腹時に，胸ヤケがしたり，腹の上の部分が痛む。
7.	不潔な感情にとらわれてしまう。手洗いを過度に繰り返す。入浴を頻繁におこなう。他人が手を触れたものは汚いというこだわりがわき起こってきて，とらわれてしまう。

問題 4.18 ホームルーム活動の技法

次の文章は，ホームルーム活動でよくみられる人間関係トレーニング，人間関係改善についての諸技法の説明である。読んで，以下の問いに答えなさい。

児童生徒が学校で，積極的に学び，自分らしさをみつけ，未来に展望をもつためには，ホームルームやクラスでの教科学習，あるいは部活動などのあらゆる機会をとらえて教師が助言指導することが望まれる。

たとえば，1年生の1学期最初のホームルーム開きでは，児童生徒が互いに打ち解けていないので，①「わたしは……」で始まる20の質問に答えるような課題を与えて，それによって自分自身を見つめたり，また他者に自分を紹介させたりすることがある。

構成的グループ・エンカウンターもよくおこなわれるが，これは最終的には，自分と他者を理解し，自らの人間的な成長を支え，お互いの存在や人権を尊重することなどを目標に計画される。具体的には，まず，グループで何かに取り組む体験がなされる。この作業課題を（　②　）という。②には，「ブラインドウォーク」「探偵ごっこ」「20年後のわたし」「NASA」「ノアの箱船」「にこにこ握手」などいろいろある。そのうちの1つ（　③　）は，宇宙船に乗り込んで月面に着陸したときに故障した場面を想定する。そして，地球に帰還するときに使える船内備品の優先順位を，グループ内で話し合うというものである。終了後には，④体験を通して感じたり学んだことを語り合う時間をとり，さらに各自でも（　⑤　）をおこなって総括をする。

この他にも親子，教師と生徒，生徒同士などの人間関係のある場面を想定し，出演者に役割を与えて，後は自由に即興の劇を演じさせることもある。これを，（　⑥　）という。

問1　①のような形式の質問に答えさせる心理学的な方法を何というか。
問2　②の空欄に適切な語句を埋めなさい。
問3　③の空欄に適切な語句を埋めなさい。
問4　④を何というか。
問5　⑤の空欄に適切な語句を埋めなさい。
問6　⑥の空欄に適切な語句を埋めなさい。

問題 4.19 教育相談

教育相談について書かれた文章を読んで，以下の問いに答えなさい。

教育相談は，幼児，児童，生徒などの教育上の諸問題について，本人や保護者あるいは教師と面談して，助言，援助，心理的な治療，①カウンセリングなどの適切な支援をおこなう営みである。

教育相談の対象と内容は，主に3つある。1つ目は，すべての児童生徒を対象にした相談で，その内容は，学業の相談，進路指導，家庭教育などに関するパーソナリティの成長・発達の援助が中心である。このようなことから，これは，（ ② ）教育相談とよばれることもある。

2つ目は，学習障害，発達障害，問題行動などを示す児童生徒に対して，心理的な治療や問題の解決をはかることとかかわる。たとえば，公立の教育研究所（あるいは教育総合センター）などでは，教育相談課が設置されていて，これらにあたっている。このようなことから，これは，（ ③ ）教育相談ともよばれている。もちろん，②と③の教育相談は絡み合っている傾向があり，両者を区別することが難しい場合が多い。

3つ目は，教師の悩みに対する相談であり，これは近年，増加傾向にある。

次に，教育相談について，誰が相談員になるかについてまとめると，主として2つある。1つ目は，④心理治療にかかわる専門家が相談にあたるケースである。じっさい，文部科学省では，全国の学校にスクールカウンセラーを派遣するという施策を進めている。2つ目は，その学校の教師が相談にあたるケースである。したがって，担任や，各年度の教育相談係の教師も，カウンセリング・マインドをもって児童生徒に心理的に接することが要請される。これについては，教師サイドの姿勢として，C.R.ロジャーズの来談者（クライエント）中心療法におけるカウンセラーの6つの必要十分条件のうち，⑤「クライエントの自己成長力を信頼すること」，⑥「クライエントが感じているように感じ取る態度による理解」と共通する姿勢を要するとされている。いずれにせよ，教育相談においては，家族，教師，医師などの関係者，あるいは関係諸機関と密接に連絡をとりながら，たえず⑦子どもの状態を観察して総合的に判断することが重要である。

問1 ①の代表的な学派（流派，種類）を3つあげなさい。
問2 ②の空欄に適切な語句を埋めなさい。
問3 ③の空欄に適切な語句を埋めなさい。
問4 ④には，主としてどんな資格をもつ者を想定しているか。
問5 カウンセリング・マインドにかかわる下線部の⑤を簡単にいうと何か。
問6 カウンセリング・マインドにかかわる下線部の⑥を簡単にいうと何か。
問7 ⑦子どもの状態を観察してとあるが，下表は行動観察の技法について説明したものである。a〜dの空欄に適切な語句を埋めなさい。

観察方法の名称	方法の概要
1 日誌法	行動の型の記述，たとえば保育日誌など
2 （ a ）	行動の偶発的な発生を記録する
3 （ b ）	ある特定の行為（たとえばイジメ）の過程を観察する
4 時間見本法	行動の流れを（ c ）で分けて，ある特定の行動（たとえば授業中のよそ見）の有無や頻度を観察する
5 （ d ）	観察した行動（たとえば授業中の挙手）の程度や印象を数値的に評価する

問題 4.20　LD（学習障害）

次はLD（学習障害）についての説明である。読んで，以下の問いに答えよ。

　LD（学習障害）に関する用語は，時代とともに変化してきた。現時点では，ひとまずは，知能は普通で感覚・運動機能には問題が認められないのに，視覚的あるいは聴覚的な障害がみられ，結果として注意範囲が狭い，持続しない，落ち着きがない，過敏であるなどの行動がみられる病態であるとされる。学習に集中できず，読み，書き，計算などが不調であるが，その原因は脳機能に軽い障害があるためであるとされてきた。ただし，じっさいには，CT，MRIなどの検査でも異常部位が特定できないことも多い。

　このような病態については，1966年にS. D. クレメンツが微細脳機能障害（MBD）という用語を提唱，他方で行動面に着目したS. A. カーク（1962）は学習障害（learning disabilities）という語を用いた。

　以上はおおまかな説明であるが，この他にも，①AD/HD，②自閉症，③PDDなどのようなよく似た用語があり，混乱がみられている。文部省（現，文部科学省）の諮問委員会は，1999年に，「学習障害児に対する指導について」という最終答申を出している。それには次のようにまとめられている。「学習障害とは，基本的には，全般的な知的発達に遅れはないが，聞く，話す，読む，書く，計算する又は推論する能力のうち④特定のものの習得と使用に著しい困難を示す様々な状態を指すものである。学習障害は，その原因として，中枢神経系に何らかの機能障害があると推定されるが，視覚障害，聴覚障害，知的障害，情緒障害などの障害や，環境的な要因が直接の原因となるものではない」。

　医学と教育では，必ずしも同じ意味で使っていないことも，LDの混乱の一因である。医学系ではLDの英語は，（　⑤　）である。他方，教育や心理では，LDの英語はむしろ，（　⑥　）を用いることが通例である。教師は，生半可な知識で対処するのではなく，保護者に対して小児神経科などの専門医の診断を勧めるのが普通であり，あわせて十分な理解とともに教育的配慮に努めるべきである。

問1　①は日本語で何とよばれているか。どんな行動特徴がみられるか。
問2　②の原因について，対人関係に関する障害とは別の説を唱えたM. ラター（1983）の見解について略述しなさい。
問3　③は広汎性発達障害のことであるが，これを説明しなさい。
問4　④を調べる代表的な心理検査をあげなさい。
問5　⑤の空欄に適切な語句を埋めなさい。
問6　⑥の空欄に適切な語句を埋めなさい。

解説編

第Ⅰ部	教養コース	102
	標準コース1	106
	標準コース2	111
	標準コース3	116
	特論コース	120
第Ⅱ部	問題セット1	124
	問題セット2	131
	問題セット3	138
	問題セット4	144
	問題セット5	150
第Ⅲ部	教職分野1	156
	教職分野2	164
	教職分野3	174
第Ⅳ部	総合問題	183

教養コース
答と解説

■ **問題 1.1　答：4**

いわゆる，うそ発見器は，GSR（galvanic skin response）あるいは皮膚電位反応（skin potential response, SPR）を応用したものとして知られている。GSR では，手と掌の 2 箇所に電極をつけて，強い刺激や情緒に伴ってあらわれる電気的変化を測定する。動揺すると，交感神経系の反射によって発汗作用を生じて皮膚上の抵抗が減少し電流が増える。現在では，皮膚電位反応を測定することが多い。

■ **問題 1.2　答：1**

ジェームズ（James, W.）がデンマークの生理学者ランゲ（Lange, C.）とともに発表した説で，ジェームズ＝ランゲ説といわれる。刺激に対して最初に身体的・生理的変化が起こり，その変化が生じるときの感覚が情緒であるとする考えである。

■ **問題 1.3　答：1**

プルチック（Plutchik, R., 1962）の情緒立体（emotion solid）モデルとして知られる。横断面には「悲嘆」のような 8 つの 1 次的情緒が配列され，縦の次元には「悲しみ」「物思い」のような強度差が示されている。

■ **問題 1.4　答：1**

ホメオスタシス（homeostasis）はキャノン（Cannon, W. B.）の用語である。ホメオスタシスの破壊が疾病であるとされる。→問題 1.122 の解説も参照のこと。

■ **問題 1.5　答：2**

自動運動（autokinetic movement）の運動範囲は視角で 20°〜30° である。その運動速度は，光点が小さいほど速く，大きくなるほど遅くなる。

■ **問題 1.6　答：1**

ファイ現象（Phi phenomenon）は，仮現運動の 1 つである。映画，電光ニュース，ネオンサインなどは，ごく短い時間に少しずつ位置をずらした絵やポイントを提示することによって，それが動いているように映るという現象を利用したものである。

■ **問題 1.7　答：4**

ルビン（Rubin, E. J.）の反転図形である。彼は，デンマークの心理学者であり，コペンハーゲン大学実験心理学教授を勤めた。この図は，「顔と盃」という図と地の反転図形である。

■ **問題 1.8　答：1**

1〜5 は，すべて幾何学的錯視である。ミュラー－リヤー（Müller-Lyer, F. C.）は，ドイツの精神医学者，社会学者である。

■ **問題 1.9　答：4**

フラストレーション（frustration）が生じたときの対処行動であり，自我防衛の 1 つが合理化（rationalization）である。この例は，手に入れることのできない目標を過小評価して弁解するという，「すっぱいブドウ機制」（sour-grape mechanism）である。1〜5 はすべて自我防衛機制である。

■ **問題 1.10　答：5**

精神分析学では，リビドー的衝動が阻止されて，それが社会的に認められるような象徴的目的に方向転換したものを昇華としている。

■ **問題 1.11　答：2**

スイスの精神科医であるロールシャッハ（Rorschach, H.）は，1921 年，『精神診断学（Psychodiagnostik）』を著し，ロールシャッハ・テストを公表した。これは今日でも，代表的な投影法検査の 1 つである。

■ **問題 1.12　答：4**

1 分ごとの作業量から作業曲線を求め，作業の「むら」の有無を検討したり，計算の誤りの多さ，作業の脱落，行飛びなどから判定する。教員採用試験の適性検査に用いている県や採用試験に用いている企業がある。

■ **問題 1.13　答：2**

クレッチマー（Kretschmer, E.）は，体型と精神病との関連性に注目し，その対応関係を明らかにし

た。そして，精神病の病前性格を一般人の気質とみなし，体型と気質との対応についての類型論を唱えた。

■ **問題 1.14 答：5**
ロジャーズ（Rogers, C. R.）は，十分に機能する人間（fully-functioning person）を心理治療，社会進化の目標と考えた。非指示的心理療法（non-directive psychotherapy）の推進者として知られている。

■ **問題 1.15 答：3**
エンカウンター・グループ（encounter group）。ロジャーズ（Rogers, C. R.）らが来談者中心療法のカウンセラー養成訓練のために始めて，発展をとげてきたグループ体験が有名である。

■ **問題 1.16 答：5**
メンバー（サクラ：実験協力者）が3人以上で，一致して反応（正しくない反応）をすると，実験協力者は同調行動（conformity）を起こしやすい。

■ **問題 1.17 答：3**
アメリカでは，第2次世界大戦中，政府の要請によりベネディクト（Benedict, R.）とミード（Mead, M.）を中心に国民性研究がおこなわれた。そのときの産物の1つがこの本である。

■ **問題 1.18 答：1**
モレノ（Moreno, J. L.）は，ソシオメトリー（sociometry）を開発し，また集団心理療法としての心理劇（psychodrama）も開発した。ウェクスラー（Wechsler, D.）は知能検査，サーストン（Thurstone, L. L.）は心理学的尺度の研究，キャテル（Cattell, R. B.）は実験的な個人差研究，ギルフォード（Guilford, J. P.）は因子分析による知能研究で知られる。

■ **問題 1.19 答：1**
原因帰属（causal attribution）は，本人の性格や能力など内的属性に帰属する内的帰属と，周囲の状況や他者からの影響のような外的なものに帰属する外的帰属に分けられる。

■ **問題 1.20 答：2**
ハイダー（Heider, F., 1958）は，Pから見たとき心理的にストレスを生じない場合をバランス（balance：均衡）状態にあるとし，この状態になるように対人関係を認知する傾向があるとした。

■ **問題 1.21 答：4**
アメリカのウェスタン・エレクトリック社のホーソン工場で，メーヨー（Mayo, G. E.）らにより1924年から1932年に一連の研究がおこなわれた。人間関係が作業能率に影響することをホーソン効果（Hawthorne effect）という。

■ **問題 1.22 答：4**
サブリミナル（subliminal）広告とは，受け手に気づかれないほど短い時間の刺激提示によって，潜在意識に作用して，購買などに影響を与えようとする手法である。効果については，懐疑的であるといわれている。テレビ放送などに，宗教的，政治的メッセージなどを挿入することは規制されている。

■ **問題 1.23 答：2**
Tグループ（training group）。1947年，メイン州ベゼルで，社会心理学者のレヴィン（Lewin, K.）が開始した対人関係訓練法である。今日，ロジャーズ（Rogers, C. R.）らの流れとならんで，エンカウンター・グループの二大潮流となっている。

■ **問題 1.24 答：4**
準拠集団（reference group）または関係集団ともいう。準拠集団は，個人がその集団の成員である成員集団（membership group）と一致するとは限らない。成員集団でなくても，個人が心理的に自分の態度を肯定的に関係させている集団は正の準拠集団，嫌いで反抗したいような集団は負の準拠集団とよばれる。

■ **問題 1.25 答：4**
オーストリアの動物学者であったローレンツ（Lorenz, K. Z.）は，この現象を刻印づけ（imprinting），あるいは刷り込みと名づけた。ローレンツは比較行動学（ethology）を確立し，1973年にノーベル生理学医学賞を受賞した。

■ 問題 1.26　答：1

　1920 年，インドで発見された「オオカミに育てられた少女（アマラ，カマラ）」についての記録は，劣悪な環境で育った野生児の例として知られている。現在では，養育したシング牧師（Singh, J. A. L.）の記録の科学的証拠について疑問視する向きも多い。イタール医師（Itard, J. M. G.）は，アヴェロンの野生児で知られる。

■ 問題 1.27　答：2

　ポルトマン（Portmann, A.）は，1951 年に "*Biologische Fragmente zu einer Lehre vom Menschen*"（邦訳『人間はどこまで動物か』）という著書のなかで，人間の新生児の特徴を記述している。これは，他の動物と比べて，人間の発達可能性や可塑性の豊かさを指摘した用語である。

■ 問題 1.28　答：5

　ピアジェ（Piaget, J.）は，思考の発達段階を感覚運動期（sensory-motor period）：約 0〜2 歳，前操作期（pre-operational period）：約 2〜6 歳，具体的操作期（concrete operational period）：約 6〜11 歳，形式的操作期（formal operational period）：約 11 歳〜成人，の 4 つに分けた。

■ 問題 1.29　答：1

　モラトリアム（moratorium）とは，本来「国家が債務や債券の決算を一定期間延期したり，猶予する措置をとること」を指すが，エリクソン（Erikson, E. H.）は，これを心理・社会的な意味に転じて用いた。

■ 問題 1.30　答：3

　ホリングワース（Hollingworth, L. S.）は，子どもが親の監督から離れ，次第に独立していく過程を，心理的離乳（psychological weaning）とよんだ。

■ 問題 1.31　答：4

　「赤面する」のみがレスポンデント（respondent）行動である。レスポンデント行動には誘発刺激が存在するから，これを操作することによってレスポンデント行動の制御が可能になる。

■ 問題 1.32　答：4

　スキナー（Skinner, B. F.）は，スキナー箱のなかに入れたネズミやハトの行動の分析に基づいて，オペラント条件づけ（operant conditioning）による学習を中心とした理論を構築した。

■ 問題 1.33　答：1

　対連合学習（paired-associate learning）である。テスト時に提示する方を刺激項といい（ここでは「猫」），答える方を反応項（ここでは "cat"）という。

■ 問題 1.34　答：5

　幼児用は WPPSI（Wechsler Preschool and Primary Scale of Intelligence），児童用は WISC（Wechsler Intelligence Scale for Children），成人用は WAIS（Wechsler Adult Intelligence Scale）の略称である。なお，-R は改訂版（revised）の意味である。以上の 3 種類である。

■ 問題 1.35　答：5

　ブレーン・ストーミング（brain storming）は，アメリカのオズボーン（Osborn, A. F.）によって開発されたといわれる方法で，アイデアの批判はしない，自由奔放に考える，可能だけ多くのアイデアを出すなどの原則によって，アイデアを産出する方法である。

■ 問題 1.36　答：2

　符号化（encoding）→貯蔵（storage）→検索（retrieval）の過程を記憶という。符号化は情報を覚え込む過程で，記銘（memorization）ともいう。符号化した情報を保つ過程を，貯蔵あるいは保持（retention）という。保持した情報を取り出す過程を検索（retrieval）という。

■ 問題 1.37　答：3

　ミラー（Miller, G. A.）は，短期記憶（short-term memory, STM）の記憶容量を 7 ± 2，つまり 5〜9 チャンクであると述べた。なお，チャンク（chunk）とは，記憶に際してひとかたまりのものとして処理される情報の単位である。

■ 問題 1.38　答：1

　短答法（short answer method）は，単純再生法

ともいわれる。この他に再生形式には，完成法や訂正法がある。2～5の4つはすべて再認形式である。

■ 問題 1.39　答：1

シュプランガー（Spranger, E.）は『青年の心理』（1924）において，自我の発見をすることは主観を1つの独自の世界として発見することであり，大きな孤独の体験を伴うものである，と述べている。

■ 問題 1.40　答：4

ヴント（Wundt, W.）である。彼は，はじめ生理学を学び，生理学的心理学を体系化した。のちに，人間の高等な精神作用の研究として民族心理学の研究をおこなった。

■ 問題 1.41　答：2

元良勇次郎は，蘭学者杉田家の出身で，同志社英語学校を卒業後渡米し，ジョンス・ホプキンス大学のホール（Hall, G. S.）のもとで学位をとり，ホールと共著で，American Journal of Psychology に皮膚感覚に関する論文を載せた。1890年には『心理学』，1907年には『心理学綱要』などを著した。

■ 問題 1.42　答：2

英国のゴールトン（Galton, F.）は，従兄のダーウィン（Darwin, C. R.）の遺伝学の自然淘汰説に影響を受け，心理的な諸側面についての個々人の差異の測定をおこなった。

■ 問題 1.43　答：1

評定尺度法（rating-scale method）は，評定法の1つであり，順序づけられたカテゴリーに対して，主観的な位置づけを評定させる方法である。評定法には，この他に一対比較法，順位法などがある。

■ 問題 1.44　答：4

範囲とは，観測された値の最大値と最小値の差である。この場合，最大値は53で最小値は33であるから，$53-33=20$ となる。

■ 問題 1.45　答：3

大きさの順にならべると，1, 2, 3, 4, 5となる。その順位がちょうど中央になる値を中央値（median）という。この場合，3となる。

■ 問題 1.46　答：5

代表的なCAI（コンピュータ支援教育：computer assisted instruction）の形式には，ドリル・演習形式，チュートリアル形式，問題解決形式，シミュレーション形式などがある。

■ 問題 1.47　答：1

ピグマリオン（Pygmalion）は，ギリシャ神話に出てくるキプロスの王の名前である。ピグマリオンは，自分の理想の女性像を象牙で作り，その女性像に恋するあまり，ビーナスに祈って，その女性像に生命を吹き込んでもらったという。ローゼンソール（Rosenthal, R.）は，『教室のピグマリオン』という本を書き，この教師期待効果を論じた。

■ 問題 1.48　答：2

5つの値の合計は10であり，データ数の5で割ると2となる。これが算術平均値である。$(4+3+1+0+2)\div 5=2$

■ 問題 1.49　答：4

一番数の多いカテゴリーのことを最頻値（mode, モード）という。1が1個，2が2個，3が1個，4が3個，5が1個であるから，最頻値は4である。

■ 問題 1.50　答：3

内観法は，自分自身の経験や行動を自分で観察することであり，内省法と同じ意味に使われる。心理学研究では，科学性や客観性に疑問があるとされている。ただし，自己監視（self-monitoring）のように利用されることもある。

標準コース 1
答と解説

■ **問題 1.51　答：5**

投影法（projective techniques）の起源は，ゴールトン（Galton, F.），ユング（Jung, C. G.）などの連想法にまでたどることができる。代表的な技法として，ロールシャッハ・テスト，TAT がある。

■ **問題 1.52　答：1**

ローゼンツァイク（Rosenzweig, S.）は，フロイト（Freud, S.）の精神分析学的諸概念の実験的な検証，欲求不満諸理論の解明のために，P-F スタディを創案した。

■ **問題 1.53　答：4**

テーラー（Taylor, J. A.）は，不安を動因（drive）とみなして，一般的な動因水準とは異なる人たちを抽出する目的で，MAS を開発した。児童版は CMAS と略称されている。この尺度は，特性不安と状態不安の区別はしていない。日本版には，『MAS 顕在性不安検査』（三京房）がある。

■ **問題 1.54　答：3**

フロム（Fromm, E.）は，サリヴァン（Sullivan, H. S.）やホーナイ（Horney, K.）などとともに，新フロイト派とよばれている。精神分析家，社会心理学者である。

■ **問題 1.55　答：1**

TAT（Thematic Apperception Test）は絵画統覚検査とよばれ，最初モルガン（Morgan, C. D.）とマレー（Murray, H. A.）によって発表された。マレーによる版はハーヴァード版といわれ，欲求（need）-圧力（press）理論に基づいて人格特徴を探ろうとするものである。

■ **問題 1.56　答：5**

MMPI は，「ミネソタ多面人格目録」と訳されている。550 項目の自己記述文章が，自分に「当てはまる」か（true），「当てはまらない」か（false）で判断する真偽型の質問紙検査である。最新の日本版は 1993 年の『MMPI 新日本版』（三京房）である。

■ **問題 1.57　答：3**

外向性（Extraversion：E），協調性（Agreeableness：A），勤勉性（Conscientiousness：C），神経症傾向（Neuroticism：N），開放性・教養性（Openness to Experience；Culture：O）の5つをビッグ・ファイブ（5因子論）という。パーソナリティの基本的構成次元とされるが，これらを測定する性格検査は，まだ開発途上である。これには，抑うつ性（D）は含まれていない。

■ **問題 1.58　答：5**

パーソナリティのプロフィールを描くのは，特性論の立場である。

■ **問題 1.59　答：2**

「快楽原則」にしたがう衝動的な部分をイド（id）とよび，幼少期に両親によるしつけ（社会の価値や理想）の内在化された部分を超自我（super ego）とよんだ。この両者を現実的に調整するのが，自我（ego）である。

■ **問題 1.60　答：5**

10 尺度ではなく 12 尺度。矢田部達郎らが開発した日本版では，D：抑うつ性，C：回帰性傾向，I：劣等感，N：神経質，O：客観性がないこと，Co：協調性がないこと，Ag：愛想の悪いこと，G：一般的活動性，R：のんきさ，T：思考的外向，A：支配性，S：社会的外向の 12 尺度 120 項目から構成されている。

■ **問題 1.61　答：4**

シュプランガー（Spranger, E.）は，『生の諸形式』において，理論型，経済型，審美型，社会型，権力型，宗教型という 6 つの類型を区別した。

■ **問題 1.62　答：2**

イド（id）とはラテン語であり，英語の it に相当し，「それ」という意味である。イドは，リビドー（libido）という精神的エネルギーの源であり，快を求め不快を避ける「快楽原則」に支配されている。

■ **問題 1.63　答：1**

エディプス・コンプレックス（Oedipus complex）とは，父と知らずに父を殺害し，母と結婚したギリシャ神話のテーベの王エディプス（オイディプス）にちなんで，フロイト（Freud, S.）が名づけた。ちなみに，2はエレクトラ・コンプレックス（Electra complex），3はカイン・コンプレックス（Cain complex），4は去勢コンプレックス（Castration complex），5はジーザス・コンプレックス（Jesus complex）と言われている。

■ 問題 1.64　答：4
CAT は，Children's Apperception Test（児童絵画統覚テスト）の略称である。ベラック（Bellak, L.）の創案により，1942年に公刊された。日本版として，『CAT 幼児・児童絵画統覚検査』（日本文化科学社）がある。

■ 問題 1.65　答：1
フリードマンとローゼンマン（Friedman, M., & Rosenman, R. H., 1974）は，タイプ A 行動パターンとタイプ B 行動パターンを区別した。攻撃的，競争的で，時間的に切迫しているときや単独で仕事をするときに，よい仕事をするタイプをタイプ A 行動と定義した。タイプ A 行動パターンの人は，冠状動脈性（虚血性）心疾患（coronary heart disease, CHD）を生みやすいといわれている。

■ 問題 1.66　答：5
交流分析（transactional analysis, TA）は，アメリカの精神科医バーン（Berne, E.）によって始められた精神療法である。正答は AC。AC（adapted child）「順応した子ども」である。CP（critical parent）は「厳格な父親」，NP（nurturing parent）は「養護的な母親」であり，親によってしつけられた自我状態である。A（adult）は「成人」の自我状態，FC（free child）は「自由な子ども」の自我状態である。

■ 問題 1.67　答：1
ジェンドリン（Gendlin, E. T.）。体験過程を重視しており，ロジャーズ（Rogers, C. R.）の後継者ともいわれている。

■ 問題 1.68　答：4
自律訓練法（autogenic training）。1890年代のドイツのフォークト（Vogt, O.）の催眠研究に端を発し，精神科医シュルツ（Schltz, J. H.）によって体系化，発展され，今日に至っている。

■ 問題 1.69　答：5
スピルバーガー（Spielberger, C. D.）は，1966年，状態・特性不安理論を唱えて，パーソナリティ特性としての不安と，一時的に生じて時間とともに変化する状態不安とを区別した。状態不安は，心拍や血圧のような生理的指標でとらえるが，状態不安と特性不安の両者を質問紙形式によってとらえようとするのが，STAI の特徴である。ストレス・コーピングの判定は目的としない。

■ 問題 1.70　答：4
フロム（Fromm, E., 1941）による社会的性格の研究以後，アドルノ（Adorno, T. W.）らは権威主義的パーソナリティの測定尺度を考案して，これを F（ファシズム）尺度と命名している。

■ 問題 1.71　答：1
コルサコフ症候群は，1887年ロシアの精神科医コルサコフ（Korsakoff, S.）によって記述された症候群で，もともと慢性アルコール中毒の患者が特異な精神症状を示すことから命名された。臨床的特徴として，健忘，作話，失見当が認められることが多い。現在では，あらゆる器質的脳損傷があるときにあらわれる症候群であることが明らかにされている。

■ 問題 1.72　答：3
偏見（prejudice）は，先入見と同じ意味であるが，ふつう特に敵意や嫌悪の感情によって特徴づけられる。広義には好意的な感情の場合も含む。人種や民族に対する場合，これを特に人種的偏見，民族的偏見とよぶ。偏見の強さを測る尺度としては，ボガーダス（Bogardus, E. S., 1925）が考案した社会的距離尺度（social distance scale）などがある。
→問題 1.93 の解説を参照のこと。

■ 問題 1.73　答：3
　ストーナー（Stoner, J. A. F., 1968）は，集団での決定が個人の決定よりもリスク（risk：危険）を伴ったものになりやすいことを見出した。これをリスキー・シフト（risky shift）という。なお，集団討議によって逆に安全性の高い決定がなされることもある。これをコーシャス・シフト（cautious shift）という。

■ 問題 1.74　答：5
　ソシオグラム（sociogram）とは，モレノ（Moreno, J. L.）によるソシオメトリック・テスト（sociometric test）によってとらえられた集団のメンバー間の好悪関係（選択-排斥関係）を図示したものである。フォーマル・グループの測定には向いていない。

■ 問題 1.75　答：2
　三隅二不二は，リーダーシップとして，P（performance）機能と M（maintenance）機能の強弱から4類型を分類し，リーダーシップ行動の記述を試みた。P は集団の業績や目標，M は集団の維持や人間関係についてのリーダーシップ行動である。

■ 問題 1.76　答：2
　パーソナル・スペース（個人空間：personal space）は状況によってその広さが変化するので，この点で，ある程度固定的な空間を意味するテリトリー（territory）とは区別される。

■ 問題 1.77　答：2
　リースマン（Riesman, D., 1950）は，社会的性格（social character）を，人口の増減を基本とした社会変化と結びつけた。人口の停滞する社会では第1次産業が中心で伝統志向型，人口が増加する社会では第2次産業が中心で内部志向型，人口が減少する社会では第3次産業が中心で他者志向型であるとする。

■ 問題 1.78　答：3
　ゲーム理論は，もともと数学者のフォン・ノイマンと経済学者のモルゲンシュテルン（von Neumann, J., & Morgenstern, O., 1944）によって始められた。そのうち，囚人のジレンマ（prisoner's dilemma）ゲームは，非ゼロ和ゲーム（non-zero-sum game）に分類される例である。

■ 問題 1.79　答：1
　説得とは逆方向に態度が変化するような，やぶへび効果，はねかえり効果のことである。オーストラリア原住民が用いた，投げると戻ってくる飛び道具にちなんで，ブーメラン効果（boomerang effect）とよばれる。逆効果である。

■ 問題 1.80　答：2
　オルポート（Allport, F. H.）が，この現象を社会的促進（social facilitation）とよんだ。これには2つあり，単に観察者がいるだけで促進されるとき，観客効果（audience effect）という。同一課題を同時に独立におこなう他者がいて，作業が促進されるとき，共行動効果（co-action effect）という。

■ 問題 1.81　答：1
　対人認知のゆがみであり，2は論理的過誤（logical error）あるいは包装効果（packaging effect），3は寛大効果（leniency effect），4は投射（projection），5は退行（regression）である。

■ 問題 1.82　答：2
　普及過程（diffusion process）は，個人が革新的な事物や行動様式（innovation，イノベーション）を取り入れる意思決定過程と，人から人へと広く行き渡る普及の過程とに分けられる。

■ 問題 1.83　答：2
　フォーマル・グループ（formal group）の形成は一般に計画的である。これと対比されるのは，インフォーマル・グループ（informal group）であり，これはメンバー（成員）たちの自然な心理的関係が優先する集団である。

■ 問題 1.84　答：2
　態度（attitude）とは，行動傾性を説明するための構成概念である。態度の構成成分は，感情，認知，行動の3つである。態度の構成成分については，ローゼンバーグ（Rosenberg, M. J.）の定義がもっとも一般的に受け入れられている。

■ 問題 1.85　答：3
　モレノ（Moreno, J. L.）は，メンバー間の対人感

情を牽引（attraction）と反発（repulsion），無関係の3つに分類し，それによるメンバー間の社会的関係の測定法（sociometry：ソシオメトリー）を考案した。→問題1.74の解説を参照のこと。

■ **問題 1.86　答：2**
流言（rumor）である。これとしばしば混同されるデマ（demagogy）は，ある特定の目的のために，意識的に歪曲あるいは捏造された虚偽の情報のことで，元来は政治的な煽動を意味する。

■ **問題 1.87　答：1**
初頭効果（primary effect）である。これとは逆に，最後に提示される形容詞によって全体的パーソナリティのイメージが規定される傾向が，新近効果（recency effect）である。

■ **問題 1.88　答：3**
ワイナー（Weiner, B.）は，安定性（安定－不安定），統制の位置（内－外），統制可能性（可能－不可能）の認知的色彩の濃い原因帰属理論を展開した。これら3つを帰属因という。

■ **問題 1.89　答：3**
このような情報の提示法を両面的コミュニケーションという。高い学歴（教養）の受け手，その事柄についての十分な知識をもっている受け手，説得の方向と反対の立場にいる受け手には効果的であるとされる。

■ **問題 1.90　答：1**
フィードラー（Fiedler, F. E.）は，リーダーシップと集団の生産性とは，一義的に決まらず，課題の特性やリーダーとメンバーとの関係などの条件によって規定されるという条件即応理論（contingency theory）を提出した。

■ **問題 1.91　答：4**
アイゼンク（Eysenck, H. J., 1959）は，内向性－外向性尺度（E尺度）と神経症的傾向尺度（N尺度）からなるMPIを発表した。その後，彼は外向性，神経症傾向，精神病質の3特性からなるEPI（Eysenck Personality Inventory）を作成している。MPIの日本版は，『MPIモーズレイ性格検査』（誠信書房）である。

■ **問題 1.92　答：1**
ケリー（Kelley, H. H., 1967）によれば，弁別性情報（特定の対象にだけ，そのように行動するか），一貫性情報（いつもそのように行動するか），一致性情報（誰でもそのように行動するか）に基づいて，原因帰属がなされるという。

■ **問題 1.93　答：4**
ボガーダス（Bogardus, E. S.）は，人とどの程度親密な社会的関係をもつことを承認するかによってあらわされる親疎の態度を，社会的距離（social distance）とよび，その尺度を考案した。これは一種の態度尺度である。

■ **問題 1.94　答：1**
フット・イン・ザ・ドア・テクニック（foot-in-the-door technique）は，段階的説得法，段階的要請法である。商品を買わせるために「話だけでも聞いてください」と，玄関に一歩足を踏み入れるセールスマンがよく用いるテクニックである。

■ **問題 1.95　答：5**
普及過程を説明するモデルの1つである。19世紀末から20世紀の初期にかけて，タルド（Tarde, G.），ジンメル（Simmel, G.）らによって提唱された。新しい行動様式や製品の流行などは，まず，上層階級へ普及し，その後下層階級へと模倣・普及されていくという説である。ネットワークは無関係。

■ **問題 1.96　答：4**
心理療法（psychotherapy）の種類は100以上もある。主なものとしては，精神分析療法，ユング派分析心理学，ロジャーズ派クライエント中心療法，認知療法，行動療法，森田療法などがあるが，一般に与薬が主であるとはいえない。

■ **問題 1.97　答：1**
ホルムズら（Holmes, T. H. et al., 1970）によると，配偶者の死が一番ストレス度が強い。ついで，離婚，夫婦別居，服役期間，近親者の死，傷害・疾患と続く。

問題 1.98　答：5

フェスティンガー（Festinger, L.）は，認知的不協和理論の提唱者として知られている。冠状動脈性心疾患は，メンタルヘルスの研究でタイプA行動をとる人たちに起こりやすい疾患であるとして知られる。フリードマン（Friedman, M.），ローゼンマン（Rosenman, R. H.）などを中心に研究が進められた。→問題 1.65 の解説を参照のこと。

問題 1.99　答：5

フロイト（Freud, S. 精神分析）とローレンツ（Lorenz, K. Z. 比較行動学）は本能論的立場である。バンデューラ（Bandura, A.）は社会的学習説，バーコヴィッツ（Berkowitz, L.）は修正欲求不満攻撃仮説であり，いずれも攻撃行動を説明する理論である。ユング（Jung, C. G.）は分析心理学。

問題 1.100　答：1

ラザースフェルド（Lazarsfeld, P. F.）らの一連の研究によると，マスコミの伝える情報は，オピニオン・リーダー（opinion leader）といわれる特定の層を通じて一般の人々へと伝わっていく。これを，コミュニケーションの2段の流れ（two-step flow of communication）仮説という。

標準コース2
答と解説

問題 1.101　答：4
ウェルナー（Werner, H., 1957）は，このような知覚様式を相貌的知覚（physiognomic perception）といいあらわしている。ピアジェ（Piaget, J.）は，このような知覚の未分化を「汎心論」（アニミズム animism）とよんでいる。

問題 1.102　答：2
3歳頃にみられる第1反抗期は，身体的な自立と自我形成から生じる他者への反抗である。13～14歳頃の第2反抗期は，生理的，知的機能がより高度に分化，成熟し，成人社会の一員として志向し始めることによる反抗である。

問題 1.103　答：3
シュプランガー（Spranger, E.）は『青年の心理』（1924）のなかで，青年期的徴候として，自我の発見，生活設計が次第にできること，個々の生活領域に進み入ること，の3つをあげている。

問題 1.104　答：3
パーテン（Parten, M. B., 1932）の遊びの分類は，「何もしていない」「傍観」「ひとり遊び」「平行遊び」「連合遊び」「協同遊び」の6つである。

問題 1.105　答：5
1はバーンスタイン仮説，2は発生反復説，3は身体発達の方向性と順序性，4は輻輳説。発達加速現象（accelation）の原因としては，生活様式や食生活などの経済的，文化的影響が指摘されている。
　→問題1.143の解説を参照のこと。

問題 1.106　答：2
ボウルビィ（Bowlby, J.）の用語で，アタッチメント（attachment）の訳。子どもの社会性の健全な発達にとっては，愛着は有効な社会的適応システムである。

問題 1.107　答：4
形式的操作（formal operation）は，ピアジェ（Piaget, J.）の提唱した思考の発達段階のなかで11歳頃以降の児童・青年期にあらわれる思考活動である。これ以外はいずれも幼児の知覚や思考の特徴。
　→問題1.28の解説を参照のこと。

問題 1.108　答：4
二次性徴は，性ホルモンの活発な分泌によって生じる性毛の発生，声変わり，乳房の発育，初潮，精通現象などを指す。いいかえれば，男性的な筋肉質の身体，女性的なふくよかな身体，そして親としての生殖機能の形成を意味する。

問題 1.109　答：1
レヴィン（Lewin, K.）は，青年期を子ども集団からおとな集団へと所属集団が変化する過渡期ととらえた。所属集団の変化は，生活空間（life space）の構造の変化をもたらすが，青年の所属集団は不明確であることから，青年が緊張や葛藤状態に陥り不安定な心理的特徴を示すとした。

問題 1.110　答：4
ピアジェ（Piaget, J.）は，認識の発達を同化（assimilation）と調節（accommodation）という生物学的概念で説明した。新しい対象に対する同化の不成功が，シェマの調節を生み，それが次の同化の仕方を変化させるというように，同化と調節の相互作用によるシェマの変容過程として認知発達をとらえた。

問題 1.111　答：1
エリクソン（Erikson, E. H.）は人生を8つのライフサイクルに分け，そのそれぞれでの心理・社会的危機（psycho-social crisis）をあげている。ここでは，後半の3つである，若い成年期，成人期，成熟期の心理・社会的危機の順を問うている。

問題 1.112　答：1
マーシャ（Marcia, J. E.）は，面接によって，危機（クライシス）の経験の有無と積極的関与（コミットメント）の強弱から，アイデンティティ達成，モラトリアム，フォークロージャー，アイデンティティ拡散の4類型を分類した。

■ 問題 1.113　答：4
ハヴィガースト（Havighurst, R. J., 1953）によると，1と2は青年期の発達課題，3と5は児童期の発達課題である。

■ 問題 1.114　答：1
ギブソンとウォーク（Gibson, E. J., & Walk, R. D., 1960）の視覚的断崖の実験では，見かけ上断崖になっているガラス面の上の乳児（6ヶ月児）は，母親が深い側から呼んでも，ハイハイをして行こうとしないという。これは，すでにこの時期には奥行きを知覚し，下に落ちる危険を回避する能力がそなわっていることをみた実験として知られる。

■ 問題 1.115　答：5
コールバーグ（Kohlberg, L.）は，「妻の命のために盗みをする夫」といった物語に対する道徳的判断を分析し，3水準6段階の発達段階を提唱した。「責任や配慮」といった観点は，ギリガン（Gilligan, C.）によって主張されている。

■ 問題 1.116　答：3
口唇期は生後1歳半ぐらいまで，肛門期は生後8ヶ月～3・4歳，男根期は3・4歳～6・7歳，潜伏期は児童期，性器期は思春期～成年期に相当する。なお，男根期はエディプス期ともよばれる。

■ 問題 1.117　答：1
ヴィゴツキー（Vygotsky, L. S.）は，子どもの精神発達の水準を2つに分けて考えた。1つは，すでに完結し到達している子どもの現在の発達水準であり，ある課題を与えられたときに，他者からの援助がなくても自らの力で解決できる水準である。もう1つは子どもが他者からの援助や誘導を受けることによって達成できる水準である。後者を，発達の最近接領域（zone of proximal development）という。

■ 問題 1.118　答：3
ウェルナー（Werner, H.）は，発達を個体の年齢発達だけでなく，種の発達，病理発達など全体論的な視野から論じる一般発達理論を構築した。そして，有機体は未分化な状態から分化，統合へと進むという定向進化の原理を唱えた。

■ 問題 1.119　答：4
エリクソン（Erikson, E. H.）は，人間を生物学的な存在であり，かつ社会・歴史的存在であるものとしてとらえた。フロイトの生物学的な発達段階説を継承しつつも，それだけでなく，人はその生きている社会の対人関係のなかで，漸成的に（epigenetic）発達していくことを強調した。

■ 問題 1.120　答：3
ブロス（Blos, P.）は，マーラー（Mahler, M. S.）の乳幼児期の自我の発達についての分離－個体化理論の考え方を，青年期の発達を理解するために導入した。青年期における個体化のための課題は，内在化した親との間に作り上げた絆を切り離し，親とは違う自己の独自の存在や意志を維持することである。

■ 問題 1.121　答：5
時間の経過とともにあらわれる行動上の変化を明らかにすることは発達の研究における重要な課題である。同一の個人や集団を対象に異なる時点で，何度も長期にわたり資料を収集する方法を，縦断的方法（longitudinal method）という。これに対して，年齢の異なる集団から資料を収集し，発達の一般的傾向を把握する方法を，横断的方法（cross-sectional method）という。

■ 問題 1.122　答：3
生理的動機（physiological motive）は，生理学的あるいは神経科学的に説明できる動機であり，水が飲みたい，おなかが空いた，体温調節などのような生命維持と結びついている。ホメオスタシス（homeostasis）とは，生活体内の生理的な定常状態のことで，キャノン（Cannon, W. B., 1929）によって用いられた。

■ 問題 1.123　答：5
マクレランド（McClelland, D. C.）は，長年にわたって，絵画統覚検査（Thematic Apperception Test, TAT）を用いて達成動機の測定を試みた。

■ 問題 1.124　答：3
マズロー（Maslow, A. H.）によると，生理的欲求や安全欲求は生命の維持に関する基本的な欲求であり，これらが満されると，より高次の社会的な欲求が出現するとみている。自己実現（self-

actualization）の欲求とは，自分の能力をフルに発揮したいという欲求である。

問題 1.125　答：1
セリグマンとメイヤー（Seligman, M. E. P., & Maire, N. R. F., 1967）の実験では，実験群のイヌはもはや回避をあきらめて，受動的に苦痛を受け入れているかのようであったという。このような現象は学習性無力感（learned helplessness）といわれる。

問題 1.126　答：1
行動の目標が外的なものであり，行動が目標を得るための手段である場合は，その動機を外発的動機（extrinsic motivation）という。これに対して，生理的動機ともいえず，外的報酬とも関係がなく，むしろ行動や活動そのものが報酬となるような行動の動機は内発的動機（intrinsic motivation）といわれる。

問題 1.127　答：5
ピアジェ（Piaget, J.）の考案した，発達研究のための課題である。3つの山の模型を山の反対側から見るとどう見えるかを聞くことによって，他者の視点の存在に気づくかどうかという認知の自己中心性を調べる。

問題 1.128　答：2
コンフリクト（conflict）とは，2つ以上の動機が存在するとき，そのどれを充足させるか迷う状態のことである。この場合，マイナスの誘意性をもった2つの目標（虎，狼）の間にあって，どちらからも逃がれたいが，逃れるに逃れられない心理状態である。

問題 1.129　答：2
β（ベータ）波。1秒間に20サイクルほどの不規則な振動を示す。計算をしているとき，問題を考えているときにみられる。α（アルファ）波は，安静状態にみられる1秒間に10サイクルほどの規則的な振動である。θ（シータ）波は，居眠りや夢をみているときにあらわれる。δ（デルタ）波は，熟睡時に出現する。

問題 1.130　答：1
ダラード（Dollard, J., 1939）らは，「攻撃行動の生起はつねにフラストレーションの存在を予想させるし，逆にフラストレーションの存在はつねに何らかの形の攻撃行動を導く」と述べた。

問題 1.131　答：3
SD法（セマンティック・ディファレンシャル法）は，意味微分法（semantic differential method）と訳されている。5段階尺度や7段階尺度などを用いて，概念のイメージを測定しようとする方法である。KJ法，NM法，ZK法は，いずれも創造性開発，発想法の技法である。グループ主軸法は，因子分析法の1つである。

問題 1.132　答：3
シュロスバーグ（Schlosberg, H.）は，俳優にさまざまな顔面表情をさせ，それを写真にとり，調査協力者にその写真から表情の判断をさせた。表情は，愛・幸福・楽しさ，軽蔑，嫌悪，怒り・決意，恐れ・苦しみ，驚きにまとめられた。そして，それらは快−不快（pleasant-unpleasant），注目−拒否（attention-rejection）の2次元から構成されるとした。

問題 1.133　答：1
視覚情報の感覚的記憶はアイコニック・メモリー（iconic memory）といわれる。スパーリング（Sperling, G., 1960）は，アイコニック・メモリーの感覚記憶における持続時間が約1秒であることを実験によって明らかにした。

問題 1.134　答：1
長期記憶（long term memory）は，宣言的記憶（declarative memory）と手続き的記憶（procedural memory）に区分することができる。宣言的記憶は，さらにエピソード記憶と意味記憶に区分することができる。手続き的記憶とは，何かをするときの段取り，手順に関する記憶である。

→問題1.139の解説を参照のこと。

問題 1.135　答：2
ワラス（Wallas, G., 1926）は，すぐれた学者や芸術家を分析して，その創造的過程が，準備期（preparation）→孵化期（incubation）→啓示期（illumination）→検証期（verification）の4段階からなるとした。

問題 1.136　答：4
プロトコル分析（protocol analysis）は，認知過程を知るための研究方法として知られている。

問題 1.137　答：3
自発する（emit）行動をオペラント行動（operant behavior）という。

問題 1.138　答：5
古典的条件づけ（classical conditioning），あるいはレスポンデント条件づけ（respondent conditioning）という。この条件づけの過程は，ロシアの生理学者パヴロフ（Pavlov, I. P.）の条件反射形成の実験によって，よく知られている。

問題 1.139　答：1
タルヴィング（Tulving, E., 1972）である。エピソード記憶（episodic memory）とは，個人的な経験に関する記憶内容のことである。意味記憶（semantic memory）とは，一般的に共有されている体系的な知識についての記憶内容である。
→問題 1.134 の解説を参照のこと。

問題 1.140　答：4
新行動主義のトールマン（Tolman, E. C., 1948）は，ネズミの迷路実験の結果と関連して認知地図（cognitive map）という語を用いた。ただし，トールマンの場合，空間認知に限定していたわけではない。

問題 1.141　答：2
刺激と反応の関係の1つであるが，無条件刺激（unconditioned stimulus）あるいは誘発刺激（eliciting stimulus）は，無条件反応（unconditioned response）を誘発する。

問題 1.142　答：5
ルーチンス夫妻（Luchins, A. S., & Luchins, E. H.）の水瓶問題（water-jar problem）では，問題解決の構えや思考の硬さを研究した。

問題 1.143　答：1
バーンスタイン（Bernstein, B., 1971）は，英国の下級階層の親に特徴的にみられる言語のパターンを限定コード（restricted code）とよんだ。その特徴は，文章が短く，能動態が多く，論理性に欠けており，文法が単純であると指摘した。その子どもは，学校の勉強や知能テストに不利になるのだと考えられている。

問題 1.144　答：4
ガルシア（Garcia, J.）の実験によるガルシア効果は，味覚嫌悪学習であり，学習理論に基づいた治療に応用されている。

問題 1.145　答：2
バンデューラ（Bandura, A.）は，社会的学習理論，社会的認知理論を提唱して，他者の行動の観察だけによって成立するタイプの学習を研究した。

問題 1.146　答：3
高原（plateau）現象，あるいはプラトーとよばれる。これは，いわゆるスランプの一種である。横軸に時間や練習の回数，縦軸に上達度をとってグラフにしたものを練習曲線というが，見たときに，高原のように傾斜がなだらかで停滞状態になる部分のことである。

問題 1.147　答：2
アルゴリズム（algorism, algorithm）は，一般には問題を解くための計算手順のことで，時間はかかるが確実な手順である。アラビアの数学者の名前が語源であるという。ヒューリスティックス（heuristics）は，「発見法」「発見的教授法」のことで，解決への論理的な必然性はないが，経験的に見て到達しそうな手段－目的分析の思考法である。ただし，手っとり早いが間違うこともある。

問題 1.148　答：1
拡散的あるいは発散的思考（divergent thinking）は，「新聞紙の用途をたくさんあげなさい」のような問題を解くときに働く思考であり，正解は複数個あり，しかもそれと決まっていない。ギルフォード（Guilford, J. P.）による分類によって有名になった。これと対比されるのが，集中的あるいは収束的思考（convergent thinking）であり，数学の解答作業のように，ルールにしたがって論理的に解けば一通りの解決にたどりつくような課題時の思考である。

問題 1.149　答：2

提示後にその行動の出現頻度を上昇させる刺激を正の強化子（positive reinforcer）といい，除去後にその行動の出現頻度を上昇させる刺激を負の強化子（negative reinforcer）または嫌悪刺激（aversive stimulus）という。この場合，嫌悪刺激の除去であるから負の強化（negative reinforcement）である。なお，嫌悪刺激を提示する手続きを罰（punishment）という。

問題 1.150　答：3

認知の制御過程における実行段階でのエラーをアクション・スリップ（action slip）という。行動を実行するときを考えると，計画を立てる過程のエラー（ミステイク），実行済み行動の記憶の過程のエラー（もの忘れ），行動を実行する過程のエラー（スリップ）が考えられる。この3つ目がアクション・スリップであり，3の例は，アクション・スリップのうちの，目標の切り換え（goal switches）である。

標準コース3
答と解説

■ **問題 1.151** 答：5
1つでも合格できない項目があれば下の年齢級の項目に下がるため，1～3歳用がいずれも12項目ある。1947年の最初の日本版から，1954年，1970年の改訂を経て，1987年に『全訂版田中ビネー知能検査』が田研出版から出版されている。

■ **問題 1.152** 答：2
アメリカの教育学者，ブルーム（Bloom, B. S.）である。彼は，完全習得学習（mastery learning）の理論でも知られている。

■ **問題 1.153** 答：3
形成的評価（formative evaluation）である。ブルーム（Bloom, B. S.）は，教育評価を時期的に区別して，診断的評価，形成的評価，総括的評価に分類した。

■ **問題 1.154** 答：4
絶対評価の基準は，到達目標あるいは教育目標である。結果のあらわし方は，合否や到達段階（ただし％は考えない）である。

■ **問題 1.155** 答：5
分散（variance）は，もっともよく使われる散布度の1つであり，標準偏差の2乗である。

■ **問題 1.156** 答：3
標準偏差（standard deviation, SD）は，もっともよく使われる散布度の1つである。標準偏差の2乗が，分散である。

■ **問題 1.157** 答：5
名義尺度（nominal scale）と順序尺度（order scale）は定性的データ，間隔尺度（interval scale）と比尺度（ratio scale）は定量的データである。名義尺度は値が分類をあらわす記号としての機能，順序尺度は値が大小などの数値をあらわす機能をもつ。間隔尺度では順序尺度の性質の他に差をあらわす機能をもつ。比尺度はさらに，比率をあらわす機能をもつ。

■ **問題 1.158** 答：1
Z 得点 $= 50 + 10z$ 得点として，この Z 得点が偏差値である。得点の分布が正規分布に近ければこの Z 得点（$= 50 + 10 \times$（得点－平均点）／標準偏差）は T 得点と同じように扱われている。
→問題2.175の解説を参照のこと。

■ **問題 1.159** 答：1
ATI（Aptitude treatment interaction）は，適性処遇交互作用と訳されている。クロンバック（Cronbach, L. J.）が提唱した，教授－学習場面における学習者の個人差を重視した考え方である。

■ **問題 1.160** 答：2
上位下位分析（good-poor analysis, GP analysis）ともいう。多数の項目から適切な項目を選択するためにおこなう。

■ **問題 1.161** 答：1
K-ABCは，「カウフマンの児童用評価バッテリー」（Kaufman Assessment Battery for Children）の略称である。認知心理学や神経心理学の理論に基づいて作成された個別検査であり，認知に含まれる知的過程を重視している。わが国では，1993年に松原達哉らによって日本版『K-ABC心理・教育アセスメントバッテリー』（丸善メイツ）が作られている。

■ **問題 1.162** 答：1
プレマック（Premack, D.）は，ネズミの実験から高頻度反応による強化を観察し，自分の名にちなんでプレマックの原理とよんだ。よく祖母が孫に使うことから「祖母の法則」ともいわれる。

■ **問題 1.163** 答：3
ウィトキン（Witkin, H. A.）は，四角形の枠のなかに1本の棒を見せ，その棒を垂直に調節させる装置を考案した。それが，認知スタイルを測定するロッド・アンド・フレーム・テスト（Rod and Frame Test）である。実際の垂直からの誤差が大きいものを場依存的，誤差の小さいものを場独立的という。

■ 問題 1.164　答：1
　ヤーキーズ＝ドッドソンの法則（Yerkes-Dodson's law）は，動物の学習実験に基づいて立てられた（1908）。ネズミによる学習には最適の電撃強度があるとするもので，これは適正な動機づけ水準の重要性を示唆するが，人間の学習では一般化できないともいわれている。

■ 問題 1.165　答：1
　語の流暢性（word fluency）である。サーストン（Thurstone, L. L., 1938）は，このような知能の多因子説（theory of multiple factors）を主張した。

■ 問題 1.166　答：2
　弁別閾の問題。ウェーバー（Weber, E. H.）は，刺激の強さを増して初めて差が感じられた刺激増加分 $\varDelta I$ と，元の標準刺激の強さ I 比がほぼ一定となることを見つけたが，のちにフェヒナー（Fechner, G. T.）は多くの実験でそれを確認し，これをウェーバーの法則とよんだ。

■ 問題 1.167　答：2
　ヘルムホルツ（von Helmholtz, H. L. F.）は，ドイツの生理学者である。彼の視覚論や聴覚論は，心理学に対して多大な貢献をした。

■ 問題 1.168　答：5
　ギブソン（Gibson, J. J.）は，肌理の細かい方が遠くに見え，粗い方が手前に見えるという網膜上における刺激密度の連続的な勾配が，奥行き知覚の成立条件として重要であると唱えた。

■ 問題 1.169　答：4
　テープレコーダーやVTRの録音・録画では，近くほど大きく聞こえるが，人間の耳で聞きとるときには必ずしもこれと同じではない。カクテルパーティ（cocktail party）現象は，パーティ会場のなかの遠くの人の会話でも近くの人の声に邪魔されずに聞きとれるという，知覚の選択性の証拠とされている。

■ 問題 1.170　答：4
　ヴント（Wundt, W.）のもとに留学していたアメリカのキャッテル（Cattell, J. M.）は，個人差に関する測定研究を推し進め，メンタルテストという用語を用いた人として知られている。ただし，彼のいう当時のメンタルテストは，今日とは異なり，反応時間の速さの差異など，感覚の問題が中心に扱われた。

■ 問題 1.171　答：3
　ハーロック（Hurlock, E. B., 1925）の古典的な実験として知られている。結果は賞罰ともに促進的な効果をもつが，罰が一時的な効果しかもたなかったのに対して，賞は持続的な効果を示した。

■ 問題 1.172　答：4
　実験法は，実験条件の違いによって実験結果が異なることを実証するために用いる。実験条件は操作可能な独立変数（x）であり，その結果観測されたデータは従属変数（y）である。

■ 問題 1.173　答：3
　ソーンダイク（Thorndike, E. L.）は『教育心理学』（全3巻）を著したアメリカの先駆的な教育心理学者である。また，学習の原理として，効果，練習，準備の3法則を主張したことでも知られている。

■ 問題 1.174　答：4
　1905年，ビネー（Binet, A.）とシモン（Simon, T.）は，小学校入学時に伴う精神遅滞児の早期発見のために30項目からなる知能テストを作成した。

■ 問題 1.175　答：3
　アメリカのターマン（Terman, L. M.）は，1916年にスタンフォード・ビネー知能検査を発表し，そこで知能指数（intelligence quotient, IQ）を用いた。しかし，シモン（Simon, T.）はこの概念について批判をしたといわれている。

■ 問題 1.176　答：2
　順応（adaptation）には2通りある。感受性が減少するのは，臭い，味，温度などに対してであり，感受性が増すのは光などに対してである。

■ 問題 1.177　答：5
　網膜における物理的変化が大きくても，あまりそれに左右されずに事物をとらえることを可能にする働きを知覚の恒常性という。

■ 問題 1.178　答：4
　ヴェルトハイマー（Wertheimer, M.）は，対象が背景から離れてまとまりをもち，知覚の成立と秩序をもたらす要因として，ゲシュタルトの法則をまとめた。

■ 問題 1.179　答：5
　刺激閾（stimulus threshold, stimulus limen）は，感覚を生じうる最低の刺激値であるが，この値は感覚が生じる場合と生じない場合とが半々になるような刺激値として，統計的に決定される。

■ 問題 1.180　答：5
　簡潔性の原理は，プレグナンツ（Prägnantz）の法則ともいわれる。この原理は，知覚体制化における一種の節約法則とも考えられる。

■ 問題 1.181　答：1
　アメリカの教育心理学者クロンバック（Cronbach, L. J.）は，心理測定の理論や応用など，教育研究に貢献した。

■ 問題 1.182　答：4
　ハロー効果（halo effect）は，光背効果ともいう。対人認知のゆがみの1つであり，1箇所が劣っていると，他の箇所が劣っているようにみなしてしまう場合もいう。

■ 問題 1.183　答：5
　状況テスト（situational test），あるいは問題場面テスト（problem-situation test）という。第2次世界大戦のときに，アメリカ陸軍が作戦行動をおこなう指揮官を選抜するテストとして開発したといわれている。今日，教育，経営など多方面に用いられている。

■ 問題 1.184　答：1
　実験計画法（design of experiments）は，フィッシャー（Fisher, R. A.）が自分の農事試験場での実践を通じて考案した。最初は農学で用いられていたが，現在では自然科学系の実験室実験だけでなく，教育効果，広告効果，生産条件の決定など幅広く用いられている。
　→問題 1.250 の解説を参照のこと。

■ 問題 1.185　答：5
　ピアソン（Pearson, K.）の積率相関係数（product moment correlation coefficient）r は，-1〜1 の間の値をとる。$-1 \leq r < 0$ を負の相関，$r = 0$ を無相関，$0 < r \leq 1$ を正の相関という。

■ 問題 1.186　答：5
　因子分析（factor analysis）は，相関分析の代表的な解析法の1つであり，多くの分析タイプがあることが知られている。

■ 問題 1.187　答：4
　ヤーキーズ（Yerkes, R. M.）らは，徴兵した兵士の配置問題などに利用するために，これまでの個別式ではなく集団式の2種類の知能検査を作成した。α式とβ式は，今日ではA式とB式のテストとして発展している。

■ 問題 1.188　答：2
　オーズベル（Ausubel, D. P.）は，有意味受容学習の成立を容易にするために，適切な先行オーガナイザー（advanced organizer）を導入することによって，新しい学習内容が生徒の認知構造内にスムーズに取り入れられるとしている。

■ 問題 1.189　答：4
　ガードナー（Gardner, H.）は，知能の概念の拡張を試みた。まだ，実証性に乏しいが神経科学的な知見と対応するという評価もあり，今後の発展が期待されている。

■ 問題 1.190　答：2
　ブルーナー（Bruner, J. S.）とグッドマン（Goodman, C. C.）による貨幣の見えの大きさに関する研究（1947）が有名で，知覚に及ぼす個体要因の重要性を明らかにした点で注目される。これらは，ニュールック心理学（New Look Psychology）の先駆的な研究として知られている。

■ 問題 1.191　答：4
　ホール（Hall, G. S.）は，質問紙法を用い，主に回答の単純集計から青年の一般的傾向をとらえた。これは青年心理研究の伝統になった。

問題 1.192　答：1

テスト項目を2群に分けて，それぞれの合計点間の相関係数をrとすると，スピアマン=ブラウンの公式は，$\rho = 2r/(1+r)$ によって求められる。

問題 1.193　答：5

面接法では，面接者がお互いの信頼関係（rapport：ラポール）を生じるように運ぶ必要がある。目的によっては，テスト，観察をおこない，記録をとるが，面接の流れや結末について予測・予断をもつことは望ましくない。

問題 1.194　答：5

頭が天井につかえて差が出にくい状態のことから，天井効果（ceiling effect）という。逆に低得点に集中している場合には床効果（floor effect）という。

問題 1.195　答：3

よいテストの条件の1つで，妥当性である。妥当性には，併存的妥当性（concurrent validity），内容妥当性（content validity），基準関連妥当性（criterion-related validity），構成概念妥当性（construct validity）などがある。

問題 1.196　答：3

2×2のクロス表の連関係数をϕ（ファイ）係数または点相関係数という。$k \times i$クロス表の連関係数の場合には，独立係数 $C=\sqrt{\chi^2/(\chi^2+n)}$ で計算する。

問題 1.197　答：3

テスト結果の安定性や一貫性を，信頼性（reliability）という。同一の集団に同一のテストを2回実施し，それら2回の間の相関をとる再テスト法（test-retest method），同一集団に等質と考えられる2つのテストを同時に実施し，これらのテスト間の相関をとる平行テスト法（parallel test method），1つのテストをできるだけ同質の下位テストに分け，両者の相関をとる折半法（split-half method）などがある。

問題 1.198　答：3

棄却されることを予想した帰無仮説（null hypothesis）と，帰無仮説が棄却されたとき採択される対立仮説（alternative hypothesis）を立てて，前者が棄却されたときに後者を採択する。

問題 1.199　答：3

第一種の過誤を犯す確率は，有意水準（α）のことである。また，対立仮説が正しい（帰無仮説が誤り）にもかかわらず，それを採択しない誤り（β）が第二種の過誤である。

問題 1.200　答：1

帰無仮説をどの程度の確信度で棄却できるかの水準を有意水準（α）といい，第一種の過誤であらわす。通常は，0.05をとる。単に5％ということが多い。

特論コース
答と解説

■ **問題1.201** 答：2

シュテルン（Stern, W.）によって提唱されたこの考え方は，加算的寄与説ともよばれている。

■ **問題1.202** 答：4

1〜5は，いずれも忘却の理論である。干渉説には，先の記憶が後の記憶保持に妨害的に働くとする順向抑制と，逆に，後の記憶が先の記憶の保持を妨害するという逆向抑制とがある。ジェンキンスとダレンバック（Jenkins, J. G., & Dallenbach, K. M., 1924）は，記銘作業の後で睡眠させる時間を実験条件として，覚醒条件と比較し，同じ時間後の想起数では睡眠条件の方が高いことを明らかにした。これは，覚醒条件の方がより記憶の定着を妨害したためとされた。

■ **問題1.203** 答：4

ビューラー（Bühler, Ch.）は，青年の理解のための資料として日記を利用した。彼女は青年期の生物学的意味，すなわち性的成熟によって異性を求めあうことに注目して，青年期の精神的諸特徴をとらえようとした。

■ **問題1.204** 答：1

Sは刺激（stimulus），Rは反応（response）の略。ワトソン（Watson, J. B.）の提唱による行動主義（Behaviorism）と，その発展であるS-R（刺激-反応）理論は，スキナー（Skinner, B. F.）による研究によって，いまなお大きな影響力をもっている。

■ **問題1.205** 答：4

ゲシュタルト（Gestalt）心理学は，運動視などの実験事実に基づき，個々の刺激要素やそのモザイク的和に還元しえない力動的全体過程について強調した。中心となった研究者は，ヴェルトハイマー（Wertheimer, M.）である。

■ **問題1.206** 答：3

ゲゼル（Gesell, A. L.）は，「人間の発達過程は生得的にもっている遺伝的素質や内的秩序が一定の順序で時間の経過に伴って展開するものであり，学習とか適応といった外的な働きはほとんど影響しない」という成熟優位説，生得説あるいは発達予定説を主張した。

■ **問題1.207** 答：5

ケーラー（Köhler, W.）は，課題場面の全体を洞察したことによって学習が生起したとして，これを洞察学習（insight learning）とよんだ。しかし，現在ではこの洞察学習は，課題が非常に簡単な場合に限られることが知られている。

■ **問題1.208** 答：3

ワトソン（Watson, J. B.）である。彼は，シカゴ大学で動物心理学を修めたが，この成果を人間を対象とする心理学へと発展させて，1913年には行動主義の心理学を宣言した。

■ **問題1.209** 答：2

アメリカのウッドワース（Woodworth, R. S.）が，1919年に16項目のチェックリストによって精神神経症の疑いのある人を見つけだす検査「パーソナル・データ・シート」を作ったのが最初とされる。

■ **問題1.210** 答：5

レヴィン（Lewin, K.）は，生活空間の位相・ベクトル理論，さらには集団力学理論を構築した。$B = f(P, E)$ の公式のうち，Bは行動（behavior），Pは人（person），Eは環境（environment）をあらわす。

■ **問題1.211** 答：2

ビューラー（Bühler, Ch.）は，すべての機能に未来の充足への方向を与えるものとして憧憬（あこがれ）を重視した。
→問題1.203の解説を参照のこと。

■ **問題1.212** 答：2

生活体の行動の示す基本的特色は，特定の対象もしくは目標に向かって方向づけられており，その対象に対して近づいたり遠ざかったりする持続的傾向を示す。トールマン（Tolman, E. C.）は，そのよ

うな特色を目的的と名づけ，自らの立場を目的的行動主義とよんだ。

■ **問題 1.213**　答：3

ブルーナー（Bruner, J. S., 1956）らは，帰納的推理（inductive reasoning）の研究のうち，今日でいう定義的特性理論（defining feature theory）にかかわる概念形成の研究をおこなった。

■ **問題 1.214**　答：5

マックギニーズ（McGinnies, E., 1949）は，知覚的防衛（perceptual defense）の存在を証明しようとした。逆に，個人にとっても社会的にみても，ポジティブな刺激は早く認知されたり，大きく見られたり，発見時間が短くてすむ現象がある。それが，知覚的鋭敏化（perceptual sensitization）である。

■ **問題 1.215**　答：3

アドラー（Adler, A.）は，この劣等感を補おうとすることを補償（compensation）とよんだ。「個」の心理学の創始者であり，「劣等感」の父といわれる。

■ **問題 1.216**　答：3

キャッテル（Cattell, R. B.）は，表面的特性（surface trait）の間の類似度からいくつかの表面的特性のグループを抽出し，それぞれのグループに共通する特徴をそれぞれ根源的特性（source trait）とよんだ。

■ **問題 1.217**　答：1

EPPSは，Edwards Personal Preference Scheduleの略称であり，1954年に開発された。日本版は，肥田野直らによって，1970年に標準化され，キャリアガイダンス，カウンセリングなどに援用されている。ペアのうちいずれか一方を選ぶという一対比較法を用いて，社会的望ましさの要因を除去しようとしている。

■ **問題 1.218**　答：5

アイゼンク（Eysenck, H. J., 1977）は，特定（個別）反応レベル→習慣反応レベル→特性レベル→類型レベルの4階層構造としてパーソナリティをとらえた。

■ **問題 1.219**　答：3

多数の人々の行動や経験の背後にある一般法則を定立する方法を，法則定立的接近法（nomothetic approach）という。これに対して，個人的事例に見られる行動や経験を説明するために，その個人固有の規則性を求める方法を，個性記述的接近法（idiographic approach）といい，オルポート（Allport, G. W.）はこの接近法の重要性を指摘した。

■ **問題 1.220**　答：5

サーカディアン・リズム（circadian rhythm：概日リズム）は，照明，湿度，温度などを一定にしても維持される，いわゆる体内時計として知られている。

■ **問題 1.221**　答：3

作業記憶（作動記憶）にある情報とマッチングする1つのプロダクション・ルール（production rule）が選ばれて，そのルールの行為が実行され，作業記憶内の情報が更新される。次に，更新内容に適合するプロダクション・ルールが1つ選ばれて，ルールの行為が実行される，というように目標が達成されるまで繰り返されるルールのことである。人工知能の研究に有効とされている。

■ **問題 1.222**　答：3

ロッシュ（Rosch, E.）によるプロトタイプ理論（prototype theory）では，カテゴリーはもっとも典型的事例であるプロトタイプを中心に，周りの家族的類似性（family resemblance）によって構造化されるなどとしている。

■ **問題 1.223**　答：1

アメリカのキャッテル（Cattell, R. B.）が因子分析によって分類した流動性知能（fluid intelligence）と結晶性知能（crystallized intelligence）が組み込まれている。

■ **問題 1.224**　答：5

領域固有性（domain specificity）とは，思考は領域に依存しておこなわれるとする説である。別の言い方をすると，主題的な問題を解いた後に抽象的問題を解いても正答率が改善されない，いわゆる転移がみられないこと。

■ 問題 1.225　答：5

単語認知の過程を説明するモデルとして，フォルスター（Forster, K. I.）らのサーチ・モデル（search model），モートン（Morton, J.）のロゴジェン・モデル（logogen model），マクレランドとルメルハート（McClleland, J. L., & Rumelhart, D. E., 1981）らの相互活性化モデル（interactive activation model）などがある。

■ 問題 1.226　答：4

プレマック（Premack, D., 1978）らは，チンパンジーなど霊長類の動物が「あざむき」行動のように，他の仲間の心の状態を推測しているかのような行動をとるという事実に注目し，「心の理論（theory of mind）」という考え方で解釈することを提唱した。これを受けて，パーナー（Perner, J., 1983）は，「誤った信念（false belief）課題」を開発して幼児期の「心の理論」の発達過程を調べる研究を始めた。

■ 問題 1.227　答：4

このアンダーマイニング効果（undermining effect）とは逆に，外的誘因が内発的動機づけを高める場合もあり，これをエンハンシング効果（enhancing effect）とよぶ。

■ 問題 1.228　答：4

「ハノイの塔」「ホビットとオーク」は，問題解決（problem solving）のための手段がはっきりしている，つまり構造化された課題であり，どんなやり方で解いていくかという方略の分析が検討される。

■ 問題 1.229　答：4

バンデューラ（Bandura, A., 1977）は，観察学習を支える4つの成分を，注意→保持→運動再生→動機づけ，としてまとめている。

■ 問題 1.230　答：5

意味的ネットワーク・モデル（semantic network model）である。1〜4は，主としてパターン認識に関する用語である。ブロードベント（Broadbent, D. E., 1984）のマルタ十字モデル（The Maltese cross）は，記憶貯蔵庫間の情報の流れに関するモデルである。

■ 問題 1.231　答：3

バンデューラ（Bandura, A.）は，ある結果に必要な行動をうまく実行できるという確信の程度を，自己効力（self-efficacy）とよんだ。

■ 問題 1.232　答：3

ラザラスとフォルクマン（Lazarus, R. S., & Folkman, S., 1984）のストレス対処モデルでは，対処行動のスタイルを，情緒焦点型と問題焦点型に分ける。また対処の方法として，認知的対処法と行動的対処法に分ける。

■ 問題 1.233　答：4

「ジョハリの窓」（Johari's window）は，発案者であるジョー・ルフト（Joe Luft）とハリー・インガム（Harry Ingham）の名前に由来する。自己について，自分の知っている自分と知らない自分，他者の知っている自分と知らない自分の次元から4領域を作成して，グループ体験などによる参加者のパーソナリティ変容をみる。

■ 問題 1.234　答：2

ゲシュタルト療法では解釈投与するのではなく，エクササイズを通してクライアント自身に洞察させる点で精神分析的アプローチとは異なる。

■ 問題 1.235　答：5

パス解析は統計的な手法であり交流分析とは無関係である。

■ 問題 1.236　答：1

社会的望ましさ（social desirability）とは，心理検査を受けるときに回答者が自分自身を意識的または無意識的に好ましい方向に回答する傾向である。エドワーズ（Edwards, A. L., 1953）は，質問紙性格検査の叙述文に対する肯定率とその項目の社会的望ましさ値との間に高い相関があることを明らかにした。

■ 問題 1.237　答：1

ケンドラー夫妻（Kendler, H. H., & Kendler, T. S., 1962）らは，逆転移行学習，非逆転移行学習の実験を通して，S-R型の反応様式と言語媒介による反応様式があることを示した。プレマック夫妻（Premack, A. J. & Premack, D.），ガードナー夫妻

(Gardner, B. T., & Gardner, R. A.）は，チンパンジーにプラスチック板やアメリカ手話言語によってコミュニケーションをとる研究をした人として知られる。

■ 問題 1.238　答：2

ホワイト（White, R. W.）の提案した概念。このうち，動機づけを強調したときには，エフェクタンス動機づけ（effectance motivation）という。

■ 問題 1.239　答：3

アトキンソン（Atkinson, J. W., 1957）の期待×価値モデルである。成功の誘因価（I）は，目標達成が困難であれば（Pは低くなる）高くなるので，$I = 1 - P$とあらわされる。目標が容易に達成されるものであれば，成功への主観的確率（P）は高いが，目標の魅力（I）は低くなる。

■ 問題 1.240　答：1

脱制止（disinhibition）は，脱抑制ともいわれる。ある制止過程に対して別の制止過程が作用することにより，制止力が抑制される現象のことである。

■ 問題 1.241　答：1

ギルフォード（Guilford, J. P., 1967）は，内容，所産，操作の3次元モデルによる120個の知的因子を想定した。その後，1985年には150個の因子を想定している。

■ 問題 1.242　答：3

20分後には58％，1時間後には44％，1日後には26％，31日後には21％の保持率であったという。保持率（節約率）は学習後の1日で急激に低下するが，以後はそれほど急な落ち込みにはならない。

■ 問題 1.243　答：2

言語学者のサピア（Sapir, E.）と弟子のウォーフ（Whorf, B. L.）は，言語相対性仮説（linguistic relativity hypothesis）を提案した。

■ 問題 1.244　答：2

フロイト（Freud, S.）は，現実不安（realistic anxiety），神経症的不安（neurotic anxiety），道徳的不安（moral anxiety）の3つを考えた。

■ 問題 1.245　答：1

この5つの古典的条件づけのうちでは，一般に，同時条件づけ（simultaneous conditioning）がもっとも容易であるといわれている。逆に，もっとも困難なのが，逆行条件づけ（backward conditioning）であるとされている。

■ 問題 1.246　答：1

t検定（t-test）は，t分布を用いておこなう検定で，ゴセット（Gosset, W. S.）がスチューデント（Student）というペンネームで1908年に発表した。

■ 問題 1.247　答：4

χ^2検定（chi-square test：カイ自乗検定）は，適合度の検定や独立性の検定に用いられる。

■ 問題 1.248　答：3

分散分析（analysis of variance）は，3つ以上の平均値の差の検定に適用される検定法であるが，多要因の実験計画のもとで得られたデータに対しても適用できる方法である。分散分析では，データ全体の変動を，実験変数の効果による変動と誤差による変動とに分割する。そして，各標本の母平均が等しいという帰無仮説のもとでは，実験変数の効果による変動と誤差による変動の期待値はともに同一の母分散の不偏推定値になることに基づき，F検定によって実験変数の効果（主効果および交互作用）を検定する。

■ 問題 1.249　答：1

母集団を階層としてとらえ，階層別に調査対象を抽出する方法であるから，層別サンプリングという。

■ 問題 1.250　答：2

分散分析（analysis of variance）は，フィッシャー（Fisher, R. A.）が農事試験の分析をするために考案した統計的な検定方法である。3つ以上の群差の統計的有意性を検出するときに用いる。また，実験計画法によって因果関係を推計するのに効果を発揮する。

問題セット1
答と解説

領域1
「原理・方法・歴史・数理・計量」

問題 2.1　答：3
1799年に南フランスのアヴェロンの森で発見された推定11, 2歳の子どもは，人間的な感覚や感情がみられなかった。イタール（Itard, J. M. G.）はこの子どもに対する実践記録『アヴェロンの野生児』を1801年に著した。この他に，1920年にインドで発見されたアマラとカマラはシング牧師（Singh, J. A. L.）に育てられ，これに関してゲゼル（Gesell, A. L.）は『狼に育てられた子』（1941）を著した。

問題 2.2　答：1
精神物理学的測定法とは，感覚の強さなどの心理的事象を物理的事象の関数として測定しようとする方法である。調整法では，物理的刺激（光度）を被験者（実験対象者）自身が調整して見えた光度を測定し絶対閾とする。極限法では，光度を徐々に下げていって見えない光度（下降系列）と見えない光度から徐々に上げていって見える光度（上昇系列）を測定し，その平均を絶対閾の推定値とする。恒常法では，見える光度と見えない光度近辺の刺激光度を複数ランダムに提示し，その結果から絶対閾を推定する。上下法では，見える光度を境にして上昇系列と下降系列を繰り返し，この転換点を絶対閾の推定値とする。

問題 2.3　答：3
EPPS（Edwards Personal Preference Schedule）は，マレー（Murray, H. A.）の欲求論に基づいて作成された，達成，追従，秩序，顕示など15尺度からなる性格検査である。社会的望ましさの等しい項目対（210対）を強制選択させる質問紙法である。なお，回答の信頼性をみるために15の重複対が加えられている。

問題 2.4　答：5
主に臨床的観点から作成されている。MMPI（Minnesota Multiphasic Personality Inventory：ミネソタ多面人格目録）は，ミネソタ大学のハザウェイとマッキンレー（Hathaway, S. R., & Mckinley, J. C.）によって作成された550項目からなる質問紙検査法である。10尺度の他に妥当性尺度が用意されている。MASはMMPIから5名の臨床家によって抽出された50項目であり，日本版はこれに加えて妥当性尺度のL尺度（15項目）から構成されている。因子分析などの統計的手法で妥当性を確認はしていない。

問題 2.5　答：1
SCT（Sentence Completion Test：文章完成テスト）は，言語刺激を用いた投影法によるパーソナリティ検査である。MFFT（Matching Familiar Figures test）は熟慮型 – 衝動型の認知スタイルを調べるテストである。RFT（Rod and Frame Test）は場独立型 – 場依存型の認知スタイルを調べるテストである。MAS（Manifest Anxiety Scale）は顕現性不安尺度。言語連想検査は精神分析の治療において用いられ，ある刺激語から連想されるものをとらえる方法。

問題 2.6　答：4
t検定は2つの平均値の差を検定する方法である。この方法によるとたとえば有意水準を5%にとると20回につき1回は間違った結論をすることになってしまうので，2つの平均値の組み合わせが多くなる多重比較には不適切な方法とされている。なお，多重比較とは，3つ以上の平均値の差を検定する分散分析の結果が有意であった場合に，どの平均値間に差があるのかを調べる方法である。

問題 2.7　答：1
心理学的概念を測定しようとするものが心理尺度である。この尺度には，妥当性（測ろうとするものを正しく測っているか）と信頼性（繰り返し測ってもほぼ同様な結果が得られるか）が保障されていなければならない。他の選択肢はダミー。

問題 2.8　答：5
決定係数 r^2（相関係数の2乗）は一方の変数から他方の変数がどれだけ説明できるかという分散

の程度を示すものであるが，直接には共分散構造分析とは無関係である。他はすべて共分散構造分析（covariance structure analysis）で使われる用語である。共分散構造分析は構造方程式モデル（structural equation model, SEM）ともよばれ，構成概念や観測変数が研究者の立てた因果モデルに適合するかどうかを分析する統計手法である。統計パッケージソフト Amos などを利用して計算される。

■ **問題 2.9　答：2**

サンプル数は，母集団での回答率，サンプリング誤差，信頼度によって決まる。単純無作為抽出法で，回答率が予想できない想定では，誤差を 2〜3%で信頼度 95%とするとおよそ 1,000〜2,400 人になる。新聞社の全国的な世論調査では，RDD（ランダム・デジット・ダイアリング）とよばれる方法が多く用いられている。これは固定電話の番号にランダムに電話し，条件を満たす人が出た場合に，回答を依頼する方法である。実際の回答者数は，2,000 人を目標とするものが多いが，1,000 人の場合もある。

■ **問題 2.10　答：4**

郵送調査では，回答者が郵便物を開封せずに廃棄する場合，開封しても回答をしない場合，回答しても投函し忘れる場合などがあり，回収率が低くなる。

領域 2
「知覚・認知・学習・神経・生理」

■ **問題 2.11　答：3**

明度（lightness）である。見えの明度（perceived lightness）は明度に対する知覚量，明るさ（brightness）は知覚的にちらつきのない光から得られる光の強度の知覚量。輝度（luminance）は，光の強度に関する心理物理量である。

■ **問題 2.12　答：2**

ネッカー（Necker, L. A.）の立方体では，違った方向からの 2 つの立方体が見える。ミュラー–リヤー（Müller-Lyer, F. C.）錯視は矢羽の向きによる主線の長短錯視。ルビン（Rubin, E. J.）の杯は図と地の反転図形。ツェルナー（Zöllner, F.）の錯視は平行線の錯視図形。カニッツァ（Kanizsa, G.）の三角形は主観的輪郭線の例である。

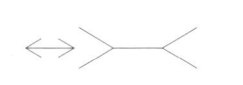

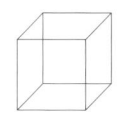

ミュラー–リヤーの錯視　ネッカーの立方体　ルビンの杯

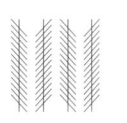

ツェルナーの錯視　カニッツァの三角形
図 2-12

■ **問題 2.13　答：3**

カクテルパーティ現象（cocktail party phenomenon）とは，カクテルパーティの雑然とした会場のなかでも，注意を向けさえすれば特定の人の声が聞き取れる現象。似た用語に聴覚的定位（auditory localization）があるが，選択的注意には，音がどの方向や場所から発せられているのかを聞き分けるという聴覚的定位が前提になる。

■ **問題 2.14　答：4**

調節（accommodation）とは，対象物に焦点を合わせるために水晶体の厚みを毛様体筋が調節することを指す。両眼視差（binocular disparity）は両眼の位置が左右でズレているために，網膜上で像が異なること。輻輳（vergence）はものを見るときの両眼の角度が違うことによる外眼筋の眼球運動の情報。これらはいずれも奥行き知覚に関係する。なお，水平視差，垂直視差という概念はない。

■ **問題 2.15　答：5**

ガードナー夫妻（Gardner, B. T., & Gardner, R. A.）は，1960 年代にワシューというチンパンジーを育て，3 年半の間に名詞，動詞，形容詞など 130 語あまりを習得し，2 語文や 3 語文を使うことを示した。500 語も習得してはいないので，これが答となる。

問題 2.16　答：2

視覚と手の協応である。鏡映描写とは，角のある幾何学的図形の輪郭を直接見ないで，鏡に映った像を見ながら，鉛筆でなぞる課題である。この実験では，視覚と手の運動の新たな対応づけ（協応関係）の学習を調べる。他の選択肢は直接には関係がない。

問題 2.17　答：5

トンプソン（Thompson, P.）のサッチャー錯視（Thatcher illusion）とは，元英国首相サッチャーの顔を逆さまにして，ただ口と両眼の部分を元の通りとしたイラスト絵を用いた錯視である。この絵を逆さまのまま見ると，サッチャーの顔に見えるが，逆転させて（通常の方向から）見るとサッチャーには似ても似つかぬ顔となっている。

問題 2.18　答：1

瞳孔が間違いである。嘘発見器（ポリグラフ検査）は，嘘を言うことによって情動的な緊張が起こり，それによって生理的反応が生ずるので，ポリグラフを使って情動の変化から嘘を見抜こうとする装置のこと。とらえられる反応は，皮膚電気反応，呼吸，心拍（脈波），血圧である。

問題 2.19　答：5

走意性という概念はないのでこれが誤りである。走性（taxis）とは，ある特定の刺激に対して2方向（接近，回避）の全体的反射をいう。下等動物や単細胞生物の行動の支配原理として重要である。刺激としては，光，熱，色，流れ，化学物質などが知られている。

問題 2.20　答：5

辛味は含まれない。味覚は基本味の複合であるとする考え方に基づいて，ヘニング（Henning, H.）は味の4面体（taste tetrahedron）理論を唱えた。これは，味空間を，甘味，塩味，酸味，苦味の4基本味を頂点とする3次元空間内の立体構造で表現するものである。

領域3　「発達・教育」

問題 2.21　答：5

発達段階（developmental stage）とは，個体が時間の経過とともに心身の機能を変えてゆく過程（発達）をいくつかの段階に分けたものである。したがって，異なる発達段階では異なる特徴を示すことになる。心理学では，単に時間で段階を分けただけのものは発達段階とはみなさない。

問題 2.22　答：5

馴化とは慣れ（habituation）のことであり疲労や順応とは区別されているが，いずれにせよ社会的参照の行為とは無関係である。社会的参照（social referencing）とはあいまいな状況で他者の意図や他者からの情報を入手して自分の行動を決める行為である。いわゆる「他者への問い合わせ」であり，これは最初は乳幼児が母親の顔色をみて判断し行動する場面でよく見受けられる。トレヴァーセン（Trevarthen, C.）は乳児に相互主観性（primary intersubjectivity：間主観性）があることに着目し，自己意識の発生や対人関係の初期について論じた。共同注意（joint attention）もまた，自他と対象との3項関係に関わる語である。

問題 2.23　答：4

膝蓋腱反射は，膝のくぼみを打つとつま先がピンと上がる反応であり，健康な成人でも普通に認められる。吸啜反射（吸乳反射）とは，乳首などが口に入るとリズミカルな吸い込み反応が生ずることをいう。把握反射は，手のひらにものが接触するとつかもうとする反応のことである。バビンスキー反射は足の裏に刺激を与えると親指が反り返り他の4指が扇状に開く反応である。自動歩行反射は，足が床につく程度に両脇を支えて立たせると歩行するかのような反応を指す。

問題 2.24　答：4

いじめ（bullying）の発生件数の多さは，中学校，小学校，高校という順である。中学校での発生件数がもっとも多く，たとえば，平成17（2005）年度では，中学1年でもっとも多く，約6,000件あり，次いで中学2年で5,000件近くある。中学3年では約2,000件となっている。いじめは，冷やかし・からかい，ことばでの脅し，暴力を振るう，仲間はずれ，持ち物隠し，集団による無視などで，被害者が継続的にこれらの行為を受け，苦痛を感じているも

のを指す。

■ **問題 2.25** 答：4

不登校は、平成10（1998）年度以降、小学校では2万人前後で、中学校では10万人前後で推移している。小・中学校は義務教育であり、上級学年に進級できないことはない。また、教育支援センター（適応指導教室）、教育センターなどの教育委員会所管の機関、児童相談所などで相談や指導を受けると、指導要録上では出席扱いされるようになってきている。

■ **問題 2.26** 答：4

暴走行為が該当しない。生徒間暴力は、何らかの人間関係がある児童生徒同士の暴力行為。対教師暴力は、教師に対する暴力行為。対人暴力は、生徒間暴力と対教師暴力を除いた対人暴力行為。器物損壊は、学校の施設・設備などを壊すことである。いずれも校内暴力として分類されている。

■ **問題 2.27** 答：5

モンテッソーリ（Montessori, M.）は、整備された環境のなかで子どもが自発的興味に導かれて学習する幼児教育法を提唱した。他方、問答法は、教師と児童生徒との間で発問、応答、質問を繰り返しながら展開される学習法で、ソクラテス（Socrates）の方法といわれる。したがって、この組み合わせが誤りである。他の組み合わせであるが、プログラム学習は、オペラント条件づけをもとに開発した授業理論。モデリング学習とは、直接的に経験しなくても他者の学習を観察することで成立する学習である。有意味受容学習は、新しい知識を学習者の知識体系に包摂していく学習を指す。発見学習とは、具体的な例から抽象的な原理、法則を論理的・科学的に発見する学習である。

■ **問題 2.28** 答：1

乳児期である。エリクソン（Erikson, E. H.）の漸成理論では、発達的危機について早期幼児期では「自律性 vs 恥・疑惑」、遊戯期では「主導性 vs 罪悪感」、学童期では「生産性 vs 劣等感」、青年期では「アイデンティティ達成 vs アイデンティティ拡散」をあげている。

■ **問題 2.29** 答：2

1は診断的評価、3は総括的評価、4は相対評価、5は個人内評価である。

■ **問題 2.30** 答：1

エイジング（aging）は老化と同義に扱われることも多いが、成長や成熟に伴う変化をも含む。発達加速現象とは若い世代の身体発達が量的に増大し、急増の時期や二次性徴の発現の時期が早期化している現象。老化とは加齢とともに起きる自然な心身機能の衰退をいう。年齢的変化は時間の経過に伴う変化。生活の質（QOL）は生活や人生の質の意である。

領域4
「社会・感情・パーソナリティ・産業・組織」

■ **問題 2.31** 答：5

権力型は、シュプランガー（Spranger, E.）の「生の6形式」（価値類型）の1つである。ホランド（Holland, J. L.）のパーソナリティ型には該当していない。ホランドの6パーソナリティ型は、次の通りである。現実型（Realistic Type：R）は道具、機械、動物などを対象とした活動を好む。研究型（Investigative Type：I）は、物理学、生物学、文化現象などの研究・調査といった探索的活動を好む。芸術型（Artistic Type：A）は、音楽、美術、演劇、文学などの芸術的活動を好む。社会型（Social Type：S）は、人を援助したり、教えたりすることを好む。企業型（Enterprising Type：E）は、組織的、経済的な目標を指向した活動を好む。慣習型（Conventional Type：C）は、一定のルールにしたがって実行できる秩序を伴う活動を好む。

■ **問題 2.32** 答：3

バンデューラ（Bandura, A.）は、社会的学習理論（のちに社会的認知理論）の立場から、子どもは、モデルを観察することによって攻撃性やフラストレーション反応などを学んでしまうことを明らかにした。ジンバルドー（Zimbardo, P. G.）は模擬監獄での看守と囚人の役割取得と役割遂行に関する実験、ハイダー（Heider, F.）は対人関係におけるバランス理論、ボウルビィ（Bowlby, J.）は愛着行動の研究、シャクター（Schachter, S.）は情動理論で有名である。

問題 2.33　答：1

役割期待である。他の選択肢は間違いである。役割遂行は，周りの人たちが役割期待している内容を知覚（役割知覚）し，それにしたがって行動することである。役割観が形成されていなければ，役割期待の認知に基づいて役割取得する。なお，役割期待は，自分の形成している役割観と葛藤（役割葛藤）することもある。

問題 2.34　答：4

社会的促進が態度変容と無関係である。情報源の信憑性とは，情報の送り手についての受け手の認知である。これには専門性，信頼性，魅力性などがある。恐怖や不安などの情緒を引き起こす情報は態度変容にかかわる。両面的コミュニケーションや一面的コミュニケーションなどは情報の送り方に関するものである。認知的不協和状態は不快であるために，これを解消するために態度変容が起こりうる。社会的促進とは他者の存在によってある種の行動が促進される現象であり，直接的には態度変容にはかかわらない。

問題 2.35　答：4

ポルトマン（Portmann, A.）は，人間の子どもが生理的早産の特徴をもち，未成熟で長期にわたって親の保護を必要とする留巣性（nidicolous）の動物であると指摘した。リッカート（Likert, R.）の尺度（リッカート尺度）は，態度の対象に対して回答者の感情の方向と程度を答えさせるものである。ボガーダス（Bogardus, E. S.）の社会的距離尺度は態度の対象と回答者との受容あるいは拒否の程度をあらわす距離の程度をとらえるものである。ガットマン（Guttman, L.）は，複数の項目への0，1型の反応に基づいた1次元尺度化をおこなった。サーストン（Thurstone, L. L.）は尺度間の間隔を等間隔とする試みをおこなった。

問題 2.36　答：3

メーヨー（Mayo, G. E.）である。ホーソン研究（Hawthorne Study）とは，アメリカの電気器具メーカーのホーソン工場の争議をきっかけとしておこなわれ，労働者の心理的要因の重要性が指摘された研究である。テーラー（Taylor, F. W.）の科学的管理法（scientific management）では作業の物理的環境，作業の流れの分析（時間研究），作業動作の分析（動作研究）に基づく作業形態が重視されていた。しかし，ホーソン研究で，メーヨーは，労働意欲や人間関係が生産性を規定したことを述べた。レヴィン（Lewin, K.）は場理論やアクション・リサーチで，フロム（Fromm, E.）は社会的性格，アドルノ（Adorno, T. W.）は権威主義的性格の研究で有名。

問題 2.37　答：4

同調は説得そのものについて触れたものではないので間違い。シャルディーニ（Cialdini, R. B., 1988）は，返報性，コミットメントと一貫性，好意，権威，社会的証明，希少性の6つを説得される心理としてあげている。

問題 2.38　答：2

社会的認知理論である。学習理論は条件づけ，5因子特性モデルは力動的特性や特性に関連した動機を扱っている。ロジャーズ（Rogers, C. R.）は自己や理想自己，認知的・情報処理理論は帰属や認知的カテゴリーとスキーマなどを扱っている。

問題 2.39　答：5

これだけがダミーであり，他の4つの選択肢はすべて正しい。権威主義的パーソナリティ（authoritarian personality）とは，権威に対しては無批判的に服従，依存するが，自分より弱いものに対しては服従を要求し，自分の優位を誇示しようとする性格である。フロム（Fromm, E.）は，個人としての耐え難い孤独感と無力感から逃れるために，服従と支配という形で，自分自身を対象と融合させて安定感を取り戻そうとする逃避のメカニズムがあることを指摘した。

問題 2.40　答：1

エディプス・コンプレックス（Oedipus complex）は，男の子の母親に対する愛情と，父親に対する反発や競争心，嫉妬の入り混じった感情のことで，生後3〜4年から始まるとされる。このコンプレックスのために，父親から罰せられて男らしさを奪われてしまう，すなわち去勢されてしまうのではないかという不安（去勢不安：castration anxiety）をもつという。エレクトラ・コンプレックス（Electra complex）は，逆の意味で，女の子の父親と母親に対する複合感情。カイン・コンプレックス

（Cain complex）は，同胞および親に対する複合感情。劣等コンプレックス（inferiority complex）はアドラー（Adler, A.）によると，器質的な劣等によって生ずる複合的な恐れ。ジーザス・コンプレックス（Jesus complex）は自分を殉教者や救世主とみなすことである。

領域5
「臨床・障害・健康・福祉・犯罪・非行」

■ 問題 2.41　答：3
ジェンドリン（Gendlin, E. T.）はクライエント中心療法で有名なロジャーズ（Rogers, C. R.）の弟子で，個人の内面的な感情や感覚の体験過程を重視した。ウォルピ（Wolpe, J.）は行動療法の逆制止療法を提唱した。マウラー（Mowrer, O. H.）は不安や恐れを学習性の情動反応とみなした行動理論家であり，アイゼンク（Eysenck, H. J.）は神経症を学習性のものとみなして行動療法を提唱した。スキナー（Skinner, B. F.）は，トールマン（Tolman, E. C.）やハル（Hull, C. L.）とならんで新行動主義の代表的な理論家である。

■ 問題 2.42　答：1
クレペリン（Kraepelin, E.）は精神障害を早発性痴呆（現在の統合失調症）と躁うつ病に大別した。また，内田＝クレペリン精神作業検査の開発者である。ロールシャッハ・テスト（Rorschach Test）はインクブロット図版を使う投影法によるパーソナリティ測定法。刺激図版に対する反応をどのように分類・記号化し量的解釈をするかという問題や反応内容の象徴的解釈の問題がある。この点について，エクスナー（Exner, J. E.），ベック（Beck, S. J.），クロッパー（Klopfer, B.）はそれぞれの方法を提唱した。片口安史は，クロッパー法をもとに日本人用の片口法を標準化した。

■ 問題 2.43　答：5
認知症は脳の機能障害によって引き起こされ，認知症5大症状といわれる特徴を示す。①記憶機能の低下，②思考力（計算，判断など）の低下，③意思伝達機能の低下，④視空間機能の低下，⑤人格機能の低下である。さらに失見当識を加えて，6症状とする考えもある。

■ 問題 2.44　答：2
ダウン症は，21番目の染色体異常（G群21トリソミー）によって引き起こされる。高齢出産で多発する可能性があるとされている。丸顔で頭が小さく舌が大きいなどの身体的特徴を示す。自閉症，AD/HD（注意欠陥／多動性障害），LD（学習障害），人格障害は，脳機能の障害，神経伝達物質の問題などさまざまな原因論が提出されているが，いまのところはっきり特定されていない。

■ 問題 2.45　答：2
顔写真である。ソンディ（Szondi, L.）の考案した実験衝動診断法（Experimentelle Triebdiagnostik）は，8枚の顔写真セットから好き嫌いを基準に選択させる方法。6セット用意されている。

■ 問題 2.46　答：4
系統的脱感作とは，不安を拮抗する反応（リラックスした状態）を用いて段階的に除去する方法で，行動療法の技法の1つであるので，これが答である。ロジャーズ（Rogers, C. R.）の来談者中心療法では，①2人の心理的接触，②クライエントの不一致状態，③セラピストの一致状態，④無条件の肯定的配慮，⑤共感的理解，⑥肯定的配慮と共感的理解の伝達が，治療的パーソナリティ変化の必要十分条件としてあげられる。

■ 問題 2.47　答：5
学習理論をベースにはしていない。TAT（Thematic Apperception Test：主題統覚検査）は，マレー（Murray, H. A.）らが作った20枚からなる図版を用いて，各図版の絵から思いつく物語をもとにして，回答者の内面（欲求）を解釈していこうとする投影法である。

■ 問題 2.48　答：3
選択肢1は燃えつき症候群，2は青い鳥症候群，4は過呼吸症候群で過換気症候群ともよばれる。5はマタニティブルーのことである。

■ 問題 2.49　答：1
愁訴とは訴えのこと。選択肢2は機能的疾患，3は嗜癖（addiction），4は疲労（fatigue），5は書痙（Writer's cramp）の説明である。

問題 2.50　答：2

触法少年である。少年法では，罪を犯した少年を犯罪少年，14歳に満たないで刑罰法令に触れる行為をした少年を触法少年，将来犯罪少年や触法少年になる虞(おそれ)のある少年を虞犯(ぐはん)少年という。これらの少年を家庭裁判所の審判に付す（第3条）としている。

問題セット2
答と解説

領域1
「原理・方法・歴史・数理・計量」

問題 2.51　答：4
17世紀に活躍した哲学者ロック（Locke, J.）のことばである。アリストテレス（Aristotle）は、ロックとほぼ同じ見解を基本的にもっていたが、紀元前384～322の哲学者である。プラトン（Plato）は、知能の多くは生まれつきであり、生まれたときに知能が存在していると考えていた。紀元前427～347の哲学者である。デカルト（Descartes, R.）は、知識は経験に依存しないと信じていた。心身二元論を唱えた。ヴント（Wundt, W.）は、19世紀に心理学の実験室を最初に開設した人物。

問題 2.52　答：4
検証可能な命題は仮説という。独立変数を操作することによって変化する要因は従属変数という。具体的な仮説を検定するのに用いられるのが、統計的指標である。ある場面で次に何が起きるかを推論する台本は、スクリプトである。

問題 2.53　答：3
2つの群間に「統計的に有意な」差がみられるとは、サンプリングや偶然的な変動によるものではなく、それぞれの群の性質の違いによることを意味する。心理学では、通常、有意確率が1%以下あるいは5%以下であるときに有意差があるという。すなわち、群の性質に違いがあると断定したときに、それが間違いである確率が1%（あるいは5%）以下であることを示す。

問題 2.54　答：1
平均値はすべての数値を合計し、数値の個数で割るので、極端な数値が含まれている影響を受ける。メディアンは中央値であり、平均値ほど極端な数値に影響を受けない。モード（最頻値）は極端な数値にほとんど影響を受けない。レンジや閾値は代表値ではない。

問題 2.55　答：4
偏回帰係数が無関係である。因子分析（factor analysis）は、比較的少数の因子を想定することによって、多くの観測変数間の関係を集約的に表現する分析法である。相関行列や共分散行列をもとに計算する。因子間の相関を認める斜交解と無相関を仮定した直交解がある。

問題 2.56　答：3
カイ自乗（χ^2）検定は、質的変数の独立性（関連性）を検討する検定法である。したがって、平均値に関してはこの検定を用いない。2×2の分割表（クロス表）を基本として百分率の偏りが偶然によるものかどうかを検定する。

問題 2.57　答：5
スティーヴンス（Stevens, S. S.）は名義尺度、順序尺度、距離尺度、比尺度という4尺度水準を分類した人物である。データマイニングそのものとは無関係である。データマイニング（data mining）は、有用で既知ではない知識を大量のデータから抽出する一連の手続きと定義されている。コホーネン（Kohonen, T.）によって導入されたニューラル・ネットワーク・モデルは階層型（feed-forward）ネットワークモデルである。データマイニングの手法の特徴には、非線形な関数を用いることがあげられる。

問題 2.58　答：4
ディセプション（deception）とは、事前に真の研究目的を伝えずに実験をおこなうことである。こうした操作をしなければいけない研究の場合は、必ず実験終了後に本当の目的を告げるデブリーフィング（debriefing）をおこなう必要がある。

■ 問題 2.59　答：5

ブラインド・テスト (blind test) は二重盲検法 (double-blind controlled trial) ともいう。ランダム・サンプリング（無作為抽出法）とは，母集団から標本（サンプル）を無作為に抽出することである。たとえば，実験群と統制群の2群に分ける場合，2群間の差異を最小限にするためにランダム（無作為）に割り当てる方法である。統制条件とは，実験条件におこなわれる独立変数の操作をしないことであり，実験条件との比較をおこない，操作された独立変数の影響を調べる。プラセボ (placebo) とは偽薬のことであり，治療に対する患者の期待感をプラセボ効果という。投薬の薬物学的効果をみるためには，プラセボ効果を排除する必要がある。ハインドサイト・バイアス (hindsight bias) とは，後知恵のバイアスのことで，事後推測の確率が事前に見積もられた確率よりも高くなる傾向のことである。

■ 問題 2.60　答：4

遺伝と環境の影響を調べるためには，2つの要因のどちらかを統制しておくことが必要である。この場合，遺伝的には同一である一卵性双生児について，彼らが異なる環境下ではどのような違いを示すのかを調べることになる。ただ現実はこの種の研究の実施はかなり困難であり，最近では共分散構造分析のような因果関係を推定する手法も開発されている。

領域2
「知覚・認知・学習・神経・生理」

■ 問題 2.61　答：1

外界から感覚受容器に到達して，何らかの作用を引き起こす刺激を近刺激という。遠刺激は人から離れた所にある刺激のこと。知覚刺激，感覚刺激，受容刺激といった専門用語はない（ダミー）。

■ 問題 2.62　答：1

プルキンエ現象である。プルキンエ (Purkinje, J. E.) は，明るい所では黄色い花が明るく見えるが，暗い所では緑の葉の方が明るく見えることを見出した。なお，網膜には錐体と桿体の2種類の異なった働きをする感光細胞（視細胞）がある。明るい所では，錐体細胞が，暗い所では桿体細胞が主として働く。

■ 問題 2.63　答：2

眼の網膜は，厚さ約0.2 mmの薄い組織である。神経節細胞→両極細胞→視細胞の順に構造をなしている。なお，光刺激は視細胞で電気信号に変換され，その信号は両極細胞→神経節細胞を経て視神経に伝達される。

■ 問題 2.64　答：4

思考をみるには，自分で自分の思考を言語化していくことが一方法として考えられる。これが発話思考法である。発話思考法とは，内観法による思考研究で，課題遂行中に自身の意識状態を声に出して言わせて，それを記録する方法のことである。解説していくことではない。

■ 問題 2.65　答：1

「4枚カード」問題は，提示された4枚のカードの裏表に関して課題解決を求める思考クイズである。この解決に必要な思考は，その課題解決に独自の思考能力が含まれていて，それを領域固有性という。この問題が解けたからといって別の種類の問題が解けるとは限らないとき，領域固有性があるというわけである。

■ 問題 2.66　答：4

1861年にフランスの医師ブローカ (Broca, P. P.) が発見したのは，非流暢性失語あるいは運動性失語である。したがって，この組み合わせが間違いである。PET (positron emission tomography) は，大脳におけるシナプスの活動を血流の変化によって観測するものである。fMRI (functional magnetic resonance imaging) は，脳の活動による毛細血管などの酸素化ヘモグロビンの増加を測定するものである。流暢性失語は，1874年にドイツの医師ウェルニッケ (Wernicke, C.) が発見した失語症である。失語症の治療・改善にあたるのが，言語聴覚士である。

■ 問題 2.67　答：4

プロスペクト理論とは，カーネマン (Kahneman, D.) とヴェルスキー (Tversky, A.) が提唱した意思決定の理論である。また，プロスペクト理論が説明できる選択の矛盾として，アレ (Allais, M.)

の選択課題があり，合理性の規範から逸脱することをアレのパラドックスとよぶ。言語のモジュールのみが無関係である。

■ **問題 2.68** 答：4

聴知覚は音刺激の入力を処理した結果として生じる。しかし視覚などの他のモダリティによって影響を受ける場合がある。その視聴覚相互作用の例として，マガーク効果（McGurk effect）がある。"ga"と言っている話者の顔の映像に"ba"という音声を同期させたとき，視聴覚の情報が統合されて"da"という音に聞こえるといった効果である。スリーパー効果（sleeper effect）とは，時間の経過に伴う忘却によって情報の送り手と情報内容が切り離され，態度変容への効果があらわれることである。フィードバック（feedback）とは結果を原因に反映させること。サブリミナル効果（subliminal effect）とは，知覚できない刺激（閾下刺激）が効果をもつこと。ブーメラン効果（boomerang effect）とは，情報の送り手の意図とは逆の方向に態度変容がみられることを指す。

■ **問題 2.69** 答：5

バンデューラ（Bandura, A.）の提唱した社会的学習理論では，道徳的判断，愛他的行動，満足の遅延行動，攻撃行動などの事象に，観察学習・モデリングの効果が実証されている。満足の遅延行動とは，より高い満足が得られるまで自分をコントロールする行動のこと。これらすべて実証研究がある。

■ **問題 2.70** 答：1

20世紀初頭，チンパンジーを家庭で養育し，音声言語能力を検討する試みが始まった。ヘイズ夫妻（Hayes, K., & Hayes, C.）のヴィキは，6年間にわずか4語を修得しただけであった。発声器官の構造的制約があると言われている。この研究は，ガードナー夫妻のワシューの研究に生かされることとなった。

領域 3
「発達・教育」

■ **問題 2.71** 答：1

2は性（sex）の説明であり，これは生物学的性差をあらわす。3はジェンダー・アイデンティティ（gender identity）の説明である。4はジェンダーの型づけに関する説明である。

■ **問題 2.72** 答：4

この説は，ジェンダー・スキーマ理論とよばれる。社会的認知理論では，ジェンダーの型づけは模倣と強化による。ヴィゴツキー（Vygotsky, L. S.）やピアジェ（Piaget, J.）は，このことについては何も論じていない。コールバーグ（Kohlberg, L.）の認知理論は本人の自分の性に対する認知を重視している説である。

■ **問題 2.73** 答：5

テストステロンは男性の主要なホルモンであるが，男女ともにみられる。
テストステロンが分泌されないと女性器の発達がみられる。なお，人の性別そのものは性染色体によって規定される。

■ **問題 2.74** 答：4

4が答で，1～3の選択肢に書かれている内容はすべてにおいて批判を受けた。

■ **問題 2.75** 答：2

0.05程度と推定されている。乳児は大脳や網膜の神経細胞が未完成な状態で生まれる。たとえば眼球の大きさはおとなになると1.5倍になる。視力は生後1ヶ月ぐらいの間は約0.05で，3～5歳くらいまでにゆっくり発達して1.0になるとされている。

■ **問題 2.76** 答：5

他の選択肢はすべて関係が深い。他視点取得（perspective-taking）とは，対象を他者の視点から見たときにどのように見えるかを理解することである。これには他者の視知覚に関するピアジェとイネルデ（Piaget, J., & Inhelder, B.）の3つ山の問題が有名である。視知覚とは別に他者の認知内容や感情の理解，特に他者の信念の理解に関する研究は，別に「心の理論」という研究領域を形成している。また対人関係に関してであるが，セルマン（Selman, R.）は他視点取得という概念を用いている。

■ 問題 2.77　答：3
　学習者が直接に行動せず，したがって直接の強化を受けなくても学習が成立することを観察学習（observational learning）という。バンデューラ（Bandura, A.）は，学習者が直接に受ける強化に対して，モデルの行動に対して与えられる強化を代理強化（vicarious reinforcement）とよんだ。

■ 問題 2.78　答：1
　平成17（2005）年度の不登校の中学校生徒数は，約99,550人で，全学校の約85％にみられる。36人に1人というように，おおよそ1クラスに1人の割合である。同年度の小学校児童数は，約2万人である。これまではどの年度でも，不登校中学生数は不登校小学生数よりも圧倒的に多く，約3～4倍となっている。

■ 問題 2.79　答：3
　「読む」である。ロビンソン（Robinson, H. M.）は，読解技能モデルを提唱したが，それによると効果的な学習方略は，教科書を読み，内容を理解し，記憶するという一連の流れであると主張した。概観するは survey，設問するは question，読むは read，復唱するは recite，復習するは review である。SQ3R の語は，この頭文字からきている。

■ 問題 2.80　答：2
　人生の正午であり，それは40歳の頃としている。40歳までの人生は上昇的な意味をもっているとしているが，正午を境にして決定的な変化が起こってくるとみている。

領域 4
「社会・感情・パーソナリティ・産業・組織」

■ 問題 2.81　答：1
　鼎立とは3者が互いに向かいあって立つということであり，コンポーネント理論，経験理論，文脈理論の3つの理論が下位理論である。コンポーネント理論には，さらに流動性知能と結晶性知能の理論がある。経験理論には，新しい刺激を扱う能力と情報処理を自動化する能力の理論がある。文脈理論には，実用的知能と社会的知能の理論がある。

■ 問題 2.82　答：2
　マクガイア（McGuire, W. J.）は，こきざみに説得的刺激にさらされていると態度変容に対する抵抗力が強くなることを研究した。これに関連する説明を加えると，ブレーム（Brehm, J. W.）は自由な意思決定が脅かされそうなときには心理的反発（psychological reactance）が起こり，態度変容が起こりにくいことを示した。カッツ（Katz, D.）は態度の4機能（道具的機能，自己防衛的機能，知識機能，価値表現機能）をあげた。アイゼンク（Eysenck, H. J.）は社会的事象の態度項目の因子分析から，R因子（急進－保守）とT因子（タフマインド－テンダーマインド）の2因子を抽出した。ローゼンバーグ（Rosenberg, M. J.）らは態度の3成分（感情的成分，認知的成分，行動的成分）をあげた。

■ 問題 2.83　答：4
　集団面接とは，試験などで用いられる方法で，直接的には同調行動とはかかわらない。集団凝集性が高いと，集団規範が確立し，またメンバーに対する集団圧力は強くなる。集団決定はメンバーへの拘束力が強い。したがって，これらの要因はメンバーの同調行動に密接にかかわっている。

■ 問題 2.84　答：4
　フィードラー（Fiedler, F. E.）の状況即応理論（contingency theory）では，リーダーとメンバーとの関係，集団課題の構造，リーダーの権限の3要因の相互関係によって集団効率が規定されることを提唱している。したがって，メンバーの能力特性には言及していない。これが答となる。

■ 問題 2.85　答：4
　合理的経済人とは，経済的刺激によって動機づけられて，自己の利益が最大となるように合理的に行動する存在。社会人とは，職場内の人間関係や連帯感に基づいて動機づけられる存在。自己実現人とは，仕事のやりがいや意義などによって内的に動機づけられて，自己実現をめざす存在。シャイン（Schein, E. H.）は，これらの人間観が人間を単純化しすぎていると批判し，新たにさまざまな欲求をもち状況やキャリアなどによって変化する存在ととらえて，複雑人という人間観を提唱した。

■ 問題 2.86　答：1

ミルグラム（Milgram, S.）の実験は、権威に対する服従の問題を扱ったものである。選択肢の2は、レフコウィッツ（Lefkowitz, M.）らの同調行動に関する実験。選択肢の3はジンバルドー（Zimbardo, P. G.）の監獄実験。選択肢の4はハーロー（Harlow, H. F.）の愛着行動に関する実験。選択肢の5はラタネ（Latané, B.）の援助行動に関する実験である。

■ 問題 2.87　答：5

群集行動としてのパニック行動は一般には逃走的行動をさし、多くの人々にある共通の恐怖や不安、突然の事態、連帯性の欠如、リーダーの不在、競争事態などがかかわる。答の集団圧力は、集団のメンバー間の相互関係が形成されていないと生じないので、不特定多数の一時的な集合である群集の行動への関連は薄い。

■ 問題 2.88　答：3

ウェルズ（Welles, G. O.）のこのラジオ番組は、まだテレビ放送のなかった1938年10月30日に放送された。音楽番組の途中で、何度も速報が入り、火星からの飛来物が地球に接近し、ついにはアメリカ東部に飛来した生命体が暴れるという内容のフィクション番組である。これを聴取していた人々は、これを現実のニュースだと誤認し、その結果、多くの流言やパニック行動がみられた。キャントリル（Cantril, A. H.）はこの事後調査をおこない、これがその後のパニック研究の先駆けとなった。

■ 問題 2.89　答：2

やまあらしのジレンマ（porcupine dilemma）はショーペンハウエル（Schopenhauer, A.）の寓話からベラック（Bellak, S.）が命名した。自己モニタリング（self-monitoring）はスナイダー（Snyder, M., 1974）の用語で対人場面での自己の表出行動をモニターすることである。セルフ・ハンディキャッピング（self-handicapping）は失敗したときのダメージを軽減するために事前に手を打っておくことである。もともとあった不利な条件を口にするような主張的セルフ・ハンディキャッピングと、意図的に自分の不利益な状況を作り出す獲得的セルフ・ハンディキャッピングがある。ハインツのジレンマはコールバーグ（Kohlberg, L.）が道徳的判断を測定するのに使用した例話である。クラウディングはダミー。

■ 問題 2.90　答：5

対人距離は対人魅力の規定因とはされていない。他の選択肢はすべて正しい。対人魅力（interpersonal attraction）の規定因には、環境要因（近接性、単純接触の効果）、他者要因（身体的魅力）、相互関係要因（類似性、相補性、好意の返報性）がある。

領域5
「臨床・障害・健康・福祉・犯罪・非行」

■ 問題 2.91　答：2

摂食障害は、身体的な疾患がなく、精神的な原因によって食の障害がみられ体重の著しい減少（神経性無食欲症）や増加（神経性大食症）を伴う病像である。不安障害とは異なる。不安障害（anxiety disorder）と総称される病態には次のようなものがある。一般身体疾患による不安障害（身体疾患による直接的生理学的変化としての不安）、パニック障害（突発性の不安の反復とその強い予期不安）、分離不安障害（親からの分離不安）、強迫性障害（強い不安や苦痛を感じさせる強迫観念と強迫行為）、ストレス障害（外傷的な出来事に伴うストレス性の不安）。広場恐怖はパニック障害の1つに分類できる。

■ 問題 2.92　答：4

モダリティテストが無関係である。前頭前野（prefrontal cortex）の損傷による機能障害は、次の検査によって調べられる。新近性テスト（recency test）は、一連の刺激カードを提示し、特定カードの時間的提示順序を答えさせる検査。ウィスコンシン・カード分類テスト（Wisconsin card sorting test）は、4種のカードを正誤の情報を手掛かりに分類基準を発見させる検査。ストループテスト（stroop test）は、書かれている文字がその文字の意味とは異なる色で示されているカードに対して文字の色を答えさせる検査。流暢性テスト（fluency test）は、ある刺激課題に対する反応数と多様性を調べる検査。

■ 問題 2.93　答：5
　1〜4の選択肢はすべて関係がある。学習性無力感（learned helplessness）とは，行動と結果の非随伴性の経験や学習はその後の学習を阻害するというものである。セリグマン（Seligman, M. E. P.）は，多くの動物実験によって，環境に対応しようとする動機が低下し（動機づけ的側面），容易な課題の解決もできず（認知的側面），心身の不調がみられる（情動的側面）現象が学習性のものであることを指摘した。帰属療法は，認知の枠組みを変えることに焦点を当てた療法であり，学習性無力感の知見とも関係がある。

■ 問題 2.94　答：4
　アトキンソンとシフリン（Atkinson, R. C., & Shiffrin, R. M.）の記憶の二重貯蔵モデルは，短期記憶と長期記憶というシステムによって記憶のメカニズムを説明するものである。内容そのものが記憶障害の説明ではない。他の選択肢は正しい。

■ 問題 2.95　答：2
　失行症（apraxia）とは，身体機能に問題がないのに，習得した行為を意図的におこなうことができない症状。観念失行（ideational apraxia）とは，個々の動作は正しいがその順序を間違えることでこれが答。構成失行（constructional apraxia）とは，積木の模倣再現や図形の模写ができないこと。拮抗性失行（diagonistic apraxia）とは，左右の手が協応せずに拮抗的に動作すること。口顔面失行（bucco-facial apraxia）とは，口や顔面の意図的運動ができないこと。肢節運動失行（limbkinetic apraxia）とは，巧緻な動作がうまくできないこと。

■ 問題 2.96　答：3
　純粋失認である。失認症（agnosia）は，脳の局所的な損傷によって起こる高次機能障害である。文字や単語が読めないのは純粋失認（pure agnosia）といわれる。物体失認（object agnosia）は日常物品の認知が，環境失認（environmental agnosia）はよく知っている建物などが認知できない。色彩失認（color agnosia）は色の認知が，相貌失認（prosopagnosia）は顔の認知ができない。

■ 問題 2.97　答：3
　人工妊娠中絶（artificial termination of pregnancy）とは，胎児が子宮外で生育不可能な時期に，人工的に妊娠を中断すること。現在では，妊娠22週未満を子宮外生育不能な期間とみなしている。日本では，母体保護法によって母体の健康をそこなうおそれのある場合は，合法的に中絶手術を受けることができる。2007年度（厚生労働省）では，約29万件が報告されている。

■ 問題 2.98　答：5
　性感染症，あるいは性行為感染症（sexually transmitted diseases, STD）は，広く性行為全般で感染する疾患の総称。性の解放あるいは性の自由化といわれる風潮の浸透によって性感染症は増加傾向にある。梅毒，軟性下疳，淋病，性器クラミジア感染症，鼠径リンパ肉芽腫症などである。エイズ（acquired immunodeficiency syndrome：後天性免疫不全症候群）は，ヒト免疫不全ウイルス（HIV）がヒトに感染して起こす慢性疾患で，性行為による感染，出産時の母子感染，血液製剤などによる感染である。パーキンソン病は，特に高齢期にみられる脳に原因をもつ神経疾患。

■ 問題 2.99　答：3
　児童相談所は，児童福祉法に定められ，都道府県に設置が義務づけられている。児童の福祉に関する事項について市町村相互間の連絡調整，市町村に対する情報の提供その他必要な援助をおこなうこと，子どもの福祉に関する実情の把握，子どもに関する相談，子どもや家庭に関する精神保健上の判定，子どもやその保護者への指導，子どもの一時保護，などの業務をおこなう。子どもの矯正教育は，少年院の役割である。少年院は，家庭裁判所から保護処分として送致された者を収容し，これに矯正教育を授ける施設である。

■ 問題 2.100　答：5
　パトグラフィー（pathography：病跡学）とは，クライエントの表現や作品に精神病理学を応用するもの。イタリアのロンブローゾ（Lombroso, C.）の『天才論』（1930）に始まる。エリクソン（Erikson, E. H.）は，心理・歴史的研究とよび，個人の心理と社会的な意味との重なりを分析した。傑出した人物，文学者や画家などについての研究からほとんどのジャンルの人物を対象とするようになってきている。ヒトラー（1889〜1936）はドイツの国家主義

（ナチス）の政治家，ガンジー（1869～1948）はインドの非暴力主義を唱えた政治家，ルター（1483～1546）はドイツの宗教改革者，ゴーリキー（1868～1936）はロシアの作家，ニュートン（1642/1643～1727）は万有引力発見の英国の数学・物理学・天文学者である。このニュートンについては取り上げていない。

問題セット3
答と解説

領域1
「原理・方法・歴史・数理・計量」

■ **問題 2.101**　答：4

ホッブス（Hobbes, T.）である。イギリスのホッブスは心身一元論を主張し，今日の認知科学や人工知能研究の源の1つとなった。他方，フランスの哲学者デカルト（Descartes, R.）が主張した心身二元論は，現在も引き継がれている難問である。

■ **問題 2.102**　答：5

発達心理学史の問題である。ジェームズ－『発達心理学原理』の組み合わせが誤りで，ジェームズ（James, W.）は『発達心理学原理』を書いていない。フランスの社会史家アリエス（Ariès, P.）は『子供の誕生』（1960），ドイツの行動発生学者プライヤー（Preyer, W. T.）は『児童の精神』（1882）を著した。ウェルナー（Werner, H.）は『発達心理学入門』（1926），ホール（Hall, G. S.）は『青年期』（1904）をまとめた。

■ **問題 2.103**　答：3

エビングハウスである。無意味綴りの記憶実験で有名なエビングハウス（Ebbinghaus, H.）の著した『心理学要論』は，上記のようなことばから始まっている。ヴィゴツキー（Vygotsky, L. S.）は発達の最近接領域について言及した人，デューイ（Dewey, J.）はプラグマティズムの教育学者として有名である。ワトソン（Watson, J. B.）はアメリカの行動主義心理学者，レヴィン（Lewin, K.）は場の理論やアクションリサーチで知られている。

■ **問題 2.104**　答：3

古いものから順に，ジェームズ（James, W.）『心理学原理』（1890），ワトソン（Watson, J. B.）『行動主義者の見た心理学』（1913），フロイト（Freud, S.）『精神分析入門』（1917），ケーラー（Köhler, W.）『類人猿の知恵試験』（1917），チョムスキー（Chomsky, N. A.）『統語論的構造』（1955）となる。

■ **問題 2.105**　答：2

デブリーフィング（debriefing）とは，被験者（実験対象者）に対するこの種の欺き（deception）について謝罪して必要でやむをえない措置であったことを理解してもらう手続きである。インフォームド・コンセント（informed consent）は，実験に先だって不快感が生じる場合があることなどを事前に説明して許諾を得ることである。アクション・リサーチは社会心理学の領域でなされる実践研究のことである。シェアリングはグループ・エンカウンターなどで気づきや気持ちを共有する営みである。アイス・ブレーキングは，グループアプローチなどを始める前にファシリテーターやトレーナーがメンバーの緊張感を解く作業である。

■ **問題 2.106**　答：1

心理学で扱う尺度（測定値）は，スティーヴンス（Stevens, S. S.）による4つの分類，名義尺度（nominal scale），順序尺度（ordinal scale），間隔尺度［または距離尺度］（interval scale），比尺度（ratio scale）であらわされることが多い。名義尺度は，識別や分類を示すだけで大小関係には利用されない。したがって，答は名義尺度である。

■ **問題 2.107**　答：3

母集団の分布が正規分布であることを仮定した統計学的検定法を総称してパラメトリック検定（parametric test）という。分散分析，因子分析，t検定，F検定などはパラメトリック検定として扱われる。これに対し，U検定，サイン・テスト（符号検定）などは母集団の分布が正規性であることを前提としていない。これをノンパラメトリック検定（nonparametric test）という。したがって，答はU検定。

■ **問題 2.108**　答：3

因子パターンは因子分析のような多変量解析に関する語であるから統計的検定とはかかわりがない。他の選択肢はすべて関係が深い。推計学による統計的仮説検定（test of statistical hypothesis）では，帰無仮説（null hypothesis）を棄却して対立仮説（alternative hypothesis）を採択する手順を踏む。帰無仮説を棄却するときの確率を有意水準（level of significance）という。実際には正しい帰無仮説を棄却してしまう可能性もあり，これを第一種の誤り（type I error）という。逆に対立仮説が正しいのに帰無仮説を棄却しない誤りもあり，これを第二種の誤り（type II error）という。

■ 問題 2.109　答：5
ウォルピ（Wolpe, J., 1961）による神経症についての系統的脱感作は *Journal of Nervous and Mental Diseases* に掲載された。著者はロールシャッハ（Rorschach, H.）ではないのでこの組み合わせが間違いである。ワトソンら（Watson, J. B. et al., 1920）によるアルバート坊やの情動的条件づけは *Journal of Experimental Psychology* に掲載された。ミルグラム（Milgram, S., 1963）の命令に服従する行動の研究は *Journal of Abnormal and Social Psychology* に掲載された。ロフタス（Loftus, E. F., 1975）による誘導尋問と目撃証言に関する記憶実験は *Cognitive Psychology* に掲載された。ギブソンとウォーク（Gibson, E. J., & Walk, R. D., 1960）による見せかけの崖（視覚的断崖）を使った赤ちゃんの奥行知覚の研究は *Scientific American* に掲載された。

■ 問題 2.110　答：1
1956年である。1956年の夏，アメリカのダートマス大学でコンピュータの問題解決能力に関する学会が開催された。また秋には，マサチューセッツ工科大学で情報科学のシンポジウムが開催された。このシンポジウムの2日目には，かの有名なミラー（Miller, G. A.）の「マジカルナンバー7±2：情報処理能力の限界」，チョムスキー（Chomsky, N. A.）の変形生成文法に関する概要，ニューエル（Newell, A.）とサイモン（Simon, H. A.）のコンピュータプログラムに関する発表がおこなわれた。この1956年9月11日を認知心理学の誕生日としている。

領域2
「知覚・認知・学習・神経・生理」

■ 問題 2.111　答：1
ゲシュタルト（Gestalt）とはドイツ語で形態という意味である。視覚や聴覚について，個々の要素よりもむしろ全体性そのものを研究の主眼に据えた学派がおこなった心理学をゲシュタルト心理学という。なお，行動主義心理学は観察可能な目に見える個々そのものの反応を主な研究対象にしている。精神分析は主として精神病理を無意識の世界からとらえようとする精神医学である。数理心理学は心理学的事象を数理的に記述しようとする立場の総称である。

■ 問題 2.112　答：5
逆転・反転メガネ（inverting spectacles）の着用実験は，19世紀末のストラットン（Stratton, G. M.），20世紀中頃のコーラー（Kohler, I.）などがおこなった。答以外のこれらの反応はすべてメガネ着用の当初に体験する現象である。時間の経過にしたがって，こういった違和感にも慣れてしまい，いつのまにか通常のようになってしまうことも知られている。

■ 問題 2.113　答：4
明るさの対比である。透明視は刺激図の明度や色の組み合わせによって透き通って見える現象であり異なる。「明るさの同化」は同化現象であるから異なる。恒常性は明るさや形などが網膜上で変化してもそれを同じ明るさや形として知覚する，つまり恒常に保つ現象であるから異なる。

■ 問題 2.114　答：3
長期記憶は大きくは手続き的記憶（知識）と宣言的記憶（知識）に二分され，ここでは宣言的記憶（知識）が当てはまる。パターン認識は感覚記憶から短期記憶への記憶情報の転送にかかわる働きである。言語性IQはウェクスラー式知能検査で測定・診断されるIQの1つである。ネットワーク知識という語は特別な専門用語としては使われていない。

■ 問題 2.115　答：5
ステレオタイプが無関係である。ステレオタイプは対人認知の領域で使われる語で紋切り型と訳されることもある。人工知能について説明すると，本格的な研究は1950年代からであり，最初はコンピュータがチェスをうまく指せるかどうかの試みから始まった。ヒューリスティックスは問題解決時の経験則であり，すぐれたヒューリスティックスを見つけてコンピュータプログラムに反映させていくかが人工知能研究の主眼になっている。

問題 2.116　答：3

時間の流れからみると干渉説には2つあるが，ここでは「逆行（逆向）」ではなく「順行（順向）」干渉説が答である。レミニッセンスは忘却された記憶内容がしばらくして自発的に想起される現象であるが，特に干渉を説明したものではない。記憶痕跡説，抑圧説ともに2つの相互関係を扱っていない。

問題 2.117　答：1

α（アルファ）運動である。β（ベータ）運動は映画における動きとして知られる。γ（ガンマ）運動は，ある刺激を短時間提示したときに出現時には膨張して，消失時には収縮して見えるような運動である。フェイドとワイプは映像編集の用語である。

問題 2.118　答：4

奥行き知覚の要因として①刺激布置側の要因と，②生理学的な要因（眼の仕組み）に分けると，刺激布置側の要因には，肌理の勾配，重なり合い，相対的大きさ，大気遠近法，線遠近法，明暗などがある。生理学的な要因には水晶体の調節，両眼の輻輳，両眼視差，運動視差などがある。

問題 2.119　答：3

サーカディアン・リズム（circadian rhythm）が答である。ウルトラディアン・リズム（ultradian rhythm）は一日24時間よりも短いリズム，インフラディアン・リズム（infradian rhythm）は一日24時間よりも長いリズムである。バイオ・リズムとケミカル・リズムはダミー。答のサーカディアン・リズムは，体温は夕方5時頃が最高で早朝の4時頃が最低になるというリズムをもつ。

問題 2.120　答：2

エビングハウスの同心円錯視（Ebbinghaus illusion）である。エビングハウスの錯視は，同じ円の大きさが周りの条件によって大きさが違って見える錯視である。ヘリングの錯視（Hering illusion）は2本の平行線がふくらんで見える錯視。ツェルナーの錯視（Zöllner illusion）は斜めの細かい線分によって平行線が平行に見えない錯視。ミュラー－リヤーの錯視（Müller-Lyer illusion）は矢羽根の向きによって長さが異なって見える錯視。ポッゲンドルフの錯視（Poggendorff illusion）は1本の線分が真ん中の長方形によって曲がって見える錯視。

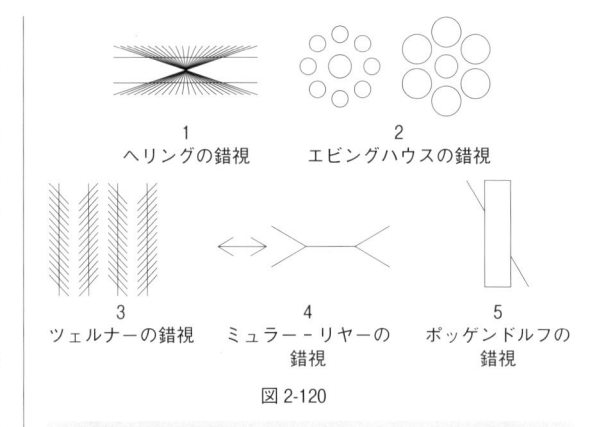

1　ヘリングの錯視
2　エビングハウスの錯視
3　ツェルナーの錯視
4　ミュラー－リヤーの錯視
5　ポッゲンドルフの錯視

図2-120

領域3　「発達・教育」

問題 2.121　答：2

消去は，主として条件づけ学習の過程とかかわるので無関係である。認知発達理論としては使われていない。シェマ（schema），均衡化（equilibration），調節（accommodation），同化（assimilation）はいずれもピアジェ（Piaget, J.）の理論で使われる用語である。

問題 2.122　答：3

ブロンフェンブレンナー（Bronfenbrenner, U.）は，子どもを取り巻く生態的環境と社会的ネットワークとが発達に重要であるとした。子どもにとっての環境を生態学的環境システムとしてとらえたが，より個人に身近なシステムから順に，マイクロシステム，メゾシステム，エクソシステム，マクロシステムとなる。メタシステムはないので，これが誤りである。

問題 2.123　答：3

発達指数（DQ）は developmental quotient，発達年齢（DA）は developmental age，生活年齢（CA）は chronological age である。

問題 2.124　答：1

バビンスキー反射（Babinski reflex：足裏反射）は足裏に触刺激を受けると足の親指が反り返ったり他の4指が扇状に開く反射。把握反射（grasping reflex）は新生児の手のひらをそっと撫でるとギュと握る反射。口唇探索反射は新生児の口唇や周辺に触れると首をそちらに向けて口で探そうとしている

かのようなしぐさをする反射。モロー反射（Moro reflex）は頭を急にガクンと落とすように体を移動させると手を閉じて握り，腕を伸ばす反射，自動歩行反射は体を支えて床などに足裏を着けると歩くような動きをする反射である。

■ **問題 2.125**　答：1

エインズワース（Ainsworth, M. D. S.）のストレンジ・シチュエーション法（SSP：Strange situation procedure）は，子どもが母親と一緒にいたりその場を離れて姿を見せなかったりしたときのようすから愛着（アタッチメント）の程度やタイプを調べる方法である。信頼型はない。

■ **問題 2.126**　答：1

答は，共感である。たとえばエクマン（Ekman, P.）は，生得的な基本的情動として，怒り，嫌悪，恐れ，喜び，悲しみ，驚きの6つを想定している。基本的情動が6つかどうかについては諸説あるが，いずれにせよ，共感があらわれるのはもっと後とされている。嫌悪は新生児ですでにあらわれる。悲しみ，驚き，喜びは3ヶ月までに，怒りは6ヶ月頃までにあらわれるとされる。

■ **問題 2.127**　答：4

答は，成人前期である。幼児後期（遊戯期）は主導性－罪悪感，児童期は生産性－劣等感，青年期はアイデンティティ達成－アイデンティティ拡散，成人前期は親密性－孤立，老年期（成熟期）は統合性－嫌悪・絶望である。

■ **問題 2.128**　答：2

アイデンティティ・コンプレックスだけは含まれていない（ダミー）。マーシャ（Marcia, J. E.）は，①危機（クライシス）の経験の有無や途中，②積極的関与（コミットメント）の有無の組み合わせから4つのアイデンティティ・ステイタスを提唱した。

■ **問題 2.129**　答：1

クロンバック（Cronback, L. J.）は学習者の能力，興味・関心などの適性によって教師からの処遇（効果的な指導法など）が異なると考えて，これをATI（Aptitude Treatment Interaction：適性処遇交互作用）とよんだ。ブルーム（Bloom, B. S.）らは完全習得学習の研究を進めた。ブルーナー（Bruner, J. S.）は発見学習，アロンソン（Aronson, E.）はジグソー学習（jigsaw method）を研究したことで知られている。

■ **問題 2.130**　答：2

答は，生後3ヶ月である。社会的微笑（social smiling）のことを3ヶ月微笑ともいう。自発的微笑は生後2～3週以内にみられるが，視聴覚が誘発する微笑の段階を経て（生後4～5週頃），社会的微笑へと移行していく。

領域4
「社会・感情・パーソナリティ・産業・組織」

■ **問題 2.131**　答：1

アメリカの教育心理学者ソーンダイク（Thorndike, E. L.）である。バンデューラ（Bandura, A.）は社会的学習理論（社会的認知理論），モレノ（Moreno, J. L.）はロール・プレイやソシオメトリーで知られている。バーオン（Bar-On, R.）も，サロヴェイ（Salovey, P.）も，情動的知能（感情的知性）の研究で有名である。

■ **問題 2.132**　答：1

サイモンズ（Symonds, P. M., 1939）によると，支配－服従，保護－拒否の2軸によって，溺愛，放任，残酷，無視といった類型化ができるとされている。愛情は無関係である。他の選択肢4つはサイモンズの発見した2つの軸であるから正しい。

■ **問題 2.133**　答：1

ホメオスタシスという語は生理学者のキャノン（Cannon, W. B.）によって作られた。語源はギリシア語の定常状態の意味である。人間の体にはホメオスタシスの働きがあり，それが欠乏したり損なわれたりすると補おうとする欲求と働きが起こると考えた。飲水，睡眠，摂食，体温調節はいずれもホメオスタシスの働きがあるが，性動機は性的興奮が高まっても定常状態に戻す生理的なメカニズムは働かないとされる。

問題 2.134　答：3

ジェームズ（James, W.）である。バック（Buck, J. N.）は HTP テスト（House-Tree-Person test），ローゼンツァイク（Rosenzweig, S.）は P-F スタディという投影法の開発で知られている。クレッチマー（Kretschmer, E., 1961）は体型によるパーソナリティ類型論で知られている。

問題 2.135　答：2

1 は逆転移（counter transference），2 が転移（transference）であり，いずれも治療過程におけるクライエントと治療者の2者間の相互関係にかかわる概念である。3 と 4 は広い意味で行動化（acting out）である。

問題 2.136　答：3

結晶性知能である。ホーンとキャッテル（Horn, J. L., & Cattell, R. B., 1966）は，結晶性知能（crystallized intelligence）と流動性知能（fluid intelligence）を区別した。流動性知能は神経生理学的な要因が影響しているとした。

問題 2.137　答：5

自由連想テストが無関係である。抜けているのは役割演技テストである。人間関係テストの5つとは，個人の知り合いの範囲を調べる知己テスト（acquaintance test），集団内の牽引と反発のタイプを調べるソシオメトリック・テスト（sociometric test），自発的な感情の強さを調べる自発性テスト（spontaneity test），ある状況の相互作用を時系列的に観察する状況テスト（situational test），役割演技によってその人の文化的背景を理解する役割演技テスト（role play test）である。

問題 2.138　答：2

流暢性知能は含まれていない。8つとは，言語的知能，音楽的知能，論理的－数学的知能，空間的知能，身体的－運動的知能，対人的知能，個人内知能，博物的知能である。したがって，答は流暢性知能である。

問題 2.139　答：5

ウェクスラー（Wechsler, D.）は 1949 年に児童用（WISC），1955 年に成人用（WAIS），1966 年に幼児用（WPPSI）の個別式知能検査を発表した。改訂を経て現在に至っている。全検査 IQ，言語性 IQ，動作性 IQ の他，各下位検査評価点によって診断的な利用ができる。日本版もよく使われている。ロッシュ（Rosch, E.）はプロトタイプ理論，マクドゥーガル（McDougall, W.）は本能論で有名，プライヤー（Preyer, W. T.）は『児童の精神』（1882）を執筆，スタンバーグ（Sternberg, R. J.）は知能の鼎立理論で知られている。

問題 2.140　答：1

外見勢力が含まれていない。正しくは次の5つである（French, J. R. P. Jr., & Raven, B. H., 1959）。報酬勢力（reward power），準拠勢力（referent power），正当勢力（legitimate power），専門勢力（expert power），強制勢力（coercive power）。その後，情報勢力（information power）が加えられた。

領域 5
「臨床・障害・健康・福祉・犯罪・非行」

問題 2.141　答：5

この選択肢だけがダミーであり，他はすべて正しい。ジェンドリン（Gendlin, E. T.）はロジャーズ（Rogers, C. R.）のクライエント中心療法を発展させ，体験過程を重視して焦点づけの概念を提唱した人物である。焦点づけの位相として選択肢の1から4の4つをあげている。この焦点づけの技法は，一人でも習得可能な，自分自身にアプローチする方法として評価されている。

問題 2.142　答：1

アレキシサイミア（Alexithymia）が答である。ラテン語の a は lack，lexis は word，thymos は emotion からなる語。失感情症と訳されている。他の選択肢はいずれも向精神薬の名前でありダミー。

問題 2.143　答：5

デシ（Deci, E. L.）は動機づけ研究で有名。リーダーシップ研究とは無関係である。アメリカのアイオワ大学でレヴィン（Lewin, K.）の指導によりおこなわれたのがリーダーシップ研究の始まりである。専制型，民主型，放任型という3つのリーダーシップ・スタイルの比較がおこなわれた。

■ 問題 2.144　答：2
　遊戯療法（play therapy）は子どもを対象とした心理療法である。セラピストは，絵を描いたり人形で遊んだりゲームでセラピストと遊んだりするが，この遊びは内面世界の自己表現として受けとめる。対人関係を具体的に訓練することが遊びの目的ではない。よって，適切でない記述は2。

■ 問題 2.145　答：5
　認知行動療法は，学習心理学の原理に基づいて行動変容をはかる療法（これを行動療法という）のうち，特に認知的な視点を重視した行動変容である。他はすべて精神分析の用語である。

■ 問題 2.146　答：4
　箱庭療法（Sandplay therapy）は，箱庭を作る遊びのなかにクライエントの心の深層が反映されているとみなして心理療法を試みる技法である。ローウェンフェルド（Lowenfeld, M.）によって始められた療法であり，その後，カルフ（Kalff, D.）によって成人の治療法ともなった。ロジャーズ（Rogers, C. R.）のアプローチとは異なっている。

■ 問題 2.147　答：5
　無関係な語は，統合失調症である。治療モデルとしては統合失調症（旧・精神分裂病）を治療対象としているわけではない。森田療法（Morita therapy）は，森田正馬が創始した療法であり，ヒポコンドリー性基調（神経質傾向）いわゆる森田神経質の患者に対する心理療法である。数十日間の入院治療では，絶対臥褥期（第一期）→軽作業期（第二期）→重作業期（第三期）→社会的復帰準備期（第四期）という段階を踏んだ治療をしていく。

■ 問題 2.148　答：1
　チック（tic）にはまばたき，口が動く，手・足・肩・首などがピクピク動くことなどが例としてあげられる。他の選択肢であるが，2は自傷（self-mutilation），3は失見当識（disorientation），4はせん妄（delirium），5は作話（confabulation）である。

■ 問題 2.149　答：5
　自律訓練法，汎適応症候群，コーピング，バイオフィードバックはいずれもストレスとかかわる語であるが，家族療法は直接的にはストレスと関連するわけではない。セリエ（Selye, H.）は，ストレス状態は，警告反応，抵抗期，疲憊という段階をたどるとしている。

■ 問題 2.150　答：1
　キューブラ－ロス（Kübler-Ross, E., 1969）は死を免れない患者から聞き取りをして，このように心の変化を記述した。死（death）そのものが問題なのではなく，絶望感と無援感のゆえに臨死（dying）が恐ろしいのだとしている。

問題セット4
答と解説

領域1
「原理・方法・歴史・数理・計量」

■ 問題 2.151　答：1

答は，系統的抽出法である。この方法は，母集団の全リストを順に並べて，最初はランダムに選び，以後は等間隔に選び出していく方法である。単純無作為抽出法，多段抽出法，層化抽出法はいずれも代表的なサンプリング法である。標本抽出法は総称である。

■ 問題 2.152　答：3

質問紙法では容易に回答できることが長所である。この他の長所としては，短時間で多量のデータが収集できるなどがある。1「面接者が被面接者と1対1で面談する」，2「質問の意味を明確に伝えることができる」は面接法の特徴である。4「因果関係の実証に適する」，5「現実の社会的場面からは遊離しがちである」は実験法の特徴である。

■ 問題 2.153　答：2

これらの語はいずれも実験法とかかわる語であるから答は，実験法である。他の4つの選択肢はいずれも要因間の因果関係の実証そのものを主目的としておらず，答と比較してみるとほとんど無関係である。

■ 問題 2.154　答：1

回答者のことをパネルといい，パネル調査（panel survey）が答。繰り返し調査は，パネル調査と同じく縦断的調査の1つであるが，調査対象が異なる点で区別される。留め置き調査，面接調査，集合調査はいずれも横断的調査であり縦断的調査ではない。

■ 問題 2.155　答：4

一対比較法（method of paired comparisons）である。この回答形式は選択肢数が多くなると組み合わせ数が増えるので，統計処理が煩雑になる欠点をもつ。単一回答法，複数回答法は，多数のなかから2つ以上選んでもよい回答形式である。強制選択法は，質問紙法による複数の意見文から1つだけを選ぶ方法である。評定法は気持ちや意見の程度を5段階や7段階の選択肢のなかから選ばせる方法である。

■ 問題 2.156　答：5

ギブソン（Gibson, J. J.）である。生態光学理論（ecological optics）を提唱して，20世紀中期の知覚心理学の一派を形成した。他の4名は，1956年9月におこなわれたシンポジウムでの，かの有名な3つの研究（→問題 2.110 の解説を参照）の発表者である。

■ 問題 2.157　答：4

ヴェルトハイマー（Wertheimer, M.）である。ヘルムホルツ（von Helmholtz, H. L. F.），ヴント（Wundt, W.）らは仮現運動の原因として眼球運動の働きを重視していた。これに対して，ヴェルトハイマー，ケーラー（Köhler, W.），コフカ（Koffka, K.）らのゲシュタルト心理学ベルリン学派のうち，ヴェルトハイマーが「運動視に関する実験的研究」によって眼球運動が必要条件ではないことを主張した。

■ 問題 2.158　答：3

上野陽一は日本産業能率研究所の所長を務めた。組み合わせにある倉敷労働科学研究所（後の労働科学研究所）ではないので答は3となる。アメリカのノースウエスタン大学のスコット（Scott, W. D.）は『広告の理論』(1903)や『広告心理学』(1908)を書いた。プロイセン（ドイツ）からアメリカに移ったミュンスターベルク（Münsterberg, H.）は『心理学と産業能率』(1913)や『心理学と経済生活』(1912)を執筆した。古賀行義は大正末期から昭和初期にかけて名古屋高等商業学校で「商工心理」（産業心理学）の教育カリキュラムにかかわった。テーラー（Taylor, F. W.）は作業の能率化をはかるために作業研究（work study）を進めて『科学的管理法の原理』(1911)をまとめた。

■ 問題 2.159　答：5

KJ法は川喜田二郎が開発した創造的発想法であ

るから無関係である。セマンティック・ディファレンシャル法（SD法：意味微分法）は，オズグッド（Osgood, C. E.）が創案した評定尺度法である。SD法の結果は因子分析によって分析されることが多い。よって他はすべて関係が深い語である。

■ 問題 2.160　答：2

点推定は，標本集団の統計量をもって母集団の統計量とすることであり，区間推定は標本集団の統計量にある幅をもって母集団の統計量を推定することである。したがって，区間推定の方が信頼度は高い。

領域 2
「知覚・認知・学習・神経・生理」

■ 問題 2.161　答：2

人間の場合，ローレンツ（Lorenz, K. Z.）が発見したハイイロガンの臨界期のように厳密に刻印づけが成立するわけではないが，それでもある程度はその時期に学習するのが一番よいとする時期がある。これを相対的臨界期とか敏感期と呼んでいる。人間の場合はほとんどが相対的臨界期であるといえる。数少ない例外が絶対音感である。

■ 問題 2.162　答：2

形の恒常性である。知覚の恒常性には形の恒常性，大きさの恒常性，明るさの恒常性がある。大きさの恒常性は，たとえば見える対象物が遠方から接近したときに網膜上の像は急激に小→大と変化するが，その知覚をなるべく恒常に保とうとする作用である。明るさの恒常性は，周囲の見えが明→暗あるいは暗→明と急激に変化したときに，明度の知覚の変化をなるべく恒常に保とうとする作用である。

■ 問題 2.163　答：1

幽霊たちの戦争（幽霊の戦い）である。北米のインディアンの説話であり，この物語を2回読んでから15分後に再生を求め，以後，随時，記憶の再生を求めた。スキーマの概念によって記憶の変容過程を説明した研究として知られている。他の選択肢はまったくのダミー。

■ 問題 2.164　答：2

「もしも入手した情報がAという条件ならば，その時にはBを実行せよ」という推論→実行の過程をプロダクション・ルールとか，プロダクション・システムという。if～thenで表現できる。他の選択肢はプロダクション・システムとは無関係である。

■ 問題 2.165　答：3

意識して思い出す記憶を顕在記憶（explicit memory），おおむねは意識しないで思い出すような記憶を潜在記憶（implicit memory）という。展望的記憶，エピソード記憶は顕在記憶に含まれる。アルツハイマー型認知症の症状は脳の組織学的異常との関連が認められている認知症のことであるから無関係であり，消去法により答は，3となる。

■ 問題 2.166　答：2

ATS（activation-trigger-schema）モデルはノーマン（Norman, D. A.）によって提案されたアクション・スリップに関するモデルである。他の選択肢は，明らかに，ヒューマンエラーやアクション・スリップとは無関係である。

■ 問題 2.167　答：5

サーヴェイマップ型表象である。ルートマップ型表象はルートに沿った表象，サーヴェイマップ型表象はその場所の全体としての布置の表象である。この2つはシェムヤキン（Shemyakin, F. N.）の分類による。他の選択肢は造語（ダミー）。

■ 問題 2.168　答：5

答は，後頭葉である。視覚野（visual area）は大脳皮質の後頭葉にある。第一次視覚野は後頭葉の最後部から内側部にある。第二次視覚野は第一次視覚野の周りに位置している。

■ 問題 2.169　答：1

「痺-ルフィニ小体」が誤りである。「温」がルフィニ小体（Ruffini's corpuscle）である。他の組み合わせは正しく，冷はクラウゼ末端器（Krause's end bulb），触はマイスナー小体（Meissner's corpuscles），圧はパチニー小体（Pacinian corpuscle），疼痛は自由神経終末（free nerve endings）である。

問題 2.170　答：3

答は，発熱である。それぞれの無条件刺激を列挙すると，利尿に対しては多量の水分の摂取，血管運動反射に対しては電撃や熱刺激，瞳孔反射に対しては照度の変化，唾液反射に対しては食物が，無条件刺激にあたる。

領域3
「発達・教育」

問題 2.171　答：3

「あやすと微笑」は社会的微笑といい3ヶ月がピーク。人見知りはなじみでない人に不安を示すことで，8ヶ月不安といわれる。いないいないばあは8ヶ月以後にみられるが，消失と再出現を楽しむ時期であり，ピアジェ（Piaget, J.）のいう対象の永続性が獲得できていないと観察できない。始語は，通例では12ヶ月前後である。

問題 2.172　答：1

ピアジェの理論では，感覚運動期，前操作期，具体的操作期，形式的操作期の順と進んでいく。対象の永続性（object permanence）は，知覚されたときにだけ存在し，見えないときには存在しないと判断する思考の特徴のことである。これはピアジェのいう感覚運動期にみられる。臨界期（critical period）は比較行動学者のローレンツ（Lorenz, K. Z.）によって唱えられた概念であり，ここでは無関係である。

問題 2.173　答：3

運動，探索・操作，社会（おとなとの相互交渉，子どもとの相互交渉），食事・排泄・生活習慣，理解・言語の5領域である。

問題 2.174　答：5

スキナー（Skinner, B. F.）は，プレッシー（Pressey, S. L.）らが製作したティーチングマシーンを改良しようと提案をおこなった。その提案の原理は，積極的反応の原理，スモールステップの原理，即時反応の原理，自己ペースの原理のようなオペラント条件づけの原理である。選択肢の5はオペラントではなくレスポンデントであるからこれが誤りとなる。

問題 2.175　答：2

z 得点（標準得点）は（当該の得点－その集団の平均値）÷標準偏差で求められる。したがって，$(72.0 - 60.0) \div 2.0 = 6.0$ となり正解の選択肢は2。なお，平均値を50，標準偏差を10になるように変換した値を Z 得点（ラージゼット得点）といい，データが正規分布するときの Z 得点を T 得点（いわゆる偏差値）という。しばしば学力得点や知能得点に対して使用し，それぞれ学力偏差値，知能偏差値とよばれる。

問題 2.176　答：4

児童期の仲間同士の関係について測定するソシオメトリック・テストは，もともとはモレノ（Moreno, J. L.）が考案したソシオメトリー（sociometry：社会的測定）の方法である。集団のメンバーに対して選択あるいは拒否という対人的関係のあり方を記述・分析し，その結果をソシオグラムとして表示する。ソシオメトリック地位もソシオメトリーによる指標の1つである。リーダーシップのみがソシオメトリック・テストと無関係である。

問題 2.177　答：5

ポートフォリオ（portfolio）は紙ばさみとか書類入れという意味であるが，教育の領域では学習者の学習活動の所産を集めた資料を評価することをポートフォリオ評価とよんでいる。総合的な学習の時間，生活科などの授業の評価によく使われる。相対評価はポートフォリオ評価とは無関係であるからこれが答となる。

問題 2.178　答：3

このプロジェクト学習の定義は，アメリカ進歩主義教育で知られたキルパトリック（Kilpatrick, W. H.）による。バズ学習は集団課題解決学習，分散学習と集中学習は休憩を取って学習をするか否かに関する学習法・練習法である。

問題 2.179　答：5

職業発達の研究で有名なスーパー（Super, D. E.）は，人生を虹にたとえて，どのようなキャリアがどの時期に多く時間を費やすかの発達的変化を提唱した。そのなかには老人はない。

■ 問題 2.180　答：4

短期記憶は，パターン認知を経た情報の体制化，チャンキングなどが関係がある。神経生理学的には，大脳の側頭内側部（視床下部）にある扁桃核(へんとうかく)（amygdala），海馬(かいば)（hippocampus）周辺が関わっている。したがって，ゴルジ体が無関係である。

領域 4
「社会・感情・パーソナリティ・産業・組織」

■ 問題 2.181　答：2

あるパーソナリティ特性をもつ人の行動が時間や状況にかかわりなく一貫していることを，パーソナリティの一貫性という。このうち時間を超えて安定しているのを経時的一貫性（temporal stability）という。ミッシェル（Mischel, W.）は状況や文脈を超えて一貫していること，つまり通状況的一貫性（cross-situational consistency）の存在に疑問があることを主張した。

■ 問題 2.182　答：4

ラッセル（Russell, J. A.）は社会的構成主義の立場にある。ダーウィン（Darwin, C. R.）の進化論を契機として，基本的情動は生得的にプログラミングされているという中枢起源説の流れにある人たちには，エクマン（Ekman, P.），イザード（Izard, C. E.），プルチック（Plutchik, R.）などがいる。

■ 問題 2.183　答：4

内発的動機の説明ではあるが，出題はホワイト（White, R. W.）の理論の説明について尋ねているので，このなかではエフェクタンス（effectance）動機が答となる。のちに，エフェクタンス動機の考えは，デシ（Deci, E. L.）による「有能で自己決定的でありたいとする欲求（認知的評価理論）」へと受け継がれていった。なお，セルフ・エフィカシーは自己効力のこと。

■ 問題 2.184　答：5

道徳的人間が間違いである。シュプランガー（Spranger, E.）は『生の諸形式』（1914）を書いて，審美的人間，経済的人間，理論的人間，宗教的人間，権力的（政治的）人間，社会的人間の6つの価値類型によるタイプを提示している。したがって，選択肢の1から4までは正しい。この他，たとえばモリス（Morris, C. W.）は7つの望ましい生き方（アポロ的，仏教的，キリスト教的，ディオニソス的，マホメット的，プロメテウス的，マイトレーヤ的）の理念型を提案している。そしてのちには13の生き方を公表している。

■ 問題 2.185　答：2

P-Fスタディが答である。MMPI（ミネソタ多面人格目録）は質問紙，ベンダー・ゲシュタルト検査は描画テスト，NEO-PI-Rはビッグ・ファイブ（パーソナリティの主要5因子）を測定する質問紙，内田＝クレペリン精神作業検査は作業検査法である。

■ 問題 2.186　答：1

ザイアンス（Zajonc, R. B.）の実験では，繰り返して提示される刺激対象には好印象が形成されるといった，単純接触の効果が実証された。このことから情動の成立には認知は必ずしも必要とされないとした。末梢起源説は，ジェームズ（James, W.）やオランダのランゲ（Lange, C.）の説である。接近-回避コンフリクト，回避-回避コンフリクト，接近-接近コンフリクトは，2つの動機の間に拮抗が生じた状態の型であり本問とは無関係である。

■ 問題 2.187　答：2

企画力がダミーである。他の選択肢はすべて関係がある。バス（Bass, B. M., 1998）によると，変革型（transformational）リーダーシップの構成要素は，カリスマ性（charismatic leadership），志気を鼓舞する動機づけ（inspirational motivation），知的刺激（intellectual stimulation），個別配慮性（individualized consideration）である。

■ 問題 2.188　答：4

QOLはquality of life：「生活の質」の略であり，職業生活の質（quality of working life, QWL）とは区別される。他はすべて正しく，その正確な綴りは次の通りである。CDP（career development program）：「キャリア開発プログラム」，OJT（on-the-job training）：「職場内訓練」，OFF-JT（off-the-job training）：「職場外訓練」，QC（quality control）：「品質管理」。

■ 問題 2.189　答：5

含まれないものは，K型であり，他の4つの選択肢は正しい。リーヴィット（Leavitt, H. J., 1951）らの先駆的な実験によると，Y型，車輪型（十文字型），鎖型（一列型）では中心になるポジション（ネットワークの中心）にいる者がリーダーになりやすかった。サークル型はリーダーが生まれにくい傾向があった。

■ 問題 2.190　答：1

ミルグラム（Milgram, S., 1974）の実験では，生徒役の被験者（実験対象者）に対して「学習における罰の効果の研究実験」であるとして実験をおこなった。別におこなった事前アンケートでは約120ボルトの罰まで命令にしたがおうとしていたが，実際の実験に参加した被験者の65％は，電気ショックのスイッチを押す罰を450ボルトになるまで遂行してしまった（ある条件の場合）。命令に服従した理由は，自分が「代理の心理状態」であったからと考察された。

領域 5
「臨床・障害・健康・福祉・犯罪・非行」

■ 問題 2.191　答：4

答は，退行である。取り入れは，自分に不安を起こさせるような相手側の態度や情動を自分のなかに取り入れてしまうことである。補償は，望ましい特性を強調することによって，弱点を隠すことである。昇華は，本能的なエネルギーを超自我の要請に応じて方向を変えて表出することである。通常は，社会に害を及ぼさない方向に向けられるときにいう。反動形成は，願望・希望とは逆の態度や行動の型を誇張して表出し，願望・希望が表出することを防ごうとすることである。

■ 問題 2.192　答：1

SCT（Sentence Completion Test）は文章完成法のことである。精研式文章完成法，法務省式文章完成法などがある。未完成文章や語を手がかりにして後を自由に記述して文章を完成させる。投影法の一つに分類される。MMPI（Minnesota Multiphasic Personality Inventory）はミネソタ多面人格目録のことであり，これも質問紙である。MPIはモーズレイ性格検査（Maudsley Personality Inventory）のことであり質問紙である。内田＝クレペリン精神作業検査はその名の通り，作業検査である。WISC-Ⅲ（Wechsler Intelligence Scale for Children-Third Edition）はウェクスラー式知能検査のことでありことばや指示などで回答を求める。

■ 問題 2.193　答：5

フリードマンとローゼンマン（Friedman, M., & Rosenman, R. H., 1971）によると，狭心症や心筋梗塞といった冠状動脈性心疾患（coronary heart disease, CHD）にかかりやすいタイプA行動パターンの人には，少なくとも7つの特徴がある。大声で早口にしゃべること，競争を好み熱中する傾向，強い敵意性と攻撃性などである。選択肢は「強い」ではなく「弱い」になっていて意味が逆になっている。

■ 問題 2.194　答：5

ファシリテーションが誤りである。家族療法（family therapy）は，個人単独ではなく，家族を対象とした心理療法である。アッカーマン（Ackerman, N. W.）の力動的家族療法，ミニューチン（Minuchin, S.）の構造的家族療法などがある。家族療法では，クライエントは家族の抱える問題の指標となる人物という意味から，IP（identified patient）とよばれる。家族のダイナミクスは，家族境界（family boundary），二重拘束（double bind），モア・オブ・ザ・セイム（more of the same）などに着目して家族病理を治療していく。

■ 問題 2.195　答：5

D群はない。人格の正常からの片寄りは人格障害と総称されている。統合失調症や認知症（痴呆症）による人格変化はこれに含まれない。選択肢の依存性人格障害，強迫性人格障害はC群に含まれる。DSM-Ⅳ-TRの分類ではA群が2つ，B群が4つ，C群が3つの合計9つからなっている。

■ 問題 2.196　答：4

自分には重い病気があるはずだという強い信念があり，病気がないという診断を受け入れない。この選択肢5つはいずれも設問の身体表現性障害の症状に含まれているが，この他，どの特定の身体表現性障害の基準も満たさない特定不能のもの（その他）

も含まれる。

■ 問題 2.197　答：5
　答は，妄想性パーソナリティ障害である。演技性パーソナリティ障害は，情動性が過度で人の注意を引こうとする様式である。回避性パーソナリティ障害は，社会的制止や否定的評価に対して過敏な様式である。強迫性パーソナリティ障害は，完全主義で統制にとらわれている様式である。シゾイドパーソナリティ障害は，社会的関係から遊離し感情表現の範囲が限定された様式である。

■ 問題 2.198　答：5
　ボディ・ワーク（body work）は，ゲシュタルト療法の1つの技法として知られている。身体を鍛えることではない。ボディ・イメージは自分の身体についてのイメージである。ホスピタリズム（hospitalism）は保護者・養育者と物理的に離れて病院や養護施設などで長期間過ごすことによる影響で，働きかけが単調で乏しく好ましくないことを指す。デス・エデュケーション（death education）は自己や他者の死についての教育である。治療キャンプ（remedial camp）は不登校児や非行少年など問題を抱えた人たちを対象としたキャンプのことである。

■ 問題 2.199　答：4
　絶食は科せられていないので，これが無関係な語。内観療法（Naikan therapy）は，吉本伊信が創始したもので，仏教的な人間観を基盤にした日本独自の心理療法である。自分の身近な人たちについて世話になったこと，して返したこと，迷惑をかけたことを具体的に自己点検していく。

■ 問題 2.200　答：4
　オリエンテーションが間違いである。オリエンテーションは，特にカウンセリングに関する語というわけではない。他の選択肢は正しい。簡単に説明すると，リファー（referral）は，カウンセラーが他のカウンセラーにクライエントを紹介したり，身体的診断や処置を医療機関に依頼することである。リエゾン（liaison［仏］）のもともとの意味は連絡，連携の意味である。医療では症状の発症の早期発見に役立つとされる。ラポール（rapport）は心理カウンセリング過程の基本の1つである。インテーク面接（intake interview）ではアセスメントを含むこともある。

問題セット5
答と解説

領域1
「原理・方法・歴史・数理・計量」

■ 問題 2.201　答：1

ダブルバーレル質問（double barreled question）とは，「～売り場の面積を広げ，売り場の店員数を増やすことに賛成ですか」といったように，1つの質問のなかに，複数の内容が含まれる質問である。一方の内容にだけ賛成の場合に回答が困難である。

■ 問題 2.202　答：1

無意識の世界は快楽原理に支配されていて，その部分をイド（エスと同じ）とよぶ。イド（id）から放出される性的エネルギーをリビドー（libido）とよんだ。スーパー・エゴ（super ego）は超自我，エゴ（ego）は自我と訳されている。

■ 問題 2.203　答：1

精神分析学理論の2つの流れに関する問題である。その流れの1つはA.フロイト（Freud, Anna）のようなS.フロイト（Freud, Sigmund）の生物学的傾向を重視する正統派である。もう1つはパーソナリティ形成に社会環境を重視していく立場の新フロイト派である。『自由からの逃走』『禅と精神分析』などを著したフロム（Fromm, E.）は新フロイト派の代表的な一人である。ユング（Jung, C. G.），アドラー（Adler, A.）は精神分析学の初期の創始者である。ビネー（Binet, A.）は知能の研究で有名。

■ 問題 2.204　答：5

ボウルビィ（Bowlby, J.）は愛着（アタッチメント）理論の基礎を築いたイギリスの児童精神医学者である。フランクル（Frankl, V. E.），マクアダムス（McAdams, D.），ロジャーズ（Rogers, C. R.），ケリー（Kelly, G. A.）はいずれも人間学的・実存主義的アプローチの人たちである。

■ 問題 2.205　答：5

内田＝クレペリン精神作業検査は，もともとはドイツの精神科医のクレペリン（Kraepelin, E.）が1902年に考案した連続加算作業から始まっている。内田勇三郎が改良を加えて今日の検査にした。検査者と被検査者が一対一の個別検査として使うこともできるが，むしろ大勢の集団に対して一斉に実施する。よって，答は5である。他の選択肢はすべて正しく，計算の作業量，作業量の時間的変化のパターン，誤数などから判定する。

■ 問題 2.206　答：4

面接法ではない。態度測定の方法として，サーストン法，リッカート法（あるいはリッカート形式），ガットマン法などが知られている。サーストン法はサーストン（Thurstone, L. L.）らが開発した調査方法であり，別名を等現間隔法（method of equal-appearing intervals）という。

■ 問題 2.207　答：5

青年用はない。P-Fスタディ（Picture-Frustration Study）は，力動的精神分析的パーソナリティ理論に基づいてローゼンツァイク（Rosenzweig, S.）が考案した投影法の1つである。欲求不満場面の線画を見て，その対人的場面でどのように答えるかという反応から深層を分析しようとする。

■ 問題 2.208　答：3

同一の調査対象を反復して調査し，その2群の平均値を比較するには，対応のあるt検定を使う。符号検定，二項検定，コルモゴロフ＝スミルノフの2標本検定，マン＝ホイットニーのU検定はいずれもノンパラメトリック検定の1つである。

■ 問題 2.209　答：4

ピアジェ（Piaget, J.）の構成主義（構造主義）は子ども自身の個人の認知過程を分析した認知論なので社会構成主義に含めない。ミード（Mead, G. H.）の象徴的相互行為論，ウィトゲンシュタイン（Wittgenstein, L.）の言語ゲーム論などはいずれも，多数の人間がかかわって社会的な現実を構成するものとしての認知を強調している。これを認知の社会的構成主義の立場とよんでいる。

■ 問題 2.210　答：2

他の選択肢はいずれも正しい。対象関係論（object relations theory）はイギリスの精神分析学者クライン（Klein, M.），フェアベーン（Fairbairn, W. R. D.）らが発展させた。スタンフォード大学のシアーズ（Sears, R. R.）ではない。

領域 2
「知覚・認知・学習・神経・生理」

■ 問題 2.211　答：1

ソーンダイク（Thorndyke, P. W.）の「サークル島の物語」を使った研究は有意味材料の記憶についての研究である。物語は物語文法（story grammer）という一定の構造をもっていて，この構造は物語の構文法を表すと考えた。例をあげると，物語の構造は，「設定」＋「テーマ」＋「筋書き」＋「解決」という規則から構成されていると考える。さらに，「設定」は「性格」＋「場所」＋「時」から構成され，「テーマ」は「出来事」＋「目標」から構成されるというように，構造は低次の成分へと分解できるとする。

■ 問題 2.212　答：5

処理水準（levels of processing）は記憶過程の入力段階に関するクレイクとロックハート（Craik, F. I. M., & Lockhart, R. S., 1972）の語であり，これが無関係。他の選択肢の，自発する，オペラント，強化，罰は，いずれもオペラント条件づけ学習に関連する語である。

■ 問題 2.213　答：1

パターン認識の過程としては，ボトムアップ処理（データ駆動型処理）とトップダウン処理（概念駆動型処理）が知られる。前者の例として，セルフリッジ（Selfridge, O. G.）のパンデモニアム（pandemonium）モデルがある。他の選択肢はいずれも学習と関係する語である。

■ 問題 2.214　答：4

サッケード（saccade）は飛越運動とも訳される。1つの注視点には約300ミリ秒（1秒は1,000ミリ秒）ほど停留し，次のサッケードが生じるには約200ミリ秒の反応潜時がかかるとされる。選択肢のファイ現象，幾何学的錯視，恒常現象は，知覚に関する語である。アクション・スリップはヒューマンエラーに関する語である。

■ 問題 2.215　答：5

答は，フラッシュバルブ記憶（flashbulb memory）である。最近ではニューヨークの世界貿易センタービルに旅客機が突入した事件，阪神・淡路大震災など，まるでカメラのフラッシュをたいて写真を撮ったかのように鮮明に記憶が残っている状態の記憶をいう。エピソード記憶と密接な関係があるとされる。他の選択肢であるが，トラウマとPTSDは無関係ではないが，特に記憶障害の方に力点がある。プライミング効果は，前後する2つの記憶の関係についての語である。リハーサルは作動記憶あるいは短期記憶に関する語である。

■ 問題 2.216　答：3

アルコールで酔うと小脳の働きが抑制されることからわかるように，小脳は，大脳皮質運動野からの指令と，運動をおこなっている効果系の実際の動きとを比較して，スムーズに運動をおこなうための情報を出す。脳幹は意識や夢や睡眠，海馬は記憶，視床下部は情動・行動，大脳基底核は安全性とかかわっている。

■ 問題 2.217　答：2

人間の情報処理過程は，情報を処理する手順の違いによって，2つの処理過程が区別される。外界の情報（データ）を解釈する処理はボトムアップ処理（bottom-up processing）であり，取り入れた情報をもとに処理が始まることからデータ駆動処理（data driven processing）とよばれる。これに対して，過去の経験や知識などに照らして仮定される解釈から出発して，入力情報を処理する場合がトップダウン処理（top-down processing）であり，既得の概念をもとに処理がなされることから概念駆動処理（conceptually driven processing）とよばれる。ナイサー（Neisser, U.）は，この2つの過程を統合した知覚循環モデルを提唱している。

■ 問題 2.218　答：1

ブロードマン（Brodmann, K.）は心理学者ではなく大脳生理学者である。人の脳には第1野から第52野までの番号が付けられている。

■ 問題 2.219　答：4
ヴィンセント曲線（Vincent curve）は，学習（練習）完成時の異なる個体の単純な平均値（得点や時間）をとるのではなく，各個体の達成時がそろうように横軸を伸縮位相変換して，学習曲線と特性を調べるために作成するグラフである。ヴィンセント（Vincent, S. B.）が考案した。

■ 問題 2.220　答：5
認知地図（cognitive map）はトールマン（Tolman, E. C.）の用語である。後の4つの選択肢はすべてバッドリー（Baddeley, A. D.）の作業記憶（ワーキング・メモリー）で使われる語である。

領域 3
「発達・教育」

■ 問題 2.221　答：1
流動性知能と比べると結晶性知能得点の年齢に伴う落ち込みは大きくないことがシャイエ（Schaie, K. W., 1980）らの研究から明らかになっている。他はすべて正しくない。

■ 問題 2.222　答：1
感覚貯蔵庫が無関係な語であり，他の選択肢はすべて関係がある。手続き的知識，宣言的知識，チャンクの構造化，チャンクの大きさには，両者の間に違いや差がみられるとされている。ただし，具体的な部分については不明な点も多い。

■ 問題 2.223　答：4
ごっこ遊びは dramatic play の訳である。ごっこ遊びは，社会的スキルが上達することに役立つだけでなく，社会生活のルール学習に貢献している。遊びのようすは実際の場面の模倣に留まらず，ファンタジーのこともある。

■ 問題 2.224　答：5
ブルーナー（Bruner, J. S.）はニュールック心理学でも知られているが，『教育の過程』（1960）を執筆し，教育の現代化運動を推進した人物である。完全習得学習はブルーム（Bloom, B. S.）らである。したがって，この組み合わせが間違い。シアーズ（Sears, R. R.）は学習理論と精神分析を結びつけて発達的同一視説を展開した。ケイガン（Kagan, J.）は認知スタイルの1つである熟慮型－衝動型テスト（MFFテスト）を考案した。ヴィゴツキー（Vygotsky, L. S.）はマルクス主義心理学者であり，最近接領域の概念を提唱した。ハヴィガースト（Havighurst, R. J.）はアメリカ進歩主義協会の指導者が作った発達課題という概念を普及させ，発達課題の代表的な提唱者であった。

■ 問題 2.225　答：1
発達の段階性は間違いであり，正しくは発達の連続性（continuity of development）である。発達の原理は選択肢の通りであり，発達の方向性（direction of development），発達のリズム（rhythm of development），発達の順序性（order of development），発達の個人差（individual difference of development）である。

■ 問題 2.226　答：1
新生児には社会的微笑は観察されない。ブラゼルトン（Brazelton, T. B.）らは，新生児の状態として，①浅い眠り，②深い眠り，③静かに注意を向けている，④開眼して四肢を動かしている，⑤泣きの5つをあげている。

■ 問題 2.227　答：3
文部省「中学校・高等学校進路指導の手引き―進路指導主事編―」による。もちろん現実には一方向的ではなく，平行して，あるいは行きつ戻りつしながら進められる。進路指導は卒業時の出口段階だけのことではなく入学時からさまざまな機会を通じて進められることに留意。

■ 問題 2.228　答：2
職業指導主事は進路指導主事と改称され，いまはない（1971年4月施行）。他の選択肢はすべて正しい。中学校の職業指導は中学校職業科の一分科となり（1947），のちの1949年に職業科が職業・家庭科と改称された。ミネソタプランの正式名称はミネソタキャリア発達カリキュラム（Minnesota Career Development Curriculum）である。これは全米職業協会年次大会でキャリア教育が提唱される以前から進められた（1966）。生徒指導がガイダンスかどうかであるが，これはガイダンス（guidance）を生徒指導と訳している。「職業観・勤労観を育む学習

プログラムにおける4領域」(2002)は，国立教育政策研究所が提案したものである。

■ 問題 2.229　答：4

メンタリング（mentoring）の定義はさまざまであるが，指導・助言といった道具的機能（instrumental function）と，心理カウンセリング的で心理サポート的な心理社会的機能（psychosocial function）をもつ関係とされている。この点で，絶対的な親方・師匠と修行的な学習者である子方・弟子関係，いわゆる階級制度的な徒弟制度とは一線を画する。なお，看護のプリセプター（新人指導の役割の人）制では指導が中心であるが，いろいろなケースがあるのでここでは正答の方に入れてある。

■ 問題 2.230　答：4

ハヴィガースト（Havighurst, R. J.）ではなく，エリクソン（Erikson, E. H.）である。レヴィンソンら（Levinson, D. J. et al., 1978）は『人生の四季』(1980)のちに『ライフサイクルの心理学』(1992, 南博訳)でライフサイクル論を展開している。

領域4
「社会・感情・パーソナリティ・産業・組織」

■ 問題 2.231　答：3

ドイッチュ（Deutsch, M.）による囚人ジレンマ・ゲームであり，援助の人間関係を調べている。4枚カード問題はウェイソン（Wason, P. C.）らによる論理的思考のエラーに関する課題である。ストーナー（Stoner, J. A. F., 1961）やワラックら（Wallach, M. A. et al., 1962）によるリスキー・シフト（risky shift）およびワラックら（Wallach, M. A. et al., 1962）によるコーシャス・シフト（cautious shift）は，集団討議の両極化現象に関する語である。トラッキング・ゲーム（Deutsch, M., & Kraus, R. M., 1960）はトラック会社の運送係になって荷物を目的地まで早く運ぶ2人の競争ゲームである。これは道路条件，ゲート条件などによって援助の人間関係を検討している。

■ 問題 2.232　答：4

バーロンとバーン（Baron, R. A., & Byrne, D., 1977/1984）ではこのような段階のいずれの段階でも援助活動の中止が発生し，これらの段階の判断がすべて解決すると援助行動が発生すると提唱した。

■ 問題 2.233　答：3

口の周りにある頬骨筋と眉間の辺りにある皺眉筋の動きは，好き嫌いの表情認知に影響する。

■ 問題 2.234　答：1

人類学者のホール（Hall, E. T., 1960）によると，親密距離（intimate distance）は半径約45 cm以内，個体的距離（personal distance）は半径約45〜120 cm，社会的距離（social distance）は半径120〜360 cm，公衆的距離（public distance）は半径360 cm以上とされている。もちろん，相手の年齢，性別，相互の関係，文化などによって距離は異なる。

■ 問題 2.235　答：4

友愛（ストーゲイ）は友人や兄弟姉妹に対して抱くような友情的な愛である（Lee, J. A., 1973/1977）。他の選択肢については，性愛（情愛）はエロス，遊愛はルダス，狂愛はマニア，利愛はプラグマである。残る1つは愛他的な愛で，アガペである。

■ 問題 2.236　答：2

「行動」についての変化ではなく，「認知」についての変化である。バランス理論は正確には認知的均衡理論（cognitive balance theory）である（Heider, F., 1958）。この他にはフェスティンガー（Festinger, L.）の認知的不協和理論（congitive dissonance theory）などもよく知られている。

■ 問題 2.237　答：5

印象管理に関する問題である。自己開示や意見への同調，親切な行為などを通じて相手からの好意感情を喚起させようとする自己呈示行動を，「取り入り」とよぶ（Jones, E. E., & Pittman, T. S., 1982）。選択肢のなかのよく似たものとしては「自己宣伝」があるが，これは相手から尊敬を引き出そうとする自己呈示行動である。

問題 2.238　答：5

アンドロジニー（androgyny）は，心理的両性具有性と訳される。ベム（Bem, S. L., 1974）が提唱した概念である。ジェンダー（gender）は男らしさ／女らしさや性役割分業のような文化的・社会的性差を示す。ステレオタイプ（stereotype）は片寄った認知の仕方の1つであり紋切り型と訳されている。セックス（sex）は性染色体などに基づく生物学的な性差であり，ジェンダーとは区別される。ソシオメトリー（sociometry）は社会測定のことである。

問題 2.239　答：1

帰属理論は原因の理由づけに関する社会的認知の理論であり，ここでは無関係である。他はいずれも親密化理論とかかわる。親密化過程（close relationship process）に関する有名な理論には，社会的交換理論（social exchange theory），レヴィンジャーとスヌーク（Levinger, G., & Snoek, D. J.）のモデル，アルトマンとテーラー（Altman, I., & Taylor, D. A.）の社会的浸透理論（social penetration theory），結婚相手に関するマースタイン（Murstein, B. I.）のSVR（stimulus-value-role）理論などがある。

問題 2.240　答：5

エクスナー（Exner, J. E.）はロールシャッハ・テストのスコアリング法で有名な人物である。その他の選択肢のソマー（Sommer, R.），ホール（Hall, E. T.），アルトマン（Altman, I.）はいずれもパーソナル・スペースや人間のなわばりに関する研究成果を発表し各方面に影響を与えた人物である。

領域 5
「臨床・障害・健康・福祉・犯罪・非行」

問題 2.241　答：2

ストロークはバーン（Berne, E.）が創始した交流分析（transactional analysis）で使われる用語である。他の選択肢のトークン・エコノミー，シェイピング，バイオ・フィードバック，タイム・アウトはすべて行動療法にかかわる語である。行動療法は，近年，論理療法などと組み合わせて認知行動療法としても発展している。

問題 2.242　答：5

「解決法の助言」は，非指示的カウンセリング（non-directive counselling）とはなじまない。非指示的カウンセリングでは原因の指摘，解決法の助言は避けて，むしろクライエントの自発的な成長力を重視していく。他の選択肢はいずれも非指示的カウンセリングの技法で重要視されている技法である。

問題 2.243　答：2

ロール・プレイ（role play）は役割「遊び」ではなく，正しくは役割「演技」である。カウンセラーの訓練でも使われる。他の選択肢はいずれも正しい。プライマリ・ケア（primary care）は一次医療，あるいは基本包括医療などと訳されている。スーパー・エゴ（super ego）は超自我，デイ・ドリーム（daydreaming）は正確にはデイ・ドリーミングであるが白昼夢と訳されている。ノイローゼ（Neurose［独］；neurosis）はドイツ語で神経症のことであるから同じ意味である。

問題 2.244　答：1

それぞれの病状について不十分な記述に留まっているので，本問は必ずしも適切な問題ではないが，選択肢のなかではトゥレット症候群（Tourette's syndrome）がもっとも近い。フランスの神経科医トゥレット（Gilles de la Tourette）の名にちなんで付けられている。トゥレット障害と同じ。児童期に発症することが多いとされている。

問題 2.245　答：4

幼稚園である。児童福祉法では次の14種類を児童福祉施設としている。助産施設，乳児院，母子生活支援施設，保育所，児童厚生施設，児童養護施設，知的障害児施設，知的障害児通園施設，盲ろうあ児施設，肢体不自由児施設，重症心身障害児施設，情緒障害児短期治療施設，児童自立支援施設（旧・教護院），児童家庭支援センター。

問題 2.246　答：4

プレマック（Premack, D.）による「心の理論」は，他者の心を理解する心のことであり，心身相関とは無関係である。なお，心身相関（mind-body correlation）とは，精神状態が身体状態に影響を与え，逆に身体の状態が精神状態に影響するという相互関係のことである。他の4つはいずれも心身相関

を扱っている。

■ 問題 2.247　答：1

　3歳児健康診査（tree-year-old infant health checkup）という。「検診」ではなく，「健診」であることに留意。母子保健法で規定されていて市町村が実施する。他はすべてダミー。心身全般について，障害の早期発見や育児相談などがおこなわれる。

■ 問題 2.248　答：1

　作業療法士（occupational therapist）のことである。肢体不自由，精神障害，知的障害をもつ患者に対して機能回復を促す生活療法に携わる。他の選択肢もすべて医療に関する国家資格である。なお，理学療法士は PT（physical therapist），言語聴覚士は SP（speech-language-hearing therapist）と略されている。

■ 問題 2.249　答：3

　アルツハイマー病（Alzheimer's disease）は適応障害ではない。脳細胞の脱落とびまん性の萎縮があり，認知症の一種である。知能の障害は発達障害と認知症（痴呆）に分けられる。発達障害のなかで知能に障害がある場合を知的障害（以前の精神薄弱や精神遅滞）という。認知症にはアルツハイマー型認知症や脳血管性認知症がある。精神薄弱が知的障害に改称されたのは1998年，痴呆が認知症に改称されたのは2004年である。

■ 問題 2.250　答：4

　マズロー（Maslow, A. H.）は，人間性心理学の構築に尽力したアメリカの心理学者である。自己実現の定義はゴールドシュタイン（Goldstein, K.），ロジャーズ（Rogers, C. R.）など人間性心理学派の人たちの間によって多少の違いがあるが，いずれの人たちも精神的な健康について追究した。

教職分野 1
答と解説

■ 問題 3.1　答：4
1　正しい。たとえば，頭部から尾部，中心部から周辺部へと運動発達が進む。
2　正しい。たとえば，赤ちゃんのハイハイが可能になるにも，順序は認められる。
3　正しい。はじめは細かく分かれて，その後，それらはまとまり統合的になる。たとえば，手の指の動きなど。
4　誤り。たとえば，直立歩行では，一般的に，男児よりも女児の方が1～2ヶ月程度早いことがわかっている。

■ 問題 3.2　答：4
1　誤り。ピアジェ（Piaget, J.）の認知発達理論は形式的操作期が最終段階であり，それは，おおよそ青年期に対応している。
2　誤り。フロイト（Freud, S.）の心理・性的（psycho-sexual）発達理論は，性器期が最終段階であり，おおよそ青年期に対応している。
3　誤り。バンデューラ（Bandura, A.）の社会的認知理論では，発達段階説をとらない。
4　正しい。エリクソン（Erikson, E. H.）の心理・社会的発達理論は成人後期（老年期）にまで及んでいる。

■ 問題 3.3　答：1
1　誤り。就職とならんで成人初期の重要な発達課題とみなされている。青年期の課題ではない。
2　正しい。
3　正しい。
4　正しい。ハヴィガースト（Havighurst, R. J.）によると，「結婚と家庭生活の準備」は，成人になるための準備とみなされ，青年期の発達課題とされている。

■ 問題 3.4　答：1
1　正しい。フロイト（Freud, S.）は精神分析学の創始者として著名である。おおよその年齢段階は，口唇期（oral phase）が0～1歳6ヶ月頃，肛門期（anal phase）が1歳6ヶ月頃～4歳頃，男根期（phallic phase，エディプス期ともいう）が4歳頃～6歳頃，潜在期（latency phase）が6歳頃～12歳頃，性器期（genital phase）が12歳頃～成人である。
2　誤り。
3　誤り。
4　誤り。

■ 問題 3.5　答：4
1　誤り。
2　誤り。
3　誤り。
4　正しい。コールバーグ（Kohlberg, L.）は段階1「服従と罰への志向」および段階2「返報性（手段的欲求充足論）」をあわせて，「前慣習の水準」（水準1）とした。段階3「良い子の道徳」と段階4「法と秩序志向」が「慣習の水準」（水準2）である。段階5「社会的契約志向」と段階6「普遍的な倫理の原理」の2つが「後慣習の水準」（水準3）である。

■ 問題 3.6　答：2
1　誤り。
2　正しい。エリクソン（Erikson, E. H.）は，自我同一性の発達図式として，漸成的発達図表（epi-genetic chart）を発表した。このリストは，ライフサイクルの8つの心理・社会的危機のうち，乳児期，幼児前期，幼児後期，学齢期までの4つの危機である。
3　誤り。
4　誤り。

■ 問題 3.7　答：3
1　誤り。
2　誤り。
3　正しい。認知発達の4段階を，おおよその年齢と対応させてみると，「感覚運動期」は乳児期，「前操作期」は幼児期，「具体的操作期」は児童期，「形式的操作期」は青年期に，ほぼ対応している。
4　誤り。

■ 問題 3.8　答：1
1　誤り。誕生から約1週間，おおまかには約1ヶ月までを新生児期という。誕生からほぼ1歳半あるいは2歳までを乳児期という。乳児期のなかに新

生児期を含む言い方もあるが、いずれにせよ、3ヶ月児は乳児期である。
2 正しい。視力については、目から約30cm離れた距離にピントが合ったままであり、7〜8ヶ月頃には成人の視力に近くなるといわれる。
3 正しい。
4 正しい。新生児には、基本的な感覚は備わっているといわれる。

問題 3.9　答：3
1 正しい。1歳半前後には延滞模倣があらわれる。延滞模倣とはお手本が目の前になくても以前に見たお手本を頭のなかに覚えていて模倣できることである。
2 正しい。4ヶ月頃から少しずつ、モノ（対象）の永続性が理解できるようになる。モノ（対象）の永続性とは、モノ（対象）が目の前から見えなくなったり隠されてもそのモノ（対象）はずっと存在していると理解できることである。
3 誤り。把握反射は、むしろ消失する。
4 正しい。6〜8ヶ月頃になると「ウマウマ」などの喃語が出始める。7〜8ヶ月頃には最盛期をむかえる。

問題 3.10　答：3
1 正しい。アタッチメント（attachment）は、愛着と訳される。
2 正しい。ボウルビィ（Bowlby, J. M.）、エインズワース（Ainsworth, M. D. S.）はアタッチメントに関する有名な研究者である。ボウルビーは精神分析学的理論に立ち、エインズワースは彼の理論に動物行動学（エソロジー）の概念を加え、アタッチメントを測定できるようにした。
3 誤り。アタッチメントが発達課題であるとは論じていない。
4 正しい。

問題 3.11　答：2
1 正しい。生活年齢の目安よりも3ヶ月以上の遅れのあるときには、発達の遅れの「可能性」があるとされている。顔に布をかぶせて視野をさえぎることは、手の片麻痺のチェック、知的発達のチェックの1つとして用いられる。
2 誤り。始語（初語）とは、特定の発音に意味をもたせて使うことであり、1歳前後にあらわれる。もちろん、発音そのものはかなり早くからあらわれる。
3 正しい。「いないいないばー」は、モノ（対象）の永続性がわかっているかどうかの目安にもなる。
4 正しい。

問題 3.12　答：3
1 正しい。
2 正しい。
3 誤り。トリソミー21は、常染色体異常という染色体および遺伝子的要因である。
4 正しい。トキソプラズマ、梅毒、巨大細胞ウイルスは、いずれも胎生期の環境要因として知られる。

問題 3.13　答：1
1 正しい。Diagnostic and Statistical Manual of Mental Disorders（4th ed.）の略である。
2 誤り。
3 誤り。
4 誤り。これはWHOによる国際疾病分類ICD（International Statistical Classification of Diseases and Related Health Problems）のことである。

問題 3.14　答：1
1 誤り。両眼の視力については、「矯正視力」の0.02未満を盲とよぶので誤りである。
2 正しい。なお、身体の障害は、視覚障害、聴覚障害、運動機能障害に分けられる。視覚障害には、視力障害、色覚障害、視野異常等がある。
3 正しい。聴覚障害では、聾、難聴が区別される。
4 正しい。脳性麻痺と知的障害は重複することもあるが、同じではなく、区別される。

■ 問題 3.15　答：4
　1　正しい。IQ の目安としては，おおよそ，50-55〜70 を軽度，35-40〜50-55 を中度，20-25〜35-40 を重度，20-25 以下を最重度としている。
　2　正しい。フェニルケトン尿症（phenylketonuria）は，早期発見と治療によって発達への影響を防ぐことができる。1980 年代に入って DNA 解析による出産前診断も開発され，食事療法もなされるようになっている。
　3　正しい。知的障害の病因は遺伝，早期胚発達異常，妊娠中および周産期のトラブル，誕生後の一般的な身体疾患，環境の影響などによるとされる。病因を特定できないこともかなり多いとされる。
　4　誤り。胎児の低栄養，未熟児は遺伝ではなく，主に妊娠中および周産期の問題である。

■ 問題 3.16　答：3
　1　正しい。吃音症（stuttering）は「どもり」のことである。「じ，じ，じ，じどーしゃ」のように音と音の繰り返し，「じーどうしゃ」のような音の延長など，いくつかのパターンがある。
　2　正しい。7 歳前後がピークとされている。
　3　誤り。男女比は 3：1 で男児に多くみられるとの報告がある。
　4　正しい。一過性のことも多く，周囲の慎重な対応が重要である。

■ 問題 3.17　答：4
　1　正しい。注意欠陥／多動障害（attention-deficit/hyperactivity disorder, AD/HD）は，多動で落ち着きがない，逸脱的な行為がみられる，注意の集中が困難であるなどの行動特徴がある。
　2　正しい。7 歳未満に発症する。薬物療法も含めて，小児神経科または小児精神科で治療される。
　3　正しい。
　4　誤り。脳が異常なのではなく，活動レベルが低いとされる。幼児成長につれて落ち着きが出てくることも多い。

■ 問題 3.18　答：1
　1　正しい。転導推理（transduction）は，シュテルン（Stern, W.），ピアジェ（Piaget, J.）などの用語である。2 歳頃から 4 歳頃までの前概念的思考期と，4 歳頃から後の直観的思考期の思考をあわせて，前操作的思考（pre-operational thought）の時期と称するが，このころの幼児にみられる特有の推理である。その思考推理は堅く，柔軟性に乏しくて，矛盾に満ちている。
　2　誤り。アニミズム（animism）は，物活論とも訳されている。
　3　誤り。幼児には，おとなが用いるような三段論法は困難である。
　4　誤り。エピソード記憶は，近年の記憶研究で長期記憶の説明に使われている概念である。

■ 問題 3.19　答：2
　1　正しい。
　2　誤り。3 つ山問題（three-mountains task）は，ピアジェ（Piaget, J.）らが『子どもの空間表象』（1948）のなかで報告した課題である。大きさと色の異なる 3 つの山を見て，その見え方を聞く。3 つの山の前後左右を他者からの視点に立って見ることができるかどうかを問い，答え方から，幼児の自己中心性（egocentrism）の概念を調べる。善悪判断を調べるものではない。
　3　正しい。
　4　正しい。前後左右の空間的な配置を問う課題である。

■ 問題 3.20　答：3
　1　正しい。ピアジェ（Piaget, J.）は，2 歳頃〜7 歳頃までの幼児期の思考の特徴を前操作期とよんだ。この時期には，数，液量，長さなどの保存課題が解けないことを発見した。保存（conservation）とは，対象の外見が変わっていても，その属性には変化がないことの理解である。
　2　正しい。
　3　誤り。
　4　正しい。保存成立の順序は，一般には，数（6〜7 歳），物質量（7〜8 歳），重さ（9〜10 歳），体積（11〜12 歳）などの順であるとされる。これらのズレ（décalage）は「水平的ズレ」とよばれている。

■ 問題 3.21　答：3
　1　正しい。鏡映文字（mirror script）は幼児によくみられる。
　2　正しい。
　3　誤り。成長につれて消失するといわれる。
　4　正しい。ただし，出現頻度の高い文字はあ

る。

■ **問題 3.22**　答：4
1　正しい。
2　正しい。
3　正しい。
4　誤り。ピアジェ（Piaget, J.）は，動機は善であるが損害の大きい行為と，動機は悪であるが損害の小さい行為のどちらが相対的に悪いかを判断させる例話の課題を用いた。そして，幼児期では結果を重視した判断をするが，児童期になると動機を重視した判断をすることを見出した。青年期の判断には言及していない。

■ **問題 3.23**　答：1
1　誤り。幼児の社会性の発達を見るとき，子どもの仲間関係や遊びのようすが，大きな手がかりになる。パーテン（Parten, M. B., 1932）は，保育園での自由遊びの観察から，社会的な参加という点に着目して，遊びが，「遊んでいない状態」→「一人遊び」→「傍観的遊び」→「平行遊び」→「連合遊び」→「協同遊び」というように，発達的に推移することを述べた。音楽遊びは含まれていない。なお，その後の研究では，一人遊びが傍観的遊びの前にみられるだけでなくもっと上の年齢でもみられることや，連合遊びや協同遊びが少ないことなど，パーテンの報告とは異なる報告も多くみられる。
2　正しい。平行遊びとは，周りの子どもたちと同じように遊んでいるが，お互いに干渉しない自分だけの遊びである。お互いの交流や協同はない。
3　正しい。他の子どもと一緒に遊び，オモチャの貸し借りや会話のやりとりがある。分業はない。
4　正しい。何かを作るとかのように，ある目的のために一緒に遊ぶ。分業があり，各人の役割分担もみられる。

■ **問題 3.24**　答：2
1　誤り。共感覚（synesthesia）とは，「黄色い声」などのように，音を聞いて色体験を伴うなど，ある感覚モダリティ（様相）への刺激が他のモダリティに属する感覚体験を同時に起こす現象である。年齢とともに減少するといわれる。このうち，音（聴覚）→色（視覚）は，特に色聴（colored hearing）といわれる。
2　正しい。相貌的知覚（physiognomic percep-tion）は，この例のように，外界に対して感情を移入させてみる知覚である。
3　誤り。錯視（optical illusion）は，大きさ，方向，形，距離，色などが客観的な物理的測定とは異なって感じることである。たとえば，物理的にまっすぐな線が曲がって見えるなどは，幾何学的な錯視の例である。
4　誤り。知覚の恒常性（perceptual constancy）は，たとえば，同じ人物が急に距離的に近づいてきて，網膜上の大きさが急に拡大したにもかかわらず，対象の大きさが同一に知覚できる現象。恒常性は，明るさ，形，大きさなどに関して認められる。

■ **問題 3.25**　答：4
1　正しい。思考の具体的操作期は，ほぼ児童期に対応する。
2　正しい。形式的操作期は次の発達段階であり，ほぼ中学校時代に対応する。
3　正しい。保存課題を解くときには，可逆性，相補性，同一性などの理由を述べて正しく解決できる。ただし，液量，長さ，重さなどそれぞれの保存の時期は異なる。
4　誤り。むしろ，前操作期の自己中心性（自己中心的思考）を脱却するのが，この時期である。

■ **問題 3.26**　答：1
1　誤り。一般知能の測定と，知能構造の診断的な測定の目的の2つに大別している。前者には，田中＝ビネー検査，鈴木＝ビネー検査，スタンフォード＝ビネー式知能検査などがある。後者には，各種のウェクスラー検査がある。
2　正しい。対象年齢に応じて，幼児用のWPPSI（ウィプシイ），児童用のWISC（ウィスク），成人用のWAIS（ウエイス）がある。
3　正しい。田中寛一がフランスのビネー（Binet, A）考案の日本版検査として発表した。集団用は「新制田中B式」である。
4　正しい。A式は陸軍α式の発展である。B式は図形や記号を使う動作性（非言語性）検査のことである。陸軍β式が発展したものである。

■ 問題 3.27　答：4
1　正しい。感覚運動期にあたる2歳ぐらいまで。紙を落としたり，ボールを転がしたり，ただ実践することそのものを楽しむかのような遊びである。仲間との接触はおこなわれない。
2　正しい。象徴的思考から直観的思考の段階にあたる。たとえば，ままごと，怪獣ごっこなどのかたちでおこなわれたりする。
3　正しい。具体的操作期に入って，以前の実践遊びや象徴遊びがルールにしたがっておこなわれるようになる。グループ内での役割分担のある遊びがみられる。
4　誤り。ピアジェ（Piaget, J.）の遊びの発達段階はルール遊びまでである。創造遊びには言及していない。

■ 問題 3.28　答：4
1　正しい。発達心理学でいう反抗期とは，社会的に下位の者が上位の者に対して服従を拒否する行動である。第1反抗期は，幼児期の自我の目覚めのあらわれとされる。
2　正しい。身体面での自立・独立欲求が主であるので，親のしつけとぶつかることになる。第1反抗期は，自我の確立や母子分離のきっかけとしてみれば重要な時期である。
3　正しい。思春期の自我の目覚めの頃である。
4　誤り。第2反抗期は，主として精神面での自立・独立欲求のあらわれである。親だけではなく，社会的な権威や制度に対しても異議を唱える。

■ 問題 3.29　答：3
1　正しい。幼児期と比べると，児童期では集団化が目立つようになる。このような集団の活動を通して，仲間関係に関する社会的な技能（スキル）を獲得していく。なお，近年，以前と比べるとギャング集団（gang group：徒党集団）を作ることが少なくなってきているという報告も出ている。原因として，少子化，塾やおけいこごと，室内のゲームの流行，安全な遊び場所の減少などが指摘されている。
2　正しい。
3　誤り。激しい離散・集合はみられにくい。
4　正しい。

■ 問題 3.30　答：1
1　誤り。自閉症は広汎性発達障害であり，一様に遅れのみられる知的障害とは区別される。以前の文部省（現，文部科学省）の指針では情緒障害に分類されたが，ラター（Rutter, M.）は自閉症は認知障害であるという見解を示し，これが有力視されている。
2　正しい。
3　正しい。
4　正しい。

■ 問題 3.31　答：2
1　正しい。
2　誤り。この問題は，自閉性障害の診断基準の限られた一部だけを示しており，すべてのリストではない。選択肢の1，3，4は，それぞれ，人とのかかわり方の障害，意志伝達の障害，興味や活動範囲の限定のリストのなかの1つである。
3　正しい。
4　正しい。

■ 問題 3.32　答：2
1　正しい。学習障害（LD）は，全般的な知的発達には遅れはないが，聞く，話す，読む，書く，計算する，推論する能力のうちで，特定の習得と使用が著しく困難な状態である。アメリカ精神医学会の診断基準では，特異的発達障害の区分のなかの読字障害，書字障害，計算能力障害と，かなり対応する。
2　誤り。原因は中枢神経系に何らかの機能障害があると推定されるが，神経学的な検査では異常が発見できないことも多い。
3　正しい。
4　正しい。医学では，learning disorders，教育では learning disabilities としている。いずれにしても現時点のLD概念には，かなりの混乱がみられる。

■ 問題 3.33　答：3
1　正しい。心理的離乳（psychological weaning）は，ホリングワース（Hollingworth, L. S.）によって名づけられた。親の保護や監督に対して精神的に自立していこうとする青年期特有の過程のことである。乳児期の母乳についての「乳離れ」になぞらえて，このようによばれる。

2 正しい。
3 誤り。必ずしも金銭的な独立を前提としていない。
4 正しい。

■ 問題 3.34　答：3
1 正しい。心理学においては思春期は身体的な変化，青年期はこれに伴う心理的変化を意味することが多い。青年期前期は，思春期発育に伴って心理的な動揺が起こる時期とされている。
2 正しい。
3 誤り。二次性徴は女子の方が男子よりも 1，2 年早く進む。早熟・晩熟の個人差はかなり大きくなるので，この部分の記述が誤りである。
4 正しい。

■ 問題 3.35　答：3
1 正しい。
2 正しい。青年期は不安定な時期であり，社交 - 孤独，無気力 - 情熱のような対立感情が相互に出現する疾風怒濤の時期として知られてきた。このような時期を経て新たな人生を歩み出すことから，これを「第 2 の誕生」とよび，好んで文学作品のテーマにもなってきた。
3 誤り。順序が逆になっている。「第 2 の誕生→疾風怒濤」ではなく，「疾風怒濤→第 2 の誕生」である。
4 正しい。なお，1960 年代頃から，青年期にはそれほどの葛藤や動揺はないという調査報告もあらわれ，これは青年期平穏説といわれている。

■ 問題 3.36　答：4
1 正しい。就学期前後の子どもにみられる。具体的な見返りがあるかどうかなどが判断基準になる。向社会的行動（prosocial behavior）には，思いやり行動，援助行動，分与行動などがある。
2 正しい。小学校低学年から中学年に多い。他者の身体的，物質的な要求に関心を示すが，他者の視点に立った判断ではない。
3 正しい。小学校高学年に多い。善悪のステレオタイプ的なイメージによって判断する。周りに承認されるかどうかで判断する。
4 誤り。正しくは，共感的志向であり，中学生，高校生で多くみられる。他者の立場から共感的に判断できる。これはレベル 4a であり，以後はレベル 4b，さらに，「レベル 5：強く内面化されたレベル」へと進むとされる。

■ 問題 3.37　答：4
1 正しい。「S-A 創造性検査」（東京心理），「思考・創造性検査」（図書文化社）など多数ある。
2 正しい。ブレーン・ストーミング（brain storming）はオズボーン（Osborn, A. F.），KJ 法は川喜田二郎によって開発された。
3 正しい。発散的思考（divergent thinking：拡散的思考ともいう）は，正しい答が 1 つとは限らないような非論理的な思考やイメージによる思考を含んでいて，多くは創造性と関連するといわれる。
4 誤り。ワラス（ウォリスとも表記，Wallas, G., 1926）による説明によると，準備→孵化→洞察→確認の過程であるから，4 段階の順序が正しくない。

■ 問題 3.38　答：1
1 誤り。フロイト（Freud, S.）の精神分析の流れを汲んでいる。エリクソン（Erikson, E. H.）は，フロイトの心理・性的な発達理論を発展させて，心理・社会的な自我発達論として知られる漸成的発達図式を提唱した。
2 正しい。
3 正しい。
4 正しい。

■ 問題 3.39　答：3
1 正しい。エリクソン（Erikson, E. H.）は，アイデンティティの感覚を，「内的な不変性と連続性を維持する各個人の能力が，他者に対する自己の意味の不変性と連続性とに合致する経験から生まれた自信」であると説明している。つまり，私が私であるという実感，生きがい，自信のような感覚である。これは，主体的な私についてであり，同時に社会的な私でもある。主体的，社会的であるから，発達的アイデンティティ，性役割アイデンティティ，否定的アイデンティティのような諸相が想定される。
2 正しい。
3 誤り。ステイタス・アイデンティティという語はない。
4 正しい。

問題 3.40　答：4
1　正しい。
2　正しい。
3　正しい。
4　誤り。自意識は過剰となる。1〜3以外には，否定的同一性の選択，選択の回避と麻痺などがみられる。これらは，社会的な孤立，無気力，非行などにつながりやすく，青年期でみられる不適応行動の説明の1つとされる。

問題 3.41　答：1
1　正しい。マーシャ（Marcia, J. E.）は，青年期の危機の解決の過程を，危機（役割の試みと意志決定の期間），積極的関与（コミットメント）という2つの基準の組み合わせから，4つの類型を分類した。これをアイデンティティ・ステイタスという。この選択肢の4つがそれである。
2　誤り。モラトリアムでは，危機は現在経験している。積極的関与はあいまいであるか，あるいは積極的に関与しようとしている。
3　誤り。アイデンティティ達成では，危機はすでに経験した。積極的関与はしている。
4　誤り。アイデンティティ拡散では，危機前の拡散では，危機は経験していない。積極的関与はしていない。危機後拡散では，危機はすでに経験したが，積極的関与はしていない。

問題 3.42　答：4
1　正しい。
2　正しい。
3　正しい。拒食症は神経性食欲不振症，過食症は神経性大食症のことであり，2つをあわせて摂食障害とよぶ。
4　誤り。摂食障害は男子にもわずかにみられるが，報告の大半は女子である。

問題 3.43　答：2
1　正しい。
2　誤り。不活発ではなく，むしろ痩せているにもかかわらず，活発に動き回り，過活動がみられる。
3　正しい。
4　正しい。幼児性へのあこがれ，やせ願望，肥満体への恐怖などもみられる。

問題 3.44　答：4
1　正しい。青年期は，自分が周囲から受け入れられるかといった対人的な不安を中核とするいろいろな恐怖症が多発する時期でもある。
2　正しい。
3　正しい。
4　誤り。ヒステリー恐怖という語はない。

問題 3.45　答：4
1　正しい。
2　正しい。
3　正しい。コールバーグ（Kohlberg, L.）は，ジレンマ課題とよばれる状況設定問題を例話として用いて，道徳的判断の3水準6段階理論を提唱した。
4　誤り。この発達段階理論は，文化を超えた普遍的な段階であると主張した。

問題 3.46　答：3
1　正しい。
2　正しい。ヴィゴツキー（Vygotsky, L. S.）は，障害児の心理・教育に独創的な研究をおこなったマルクス主義心理学者である。
3　誤り。発達における教育の役割を重視した，発達の最近接領域の概念は非常に有名である。成熟説とは反対の立場である。
4　正しい。

問題 3.47　答：4
1　正しい。
2　正しい。
3　正しい。
4　誤り。知能検査という名前のつくテストは開発していない。ピアジェ（Piaget, J.）は，スイスの心理学者で，子どもの認知発達について大きな貢献をした。ジュネーブ大学教授，ルソー研究所教授。晩年には発生的認識論の研究をおこなった。今日の発達心理学に多大な功績を残した人物である。

問題 3.48　答：2
1　正しい。ビネー（Binet, A.）は医師であり，心理学者でもあった。
2　誤り。IQの算出法は，ビネーではなく，シュテルン（Stern, W.）の考えをスタンフォード大学のターマン（Terman, L. M.）らが実用化したものである。

3 正しい。ターマンらは，1916年版，1937年版のスタンフォード＝ビネー改訂知能検査を作成したことで有名である。

4 正しい。

■ 問題 3.49　答：3

1 正しい。エリクソン（Erikson, E. H.）は精神分析家として有名である。似た名前に，催眠療法で有名なミルトン・エリクソン（Erickson, M. H.）がいるので混同しないこと。

2 正しい。ライフサイクル論という形で知られる。漸成的図式を提唱した。

3 誤り。逆である。ジークムント・フロイト（Freud, S.）の娘であるアンナ・フロイト（Freud, A.）の教育分析を受け，S. フロイトを中心とした当時のウィーンの精神分析家のサークルで影響を受けたといわれる。その後，ナチス・ドイツの迫害を受けてアメリカに亡命し活躍した。

4 正しい。

■ 問題 3.50　答：4

1 正しい。フロイト（Freud, S.）は，モラビア（現在はチェコ共和国領）に生まれ，ウィーンで活躍，ナチス・ドイツのウィーン侵攻によりロンドンに亡命し，1939年に没する。末娘は遊戯療法の基礎を築いたアンナ・フロイト（Freud, A.）である。

2 正しい。無意識，精神分析の提唱者，創始者である。

3 正しい。神経症医として勤務，自由連想法を確立した。

4 誤り。向性概念を提唱したのは，ユング（Jung, C. G.）である。

教職分野 2
答と解説

■ **問題 3.51　答：4**

1　正しい。わが国では，集団（基準）準拠テスト（norm-referenced test, NRT）による評価は相対評価といわれる。

2　正しい。目標（規準）準拠テスト（criterion-referenced test, CRT）による評価は，絶対評価（あるいは到達度評価，達成度評価）などといわれる。なお，選択肢1と選択肢2であるが，これは必ずしも対比関係があるわけではない。目標準拠テストの結果を使って相対評価をすることもできる。

3　正しい。教育に関する測定が教育測定（educational measurement）である。

4　誤り。これは統計処理のことであり，評価ではない。

■ **問題 3.52　答：2**

1　正しい。標準検査は，多数の標本集団に対して問題を実施して標準的な成績とマニュアルとを備えたテストのことである。妥当性と信頼性の高いことが条件である。学校で使う標準検査には，各種の学力検査，進路適性検査，知能検査などがある。

2　誤り。必ずしもコンピュータ採点とは限らない。

3　正しい。妥当性の確保は標準検査の条件である。

4　正しい。信頼性の確保も標準検査の条件である。

■ **問題 3.53　答：3**

1　正しい。形成的評価とは，指導中に，指導の調整のためにおこなう評価である。教師作成のテスト，観察法，評定法，口頭での質問などの方法を援用する。

2　正しい。

3　誤り。形成的評価は，単元の途中などで，指導の調整のために役立てるのが主な目的である。児童生徒の成績を決定するために資料をとるのが主な目的ではない。

4　正しい。

■ **問題 3.54　答：2**

1　正しい。動機づけの定義である。動機づけ（motivation）は，行動の個人差を説明するための内的な概念である。ある条件でAさんが行動し，Bさんが行動しないとしたら，その原因は両者の動機づけの違いであるとみなす。

2　誤り。動機づけのうち，活動性を高め，行動を始発させる機能は，始発機能（あるいは賦活機能）とよばれる。

3　正しい。

4　正しい。なお，動機づけの3つの機能は，①行動を始発させる賦活的機能，②行動を目標へと指向させる指向的機能（あるいは，行動を適切に選択する選択機能），③目標に到達して行動を強化する強化機能，とする別説もある。

■ **問題 3.55　答：4**

1　正しい。評価の分類については，学習指導の過程に応じて診断的評価（diagnostic evaluation），形成的評価（formative evaluation），総括的評価（summative evaluation）が知られている。この設問で扱う総括的評価は，単元，学期，学年など指導が一段落した最後に，指導計画や指導法の改善，成績の決定のためになされる。

2　正しい。

3　正しい。

4　誤り。評価の別の分類法として，何に照らして評価するかによって，絶対評価（あるいは到達度評価，達成度評価），相対評価，さらには分類上同列ではないが個人内評価が知られている。この設問の総括的評価では，相対評価だけでなく，絶対評価あるいは個人内評価を併用しておこなうので，誤り。

■ **問題 3.56　答：1**

1　正しい。

2　誤り。

3　誤り。正確には誤りではないが，直接的に記載をする欄は観点別評価の欄である。

4　誤り。

■ **問題 3.57　答：2**

1　正しい。これをしないと，相手ごとに別な質問となってしまうことがある。

2　誤り。相手に応じて，なるべく豊富な回答を

引き出すことが重要であり，それが，対面しているという面接法の長所を生かすことになる。そうでなければ，論述形式でよいことになる。質問内容が理解できないときには，別の角度から言い換えて質問してみる方がよい。答えることができるかもしれない。

3　正しい。正しく質問を伝えることができ，答える時間も確保できる。

4　正しい。この他，目的によっては，客観性を保つことが伝わるように複数の面接官があたるような工夫をする方がよい。

■ 問題 3.58　答：1

1　正しい。ハロー効果は，光背効果（halo effect）ともいう。ソーンダイク（Thorndike, E. L.）により命名された。たとえば，評価者がAさんに何か1つのすぐれた特徴があるとみなすと，さらにAさんの他の特徴全般についてもすぐれていると判断してしまうという場合である。「光背」は，キリスト教で神や聖者をあらわす頭部の白色や金色の輪，つまり光輪のことである。ハロー効果は，面接法や観察による評定において，人物を評価する時に陥りやすい錯誤である。

2　誤り。シャルパンティエの錯覚（Charpentier's illusion）は，大きさ－重さの錯覚の現象のことである。

3　誤り。教師期待効果のことであるが，これは，面接や評定尺度そのものとは直結しない。

4　誤り。音の遮蔽，視覚的マスキング（visual masking）は，音や視覚の妨害現象に関する情報処理の問題である。したがって，これとは無関係である。

■ 問題 3.59　答：4

1　正しい。「～述べよ」とする設問もほぼ同じである。比較的焦点のはっきりしない解答になりやすい設問文である。

2　正しい。これもよく見かける設問文で，上記と似ている。解釈部分を付加することを求めている。

3　正しい。何かと何かを明確に対比して述べさせるときに用いる。

4　誤り。この設問文は，長所だけではなく，短所についても示して，両方に絡めながら価値判断をさせるときに用いる。なお，論文体テストには，この他にも，「例証せよ」「分析せよ」「要約せよ」「対照せよ」「証明せよ」「定義せよ」「詳述せよ」など，いろいろな質問の仕方がある。問題作成者は，何を知りたいのか目的を絞って，所定の設問文を作成することが大切である。

■ 問題 3.60　答：4

1　正しい。筆跡が採点者の採点に影響するという傾向は，調査研究によって確認されている。

2　正しい。ハロー効果が採点に影響することは，ソーンダイク（Thorndike, E. L.）の教育測定運動によって実証された。能力が高い生徒の答案は高い点数を付けられやすく，問題を起こす生徒の答案は不利に解釈されがちであるといわれる。したがって，採点時には名前を伏せることが奨められる。

3　正しい。

4　誤り。必ずしも，そうはいえない。①最初は甘いが次第に厳しくなる調査報告と，②逆に最初は厳しいがだんだん甘くなる調査報告と，③順序には影響しないとする報告とがある。いずれにせよ，複数者で採点するとか，採点のポイントを細かくするとか，設問文に留意してある程度解答の方向性を指示するとかの慎重な配慮をすることが必要になる。

■ 問題 3.61　答：3

1　誤り。完成法は，空欄を埋める設問であり，記憶の再生形式によっている。

2　誤り。訂正法は，誤りを訂正させる設問である。記憶の再生形式による。

3　正しい。配列法は，順序のバラバラなものを一定の順序に並べ替えさせる設問である。記憶の再認による。この他の再認形式には，多肢選択形式，組み合わせ形式など多種ある。ちなみに，いま解答している形式は，四肢選択法という多肢選択形式の1つである。

4　誤り。短答法は単純再生法ともいう。単語，年号，人物名などを書かせる形式がその例である。

問題 3.62　答：4

1　正しい。目標準拠測定は，いわゆる絶対評価（到達度評価）の基礎になる測定である。資格試験は，要するに到達目標の見きわめであるから，目標準拠測定になる。

2　正しい。なお，完全習得学習の理論とは，十分な時間と適切な教育指導が与えられれば，ほとんどの子ども（95％あるいは90％）はその教科内容を完全に習得できるとする理論である。基礎・基本の習得をめざすならば，完全習得学習の測定は目標準拠測定となる。

3　正しい。到達目標を立てるのは困難である。

4　誤り。指導目標の分類や具体化は難しく，評価のクライテリオン（規準，基準の訳語が混在している）も立てにくい。なお，本書ではnormを基準，criterionを規準と訳しているが，逆の立場の研究者もいる。

問題 3.63　答：3

1　正しい。偏差値とは統計用語である。したがって，知能得点の偏差値表示をしたものが知能偏差値，学力得点の偏差値表示をしたものが学力偏差値ということになる。もし，体力テストの数値を偏差値表示すれば，体力偏差値とよぶことになる。

2　正しい。

3　誤り。逆であり，正しくは，［学力偏差値］－［知能偏差値］である。成就値とは，学力検査と知能検査の結果に基づいて，知能の高さに見合う学習効果をあげているかどうかをみる値である。ただし，この式では，知能得点の低い人は成就値が高くなり，知能得点の高い人は成就値が低くなってしまう（もともと低いと，伸びる余地が大きいということ）。そこで，新成就値（回帰成就値）が工夫されている。

4　正しい。

問題 3.64　答：3

1　正しい。偏差値という用語は，統計学的にはあいまいなので使わない方がよいが，マスコミでは好んで使われてきた。

2　正しい（正確には，「誤りといえない」）。ただし，偏差（deviation）は平均値と得点の差のことだから，本来は，Z得点は標準得点（standard score）とよんだ方がよい。$Z=10z+50$ をよく使う。

3　誤り。平均を原点とした間隔尺度である。

4　正しい。正規分布を前提に，あるいは正規化してZ得点の手続をとったものをT得点といい，使用目的からいえば，これが偏差値（deviation score）とよばれる。

問題 3.65　答：3

1　正しい。異文化の人たちに不利な問題が含まれていることからカルチャー・フリー・テスト（culture free test）が開発されたが，いまなお不十分なままである。

2　正しい。知能検査の問題からは，学習の動機づけや健康状態が把握できないから，特に高学年の学校での学習の予測には直結しない。

3　誤り。一部で，このような誤用があることは事実であるが，もちろん，知能検査の目的は子どもに対して優劣のラベルを貼り付けることではない。使う人，利用する人が専門的に正しく活用すべきである。

4　正しい。知能指数は，生涯にわたり不変ではなく，むしろ変動する。

問題 3.66　答：4

1　正しい。識字能力，読み書き能力のことをリテラシー（literacy）という。これを現代の社会生活からみると，ただ文字の読み書きそのものができるだけではなく，相手に対してコミュニケーションがとれることが重要であるから，実際には，これは機能的読み書き能力（functional literacy）を指す。

2　正しい。reading, writing, arithmeticの3つであり，いずれの単語にもRが含まれているので，3R'sという。関連して，「学校の役割としての4R's」などという時には，この3つの他に新たに人間関係（human relation）を加えている。

3　正しい。メディアを使った情報のやりとりに関する能力である。

4　誤り。基本的な計算能力はニュメラシー（numeracy）という。ニュメラシーは，「数の：numeral」と「識字：literacy」を組み合わせた造語である。最近は，同じ意味で，数学的リテラシー（mathematical literacy）という用語でよばれることも多い。

問題 3.67　答：4

1　正しい。全習法（whole method）は，分習

法のように下位課題どうしの結合を念頭に置かなくてもよいので，一般的に分習法よりも有利であるとされる。しかし，学習する単位が大きいので動機づけが下がるという欠点がある。

2　正しい。分習法（part method）には，A → B → C → ABCのように各部分をしっかりマスターした後で全体を通して学習する場合，A → AB → ABCのように単純に付加していく場合などがある。

3　正しい。分散学習の対語である。一般的には，集中学習（massed learning）の方が効率が劣るとされる。

4　誤り。「分割」ではなく，分散学習（distributed learning）という。一般には分散学習の方が効率がよいとされる。年齢，性別，課題の性質などによって異なる。

問題 3.68　答：2

1　正しい。発見学習（discovery learning）の長所は，内発的動機づけの増加，発見の技法の学習，問題解決に役立つ知識の獲得，体制化された知識による保持と転移の促進などといわれる。

2　誤り。ブルーム（Bloom, B. S.）ではなく，ブルーナー（Bruner, J. S.）である。

3　正しい。

4　正しい。教師があらかじめ準備して児童生徒に発見させるような「導かれた発見（guided discovery）」を設定することもある。

問題 3.69　答：4

1　正しい。知的好奇心（認知的動機づけ）ともいわれる。

2　正しい。バーライン（Berlyne, D. E.）によると，既有知識と矛盾する新情報が与えられたときに驚きや疑問が生じて，概念的な葛藤（コンフリクト）が生まれる。この葛藤によって知的な好奇心が活性化されて内発的動機づけ（intrinsic motivation）が高まるという。

3　正しい。これは，選択肢2を言い換えただけである。

4　誤り。賞や罰は，外発的な動機づけ（extrinsic motivation）である。内発的動機づけは，行動自体が目的として引き起こされる場合の動機づけであり，定義上は，これとは異なる。

問題 3.70　答：4

1　正しい。選択的注意（selective attention）という。

2　正しい。カクテルパーティ現象（cocktail party phenomenon）は，最初，チェリー（Cherry, E. C., 1953）が実証した。近くに大勢の人がざわついて話していても，それを雑音として無視し，向こうにいる人の声を選択的に聞き取ることができるというカクテルパーティ会場のときのような現象から命名された。教室でも，前の席で雑音があっても遠くの声が聞き取れることがあるが，これもそうである。

3　正しい。

4　誤り。短期記憶から長期記憶への転送は，連想的，意味的に処理しようとする精緻化リハーサル（elaborative rehearsal）によって転送されるといわれる（Craik, F. I. M., & Lockhart, R. S., 1972）。維持型リハーサル（maintenance rehearsal）は，そこでの情報の維持に寄与する。

■ 問題 3.71　答：2

1　正しい。英語では，舌端現象（tip of the tongue phenomenon）といわれる。いわゆる「ど忘れ」の状態であり，何かのヒントで思い出すことが多い。

2　誤り。睡眠前にAを覚えてのち，さらにBを覚えるとAの記憶が妨害されるとき，時間的には逆に戻ってB→Aと妨害されたので，これを逆向（行）干渉（retroactive interference）という。選択肢の設問文ではBの項がない。つまり，逆向（行）干渉を避ける操作になっている。選択肢で順向（行）干渉（proactive interference）とは，A→BでAのために新たなBが定着しない場合であるから，この場合は誤りである。正しくは，睡眠は逆向（行）干渉を避ける操作である。ただ，このメカニズムは詳しくはわかっていない。

3　正しい。フロイト（Freud, S.）は，自我を脅かすようなことの記憶や衝動を無意識の世界に封じ込めるメカニズムとして抑圧（repression）の用語を用いて説明した。

4　正しい。ミラー（Miller, G. A., 1956）は，継時的に（時間的に順番に）入力した情報の記憶容量が$7±2$チャンク（chunk）であることを実証した。これは，直接的な記憶範囲（immediate memory span）のこととされている。なお，チャンクとは，覚える人が意味的にまとめた固まりのことである。たとえば，［1192］がランダムな数字なら，1つひとつが1チャンクで合計4チャンクであるが，［1192］を鎌倉幕府の成立年と意味処理すれば［1192］が1チャンクとなる。なお，近年は，記憶範囲についてリハーサル時間の観点から説明する研究も生まれている。

■ 問題 3.72　答：1

1　誤り。セリグマン（Seligman, M. E. P., 1975）は，回避できない事態で電気ショックを受けたイヌが，やがては電気ショックのない事態でも回避訓練の成績を悪化させることを実証した。この実験結果は，逃げられないという，いわゆる無力感をイヌが形成（学習）したものと解釈された。セリグマンは，この学習性の無力感（learned helplessness）の考えを学業不振児のやる気のなさの説明にも応用している。無力感は学習性のものであるとされており，能力ではない。

2　正しい。つまりは，能力への過小評価の認知の問題である。能力そのものがないということではない。

3　正しい。〈無力である〉と学んでしまったわけであるから，〈そうではないよ〉と再学習させればよい。俗にいうと，やる気のない子に自信をつけさせて，やる気を回復させるということである。

4　正しい。選択肢1の解説を再読すること。

■ 問題 3.73　答：2

1　正しい。寛大化エラー，または寛大化効果（leniency effect）とは，実際よりも好ましい方向へ評定をしてしまうことである。なお，これは（正の）寛容効果ともいう。たとえば，「親のひいきめ」。

2　誤り。社会心理学でいうステレオタイプ（stereotype）とは，ある集団に対する評価がゆがむことであり，紋切型ともいう。「中学生は〜だ」のように，その集団の成員（メンバー）全般に対して十把ひとからげの認知を割りあてることによって，単純に決めつけてしまう。なお，臨床心理学では，別の意味で用いられ，これを常同症と訳している。

3　正しい。厳格の誤り，あるいは厳格化エラー（severe error）とは，実際よりも厳しく評定をしてしまうことである。負の寛大化エラー，負の寛容効果ともいう。

4　正しい。たとえば，社交的な人は親切である，精力的な人は攻撃的であると考えてしまうといった認知のエラーなど。包装効果（packaging effect）とほぼ同じである。

■ 問題 3.74　答：2

1　正しい。スキナー（Skinner, B. F.）は，ティーチング・マシーンを開発してCAI（コンピュータ支援教育，コンピュータ利用教育）の基礎を作ったとされる。

2　誤り。有意味受容学習（meaningful reception learning）は，オーズベル（Ausubel, D. P.）が1977年に示したものである。

3　正しい。スキナーの直線型プログラム学習とは別に，クラウダー（Crowder, N. A.）は枝分かれ型のプログラム学習を提唱した。

4　正しい。先行オーガナイザー（advanced organizer）とは，オーズベルのいう有意味受容学習において，ある教材を学ばせるときに先立って導

入した学習内容の中心概念のことである。あらかじめ提示すると，これが学習内容を構造化して有意味に学習させる効果をもつとされる。

■ 問題 3.75　答：3
1　正しい。バズ学習（learning by buzz session）は，人が「ワイワイ，ガヤガヤ」と討議している状態であり，蜂の「ブンブン」という音を出すことにたとえたものである。
2　正しい。集団討議法のバズ・セッションを，教科学習にとりいれたのがバズ学習である。
3　誤り。メンバーの能力が異なるようなグループ編成の時に効果的であるとされている。
4　正しい。

■ 問題 3.76　答：4
1　正しい。ローゼンソールら（Rosenthal, R. et al., 1968）によって実証された。
2　正しい。ピグマリオン（Pygmalion）は，キプロス王の名前である。自分の彫った女性像に恋して現実のものに変えたいと願ったところ，女神アフロディテ（ヴィーナス）は，その像に生命を吹き込んだという。
3　正しい。
4　誤り。その後の研究によると，方法上の問題点が指摘されるなど，この効果の存在は必ずしも確認されていない。

■ 問題 3.77　答：2
1　ヴィゴツキー（Vygotsky, L. S.）は，思考の内言と外言，発達の最近接領域の概念の提唱で知られる。
2　正しい。ブルーナー（Bruner, J. S.）は，発見学習，認識能力の成長の研究などで有名である。
3　ブルーム（Bloom, B. S.）は，教育評価の分野で形成的評価を提唱した。完全習得学習の研究でも知られている。
4　オーズベル（Ausbel, D. P.）は，有意味受容学習で有名である。オーズベルの有意味受容学習は，ブルーナーの発見学習と比較検討されてきた。

■ 問題 3.78　答：1
1　正しい。英語では，aptitude treatment interaction（ATI）という。Aは学習者の能力や性質などの適性である。Tは学習方法として使われる教授法である。クロンバック（Cronbach, L. J.）は，同じ学習者でも教授法によって効果が異なり，他方で同じ教師でも学習者の適性によって効果が異なるというATIの効果を提唱した。これにより，学習者の適性と教え方（教育方法）との相性が注目された。
2　誤り。
3　誤り。
4　誤り。

■ 問題 3.79　答：2
1　正しい。CAIはcomputer-aided（またはcomputer-assisted）instructionのことであり，コンピュータ支援（利用）教育と訳されている。コンピュータを教育に利用することである。
2　誤り。MFFは，matching familiar figure test（図形照合テスト）の略である。ケイガン（Kagan, J.）が考案したテストで，思考のタイプである熟慮型と衝動型を調べるテストとして知られる。
3　正しい。オーバー・ヘッド・プロジェクター（over head projector, OHP）のことである。
4　正しい。CMIはcomputer managed instructionのことである。学校や学級の経営など，広くコンピュータを利用して統括することである。

■ 問題 3.80　答：1
1　正しい。
2　誤り。いずれも順序尺度であるから，計算式では順位相関係数を用いる。
3　誤り。中間テストの順位ではなく，テスト得点（あるいはその標準得点）を用いる。
4　誤り。教科の好きな順位ではなく，「国語」の好きな程度を5段階などで尋ねてそれを用いる。

■ 問題 3.81　答：3
1　誤り。ピアソンの積率相関係数は-1〜1の範囲である。4つの選択肢をみると，4は明らかに誤りである。そこで，残る選択肢1，2，3のいずれかであるが，このなかでは選択肢3の$r=0.67$が一番大きな数値であるから，これが正解となる。
2　誤り。この数値は無相関を意味している。
3　正しい。この数値は正の相関関係である。
4　誤り。数値1を超えているので，明らかに計算の間違いである。

■ 問題 3.82　答：2

1　正しい。流動性知能（fluid intelligence）は文化の影響を受けにくく，推理，数計算，図形処理などとかかわる。結晶性知能（crystallized intelligence）は文化や教育の影響を受け，言語理解や経験的評価などとかかわるので，教育の可能性が生涯を通じて広がる。

2　誤り。この説明は，ギルフォード（Guilford, J. P.）ではなく，サーストン（Thurstone, L. L., 1938）である。ギルフォードは，知的操作，内容，所産の3次元からなる知能の立体モデルの提唱者として知られている。

3　正しい。ガードナー（Gardner, H.）の特色は，知能の概念を広げた点にある。

4　正しい。ゴールマン（Goleman, D.）によると，EQ（emotional intelligence）は自分自身の情動を知る，感情を制御する，自分を動機づける，他人の感情を認識する，人間関係をうまく処理するの5つであるとされている。

■ 問題 3.83　答：1

1　誤り。計画よりもむしろ，直接的に実行させて成功経験を与えることである。つまり，行動の達成である。

2　正しい。言語的説得である。

3　正しい。代理的経験である。

4　正しい。情動喚起である。バンデューラ（Bandura, A.）は，以上の4つを自己効力（self-efficacy）を高める源であるとした。

■ 問題 3.84　答：3

1　正しい。フレンチとレイヴン（French, J. R. P., Jr., & Raven, B. H., 1959）は，専門性（expert power），準拠性（referent power），正当性（legitimate power），強制性（coercive power），報酬性（reward power）の5つをあげている。専門性勢力は，専門的な知識や技能をもっているとメンバーから認知されることである。

2　正しい。準拠性勢力は，メンバーが，リーダーを尊敬したり強い魅力を感じたりすることである。

3　誤り。創造性は含まれていない。

4　正しい。正当性勢力は，リーダーがメンバーに対して，命令や指示を与える正当な権限をもっていると認知されることである。あと2つの説明を補足すると，報酬性勢力とは，リーダーがメンバーに対して，やりがいのある仕事，昇給，昇進などの報酬を与えることができると認知されることである。強制性勢力とは，メンバーがリーダーに逆らったときにリーダーがメンバーの役職を外したり，罰則を与えたりすることができるという，メンバーからの認知である。学級では，担任教師の勢力が学級の児童生徒からどのように認知されているかによって，学級運営・学級経営が進むので，このようなポイントを点検することも時には有効となる。

■ 問題 3.85　答：3

1　誤り。学校は2次集団である。1次集団（primary group）とは，家族や遊び仲間のように親密で，メンバー間の接触が直接的な集団である。規模は小さく，メンバー間の影響は大きい。2次集団（secondary group）は，メンバー間の間接的な接触が特色で，ある利害や目的のために意図的に形成された集団である。学校，会社，政党などがそうである。別の分類では，公的，慣習的な制度体系をもつ集団をフォーマル集団（formal group）という。学校や会社がそうである。メンバーの交友関係による集団をインフォーマル集団（informal group）という。例としては同好会などがある。したがって，学校も学級も2次集団であり，フォーマル集団である。

2　誤り。学校はフォーマル集団である。

3　正しい。

4　誤り。学級は2次集団である。なお，1次集団，2次集団はクーリー（Cooley, C. H.）による分類である。

■ 問題 3.86　答：1

1　誤り。集団凝集性（group cohesiveness）とは，集団のもつ魅力と反発力である。学級の場合，学級集団の凝集性が高ければ，メンバーは学級で積極的に活動し，また学級の成果を高めようとすることになる。リーダーが優秀かどうかは，必ずしも凝集性を強める方向に影響しない。

2　正しい。

3　正しい。

4　正しい。この他，活動がおもしろい，集団の目標が明確であるなども関係する。

■ 問題 3.87　答：2

1　正しい。学級が集団になっていくダイナミッ

クスは，田中熊次郎，園原太郎，広田君美，阪本一郎，大西誠一郎などによって研究されている。それらによると，低学年では児童間の結びつきは弱く，教師中心の集団である。中学年では，インフォーマルな下位集団ができ始め，それらは，お互いに独立している。高学年になると，下位集団どうしが相互に関連するようになり，学級全体が大きな集団としてのまとまりをもつようになるという。

2　誤り。一部集中期は，漠然とした集合ではない。説明は正しいが，名称が誤りである。一部集中期は，田中熊次郎（1963）の説による3～4年生の「ある個人に人気が集中する時期」の名称である。大西誠一郎の説では，この時期は個人的集合期とよばれる。

3　正しい。
4　正しい。

■ 問題 3.88　答：1

1　正しい。1年生では，児童は学級環境に適応するために探索的に動くので，孤立探索期という。孤立探索期の後は，教室の座席が隣とか家が近いといった近接性の理由で交流が始まる。これは，支配-服従関係のない水平的分化期である。次に，腕力や学業成績などによる分化が始まり，これは優勢-服従的な垂直的分化期である。4年生頃からは，友人選択の基準は，価値観の類似や集団メンバーの資質が重視されて，いくつかの部分集団がはっきりと形成される。6年生頃に進むと，学級集団全体が，これらの部分集団から構成されることを意識するようになる（広田君美，1958）。

2　誤り。
3　誤り。
4　誤り。

■ 問題 3.89　答：4

1　正しい。Pはperformanceの頭文字であり，目標達成機能である。

2　正しい。Mはmaintenanceの頭文字であり，集団維持機能である。

3　正しい。PM型とはP機能，M機能ともに強いと認知されたリーダーである。PM, Pm, pM, pmの4つのリーダーシップ指導型を比較研究して導かれた結果による。

4　誤り。集団の成員（メンバー）がリーダーに対しておこなう認知である。

■ 問題 3.90　答：1

1　正しい。フォーラム（forum：講演討議）は古代ローマの集会所に起源する。そこでおこなわれた討議法のことである。

2　誤り。これはシンポジウム（symposium：提案討議）の説明である。

3　誤り。これはパネル・ディスカッション（panel discussion）の説明である。参加者の前で討議する人たちをパネリストという（パネラーではない）。

4　誤り。これはディベート（debate）の説明である。以上，上の3つは解決に協力する話し合い，あるいは集団思考であり，これは討議（discussion）である。この最後の4は，各自が結論をもっていて論証によって相手を論破するのが目的であり，これは討論（debate）である。学級経営でよく用いられる方法である。

■ 問題 3.91　答：1

1　誤り。ソシオメトリック構造という。

2　正しい。ソシオメトリック・テスト（sociometric test）は，モレノ（Moreno, J. L.）により開発された。

3　正しい。これにより，集団内のメンバーの選択・排斥関係，集団の結合の様相を明らかにしようとする。ただし，最近では拒否の人を選ばせることは倫理的な問題があるため，避けるようになってきている。

4　正しい。

■ 問題 3.92　答：3

1　誤り。Pはプレゼンテーションではなく，プランである。Dはディシジョンではなく，ドゥーである。

2　誤り。Sはセイフティではなく，シーである。

3　正しい。P→D→Sは，plan, do, seeのことで，企画，実行，評価の意味である。教育実践の問題解決の行程として，P→D→Sの各段階をチェックすることによって改善的な検討が促進される。1時間の授業をする時にも同じである。

4　誤り。Pはパフォーマンスではなく，プランである。Dはデバイスではなく，ドゥーである。

■ 問題 3.93　答：3
　1　誤り。左から，高校生，小学生，中学生である（原論文を改編してある）。
　2　誤り。
　3　正しい。
　4　誤り。小学生は，教師の外見，教師としての正当性を重視する。中学生は，自我の芽生えの時期であり，明朗性や親近感・受容性を重視する。高校生になると，教師や親からの独立が意識され，罰，準拠性などが重要視されるようになる。なお，パワー（power）とは，ある人が他のある人の行動を変化させることのできる力，影響力のことである。

■ 問題 3.94　答：2
　1　誤り。これは，ストーナー（Stoner, J. A. F., 1961）による，リスキー・シフト（risky shift）の説明である。
　2　正しい。リスキー・シフト現象の後，コーシャス・シフト（cautious shift）の現象が実証されるようになって，これら2つは新しく集団分極化（group polarization：集団極性化とも訳される）の問題として検討されるようになった。個人の判断や決定が集団の経験に影響されることである。
　3　誤り。これは集団思考（group think）の特徴の1つである。
　4　誤り。これも集団思考の特徴の1つである。学級では，グループ学習やホームルームなどで皆の意見を集約して一致した結論を出すことが多いが，教師は，集団討議（group discussion）にこのような集団分極化（または集団極性化）の性質があることを留意しておくことが望ましい。

■ 問題 3.95　答：1
　1　正しい。これが，社会的促進（social facilitation）の定義である。
　2　誤り。これは，斉一性への圧力（pressure toward）の説明である。集団の規範に同調するようにという心理的なプレッシャーである。最初は，アッシュ（Asch, S. E., 1951）による，線分の長さの判断を素材にした実験室実験から始まった。
　3　誤り。これは，社会的手抜き（social loafing）の説明である。
　4　誤り。これは，集団内のお互いの影響力についての説明である。

■ 問題 3.96　答：4
　1　正しい。スキナー（Skinner, B. F.）は，アメリカの心理学者でハーヴァード大学教授を務めた。行動をレスポンデントとオペラントに分けて，オペラント行動についての条件づけ理論を確立したことで知られる。自らティーチング・マシーンを考案して，今日のコンピュータ利用（支援）教育（CAI）の基礎を固めた。
　2　正しい。行動療法は，学習理論に基づいて行動の修正をおこなう療法である。スキナーのオペラント条件づけ理論は，行動療法の重要な理論の1つとして知られている。
　3　正しい。ソーンダイク（Thorndike, E. L.）のソーンダイクの問題箱にならって，スキナー箱を考案して，これを用いた動物実験による研究をおこなった。
　4　誤り。むしろ，認知論の立場を排除した人として有名である。

■ 問題 3.97　答：4
　1　正しい。
　2　正しい。
　3　正しい。
　4　誤り。バンデューラ（Bandura, A.）は，アメリカの心理学者でスタンフォード大学教授。子どもの攻撃行動などの社会的行動がモデルの観察だけによって成立するという観察学習の存在を実証し，社会的学習理論（のちに社会的認知理論）をまとめた。特に，自己効力理論は教育場面に応用されている。発達段階説はとらない。

■ 問題 3.98　答：2
　1　正しい。ソーンダイク（Thorndike, E. L.）は，コロンビア大学ティーチャーズ・カレッジで教育心理学の領域で貢献し，日本にも大きな影響を与えた。
　2　誤り。選択肢の立場とは逆である。むしろ，形式的な訓練の転移だけでは限界があるとして形式的陶冶（formal discipline）を厳しく批判した。この論点は，今日の教員養成につながるリベラル・アーツ教育と教育実践教育の二方向性の問題として続いている。
　3　正しい。効果の法則，練習の法則，準備の法則である。
　4　正しい。「ソーンダイクの単語帳

（Thorndike's Words Book）」(1936) は，1万語（のちに2万語）の標準単語を使用頻度に応じて分類したもので，学校教育のスペリング・テストなどの改良に貢献した。

問題 3.99　答：3
1　正しい。ブルーナー（Bruner, J. S.）はハーヴァード大学教授，オックスフォード大学教授。これは，1956年の著作である。
2　正しい。人の視覚が人間の主観的な価値観や欲求などによって影響を受けることを実験によって実証した。貨幣の大きさの錯覚の実験は有名である。
3　誤り。動作的→映像的→象徴的の順である。
4　正しい。

問題 3.100　答：1
1　誤り。発見学習はブルーナー（Bruner, J. S.）によって提唱された。
2　正しい。ブルームら（Bloom, B. S. et al.）によるこの本は日本でも訳書が刊行された。これにより形成的評価の用語が広まった。
3　正しい。教育目標のタキソノミー（分類学）の研究の中心人物である。
4　正しい。今日，教育到達度評価国際協会（IEA）は学力の国際比較研究の中心として世界的に有名である。

教職分野 3
答と解説

■ **問題 3.101　答：1**

1　誤り。怠学（truancy）は，勉強ぎらい，あるいは怠け癖が原因になっているような無断欠席のことである。

2　正しい。学校恐怖症（school phobia）は，ジョンソンら（Johnson, A. M. et al., 1941）の命名による。1970年代に入ると登校拒否（school refusal），さらに1980年代に入ると不登校（school absenteeism）といった呼称が使われるようになっている。

3　正しい。長期欠席は平成2（1990）年度内までは通算50日以上の欠席であったが，平成3（1991）年度以降は通算30日以上の欠席としている。

4　正しい。

■ **問題 3.102　答：2**

1　誤り。これは反社会的行動（anti-social behavior）である。非社会的行動ではない。

2　正しい。社会に対して消極的に接する行動を非社会的行動（asocial behavior）という。孤独，わがまま，強い恐れ，臆病，引っ込み思案，かんしゃく，情緒不安定，自閉傾向などがあげられる。

3　誤り。寄付行動は，向社会的行動（prosocial behavior）の1つである。向社会的行動には，この他，分与行動，援助行動などがある。

4　誤り。これは反社会的行動である。

■ **問題 3.103　答：4**

1　正しい。積極的に社会に対して害を及ぼす行動を反社会的行動という。うそ，盗み，家出，性的非行，無断欠席，暴力行動などは反社会的行動である。

2　正しい。

3　正しい。

4　誤り。わがままは，たいてい，非社会的行動に分類される。なお，生徒指導については，1975年に生徒指導主事が文部省令（現．文部科学省）で設置され，中学校に生徒指導主事をおいて，これを教諭が担当することになった。もちろん，生徒指導主事だけでなく，担任や教科担当の教諭全員が取り組むこととなっている。

■ **問題 3.104　答：1**

1　誤り。連携先は，まずは専門医療機関，療育機関である。行政機関ではない。

2　正しい。学校教育相談は，学校カウンセリングとかなり重複するが，この2つには，それぞれ歴史的な経過がある。学校教育相談では，どちらかというと，問題をもつ児童生徒の診断や治療に重点がおかれる。その主なものは4つほどあるが，その1つは，「親や教師への助言」である。あと3つは，この設問の選択肢にあげた2～4である。

3　正しい。

4　正しい。

■ **問題 3.105　答：1**

1　誤り。学校のすべての児童生徒を個別的に指導するのであって，問題のある児童生徒に限定するのではない。

2　正しい。

3　正しい。

4　正しい。

■ **問題 3.106　答：4**

1　正しい。チャンス相談とは，意図的に用意をしておいて，児童生徒との偶発的な接触のチャンス（機会）を利用する場合の相談面接である。

2　正しい。呼び出し面接とは，友人関係や家族の問題などで悩んでいるような児童生徒を呼び出しておこなう計画的な相談面接である。

3　正しい。定期相談とは，児童生徒全員に対して定期的におこなう場合の相談面接である。

4　誤り。これは造語である。正答としては，この他には，自発来談による相談がある。

■ **問題 3.107　答：1**

1　誤り。受理面接という。

2　正しい。教育相談の対象となるかどうかの見きわめのことである。病気の診断ではない。

3　正しい。助言とは，その場での指示や，指示で解決できるような場合である。紹介とは，相談室で扱えないため，医療機関や福祉事務所に紹介することである。この他選択肢4の「継続」もある。これらを処置（治療）という。

4 正しい。

■ 問題 3.108　答：1
1　誤り。日本で生まれた和製英語である。心理学のカウンセリング理論の用語にはなっていない。ただし，大切であることには変わりない。
2　正しい。
3　正しい。
4　正しい。選択肢の3と4は，ロジャーズ（Rogers, C. R.）の来談者（クライエント）中心療法でまとめられたカウンセラーの必要十分な6条件の内容と密接にかかわっている。

■ 問題 3.109　答：2
1　正しい。20世紀初頭の職業指導運動は，現在もなお，職業選択や職業を通じてのアイデンティティ形成への取り組みとして1つの流れを作っている。
2　誤り。
3　正しい。パーソナリティ変容に関与する1つの流れを形成している。
4　正しい。心理テストの開発や援用が1つの流れになっている。

■ 問題 3.110　答：2
1　正しい。「大学，大学院教育で得られる高度な知識と技能を用いて，心理テストを実施したり，いろいろな心理療法を行ったり，地域住民の精神的健康を増進させる活動を行ったり，人々の心に関する研究調査を行うもの」と定義している。
2　誤り。（社）日本産業カウンセラー協会が産業カウンセラー試験に合格した人に与えている資格である。1992年より労働大臣（現，厚生労働大臣）技能審査認定となっている。
3　正しい。
4　正しい。

■ 問題 3.111　答：3
1　正しい。来談者あるいはクライエント（client）といい，ドイツ語のクランケ（患者）と同じである。一般には，商取引の「顧客」のことである。
2　正しい。相談者（counselor）という。
3　誤り。ガイダンス（guidance）という。教育相談，職業相談なども広義のカウンセリングである。

4　正しい。カウンセリング（counseling）には狭義と広義の定義があるが，いずれにせよ面談すること，相談・助言することが含まれている。

■ 問題 3.112　答：3
1　正しい。ブラインド・ウォーク（閉眼歩行）とは，2名がペアになり，そのうちの1名が目を閉じて，他の1名がその人を誘導する演習である。
2　正しい。2名がペアになり，そのうち1名がWho are you ?（あなたは誰ですか？）と質問して，他の1名がそれに答える。質問は Who are you ?（あなたは誰ですか？）だけであるから，答える人は話すうちに自己開示せざるをえなくなってくる（20分ほどのセッションが通例である）。
3　誤り。
4　正しい。対人的効果訓練では，ロール・プレイ（role play：役割演技）を用いることが多い。たとえば，サイフを落として困っているときに助けを依頼する場面設定などでおこなう。

■ 問題 3.113　答：4
1　正しい。これは，情報的なサポートのことである。ソーシャル・サポート（social support：社会的支援）とは，非専門家による日常的な支援のことである。当初は，コミュニティ心理学のキャプラン（Caplan, G.）によって概念化された。
2　正しい。これは，評価的サポートのことである。
3　正しい。これは，愛情的サポートのことである。
4　誤り。ソーシャル・サポートとは，ふつうは物品の提供や介護などを指す。ここでいう4つの働きのうちのあと1つとは，手段的サポートである。この選択肢1から3の3つのサポートと手段的サポートの合計4つのサポートの種類は，ハウス（House, J. S., 1981）の分類に基づいている。個人がサポートの送り手であると同時に受け手である状況を，ソーシャル・サポート・ネットワークという。児童生徒にとっての教室・学校は，彼らのソーシャル・サポート・ネットワークの場であってほしいものである。

問題 3.114　答：2

1　正しい。1922 年に公刊された。リップマン（Lippmann, W.）は，ステレオタイプを，さまざまな社会的集団に関する私たちの頭のなかの画像（picture）とした。現在のステレオタイプの定義は，これとは少し異なる。

2　誤り。偏見（prejudice）は，社会的態度のうち，その集団に対する嫌悪や敵意などの感情的な成分である（感情的と認知的の複合であるとする説もある）。ステレオタイプでは肯定的な態度も含むが，偏見は否定的な態度のみである。

3　正しい。差別（discrimination）は，社会的態度のうち，その集団に対する拒否や攻撃などの行動的成分である。

4　正しい。現時点の定義は，ある社会的集団やそれに属するメンバーの属性に関する人々の信念あるいは認知的な態度である。

問題 3.115　答：4

1　正しい。美人ステレオタイプという。外見ステレオタイプの1つである。

2　正しい。ベビーフェイス効果という。外見ステレオタイプの1つである。

3　正しい。身長ステレオタイプという。外見ステレオタイプの1つである。

4　誤り。これはある集団の人々についての言説ではないので，ステレオタイプではない。

問題 3.116　答：1

1　誤り。ブーメラン効果（boomerang effect）とは，説得的コミュニケーションにおいて，相手の態度が説得した方向とは逆の態度に変わってしまうこと（いわゆる「やぶ蛇」）である。強引な説得，納得できない説得に対して発生し，「あいまいな態度」の時ではない。

2　正しい。行動の自由を強制されるときに，自由を回復しようとして，反発がおこるためである。

3　正しい。上と同じ理由である。

4　正しい。ブーメラン効果は，心理的反発理論（psychological reactance theory）によって説明されている。教師が児童生徒を助言指導するときには，単なる熱意だけでなく，対人関係のスキルを洗練させて指導にあたるべきである。特に青年期には単なる規制だけでは納得しない生徒が出てくる。同じことを言うにも，「モノは言いよう」である。

問題 3.117　答：4

1　正しい。グループ体験の課題のことをエクササイズ（exercise）という。

2　正しい。エクササイズの体験を通して感じたり学んだりしたことを，最後に共有する時間をとって語り合うことをシェアリング（sharing）という。

3　正しい。エクササイズの後で各自で総括することを振り返りという。

4　誤り。ライフプランは人生の計画であり，必ずしも構成的グループ・エンカウンター（structured group encounter）とは直結しない。

問題 3.118　答：2

1　正しい。

2　誤り。「できるだけ」ではなく，必ずマニュアルにしたがうこと。そうでないと，結果の解釈に歪みが生じる。

3　正しい。全体像の一面であるから，決めつけることのないよう，慎重にすべきである。

4　正しい。教師が心理検査を実施・採点・解釈することは少ないであろうが，コンピュータ診断の結果が返却されたとしても，このように十分な教育的な配慮をする必要がある。

問題 3.119　答：4

1　正しい。ロールシャッハ・テスト（Rorschach test）では，絵を見て「何に見えるか」を自由に答えてもらう。この他の投影法には，TAT（主題統覚検査：Thematic Apperception Test），CAT（児童統覚検査：Children's Apperception Test）などがある。

2　正しい。MMPI（ミネソタ多面的人格目録：Minnesota Multiphasic Personality Inventory）は，質問紙法によるもっとも本格的な性格検査の1つである。この他，質問紙法によるものとしては，MPI（モーズレイ性格検査），MAS（顕在性不安尺度）などがある。

3　正しい。日本では，適性検査として好んで使われている。

4　誤り。SD法（意味微分法：semantic differential method）は心理検査ではない。もちろん，自由連想法でもない。SD法は概念の内包的，情意的な意味を定量的にあらわそうとする方法である。

■ 問題 3.120　答：2
1　正しい。この検査は，ドイツの精神科医クレペリン（Kraepelin, E.）がおこなった精神作業研究を，日本の内田勇三郎が具体的な検査として発展させたものである。作業検査法（performance test）の1つである。
2　誤り。前半15分，休憩5分，後半15分の作業である。1分単位で15回の加算作業を2回の合計30分ということになる。
3　正しい。判定には，定型，準定型，準々定型，疑問型，異常型がある。
4　正しい。

■ 問題 3.121　答：3
1　誤り。類型論（personality typology）ではない。特性論（personality trait theory）の立場で作られているといわれる。ただし，安定積極型，平均型，情緒不安積極型，安定消極型，情緒不安消極型の5類型を典型とするような，類型による評価も可能とされている。
2　誤り。YG性格検査は12因子からなる。
3　正しい。ギルフォード（Guilford, J. P.）の原案について矢田部達郎らが日本版を作成した。
4　誤り。質問紙法による検査である。作業検査法ではない。

■ 問題 3.122　答：1
1　誤り。P-Fスタディ（Picture Frustration study）は，ローゼンツァイク（Rosenzweig, S.）が考案したもので，欲求不満の場面が描いてあり，マンガの吹き出しの会話の部分を何と答えるかを書かせる。設問の説明は，マレー（Murray, H. A., 1936）の考案による主題統覚検査（Thematic Apperception Test, TAT）の説明の一部であるので，これと対応していない。
2　正しい。ロールシャッハ（Rorschach, H.）は考案者の名前である。10枚のインクの染み（ink blot）状の図版が何に見えるかを答えさせる。投影（映）法（projective method）の1つである。
3　正しい。バウム・テスト（Baum test, Tree-drawing test）は，コッホ（Koch, K.）の開発した描画テスト（drawing method）の1つである。A4サイズの用紙に実のなる樹木を描かせて解釈する。描画法には，この他，バック（Buck, J. N.）によるHTPテスト（House Tree Person test）などがある。
4　正しい。Color Pyramid test（CPT）という。カラー・ピラミッド検査は，1950年に，フィスター（Pfister, M.）が発案した投影（映）法による性格検査である。日本版は，1983年に標準化されている。

■ 問題 3.123　答：4
1　正しい。イライラから自分を守るための自己防衛的な行動は，適応機制の代表的なものである。補償（compensation）はそのなかの1つである。たとえば，学業成績がよくないという劣等感をスポーツでがんばるなど。
2　正しい。イソップ物語で高い所にあるブドウを取れなかったキツネが，「ブドウはすっぱい」（sour-grape mechanism）などと自分に言い聞かせた話などは，合理化（rationalization）の例である。いわゆる責任転嫁，過度のいいわけである。
3　正しい。抑圧（repression）は，もっとも効果的な防衛機制の1つとされる。いわゆる，「臭いものに蓋」の類である。
4　誤り。この説明は，反動形成（reaction formation）であり，一例をあげると，好きな相手に冷たく振る舞うなどである。「昇華」（sublimation）とは，その欲求を，社会的に承認されるようなものに代えて表現をする場合である。たとえば，ある女性に対する愛情を芸術的な音楽作品の作曲として結実させるなどである。

■ 問題 3.124　答：4
1　誤り。投射（投影ともいう）は，自分の欠点に対する感情や欲求を，他者が自分にそう思っているのだと思いこむことであり，ここでは不適切である。
2　誤り。抑圧は，罪の意識や不安などがわき起こらないように，その感情や経験を無意識のうちに押さえてしまうこと。ここでは不適切。
3　誤り。攻撃は，防衛機制ではないので，ここでは不適切である。
4　正しい。反動形成とは，意識すると自我が傷つくのを恐れて，むしろ正反対の行動をすることである。

■ 問題 3.125　答：1
1　正しい。下位の欲求が満足されるにしたがって上位の欲求があらわれて行動に影響を与えるとする。また，発達につれて，上位の欲求の重要度が相対的に増すと考える。ただし，このモデルを支持する実証的な研究報告は少なく疑問も出されているが，その影響力は変わらず高い。
2　誤り。
3　誤り。
4　誤り。

■ 問題 3.126　答：4
1　誤り。
2　誤り。
3　誤り。
4　正しい。存在（existence）欲求は，人間にとって基本的な欲求である。関係（relatedness）欲求は，人間関係とかかわる欲求である。成長（growth）欲求は，人間らしく生きていきたいという欲求である。3つの頭文字をとってERGモデルという。アルダファ（Alderfer, C. P.）の理論では，3つの欲求は同時に存在することもある。

■ 問題 3.127　答：1
1　誤り。フロイト（Freud, S.）は精神分析学の創設者として知られる。快楽原則（pleasure principle）にしたがうのはイド（id），あるいはエス（Es）という。良心や道徳的な規範などが内面化したのが超自我（super ego）である。
2　正しい。
3　正しい。
4　正しい。リビドー（libido）とは，本能的な欲望である性のエネルギーのことである。性格の特徴は，イド（エス），自我，超自我の3層の力関係によって形成されるとしている。

■ 問題 3.128　答：3
1　正しい。
2　正しい。
3　誤り。同じような意味であるが，正しくは，接近－接近型葛藤とよんでいる。レヴィン（Lewin, K., 1935）によると，葛藤（conflict）は，接近－接近型葛藤（approach-approach conflict），回避－回避型葛藤（avoidance-avoidance conflict），接近－回避型葛藤（approach-avoidance conflict）に分類される。より容易に接近できる目標を選ぶことによって，緊張（tension）が低減して，葛藤（コンフリクト）が解消へとむかう。
4　正しい。

■ 問題 3.129　答：1
1　誤り。この説明はストレッサー（stressor）ではなく，ストレス・コーピング（stress coping）の説明である。ストレッサーは，ストレスを引き起こす原因のことである。精神的緊張，心労，苦痛，中毒などがストレッサーになりうる。
2　正しい。セリエ（Selye, H., 1935）は，ストレスを，日常の過剰な刺激による心身のひずみや緊張としてとらえた。
3　正しい。
4　正しい。ストレスという語を最初に用いたのは，アメリカの生理学者のキャノン（Cannon, W. B.）である。その後，セリエ（1956）は，生体にストレッサーが加えられると，汎適応症候群（general adaptation syndrome, GAS）という全身的な生理的症状が起こるとした。これは，警告反応期→抵抗期→疲憊期をたどるとした。

■ 問題 3.130　答：3
1　正しい。
2　正しい。ローゼンツァイク（Rosenzweig, S.）は，欲求が阻止された時の攻撃的行動の対象を，他者の責任と考える「外罰」，自分自身にむける「内罰」，自分も他者も攻撃しない「無罰」の3つに分けた。
3　誤り。欲求は解消されず，緊張が残る。
4　正しい。フラストレーション耐性（frustration tolerance）ともいう。この耐性を超えたフラストレーションが，不適応な異常行動を引き起こすという。

■ 問題 3.131　答：1
1　誤り。来談者（クライエント）中心カウンセリングは，ロジャーズ（Rogers, C. R., 1942）が提唱した療法である。この療法では，治療的な関係そのものが成長経験であるとする点が他の技法と大きく異なる。
2　正しい。
3　正しい。
4　正しい。

■ 問題 3.132　答：4

1　正しい。ロジャーズ（Rogers, C. R.）は，人間が最高に実現された状態を「十分に機能する人間」と表現し，それが治療目標であるとしている。
2　正しい。
3　正しい。
4　誤り。「自己構造は経験と一致するであろう」が正しい。この設問では，「他者構造と共感すること」という記述が誤りであるとわかればよい。

■ 問題 3.133　答：2

1　正しい。
2　誤り。ロジャーズ（Rogers, C. R.）は，自己に対して脅威を感じている状態が不適応であるとした。
3　正しい。
4　正しい。上で説明したようなロジャーズのとったこのような方法を，非指示的療法（non-directive therapy）という。行動を修正させるのではなく，自己意識を変容させる。なお，1940年代は非指示的療法，1950年代は来談者（クライエント）中心療法と治療過程が変化している。1957年以降はジェンドリン（Gendlin, E. T.）らを中心に体験過程療法へと発展した。

■ 問題 3.134　答：3

1　正しい。英語では Johari's window という。
2　正しい。発案は，ジョゼフ・ルフト（Joe [Joseph] Luft）とハリー・インガム（Harry Ingham）による。
3　誤り。自他にオープンな領域（open），他者は知っているが自分は知らないという自己盲点の領域（blind），自分は知っているが他者には知られていない秘密の領域（hidden），自分にも他者にもわからない未知の領域（unknown）の4つである。自分が知っているか否か，他者が知っているか否かの2次元の組み合わせから4領域を想定している。
4　正しい。

■ 問題 3.135　答：4

1　正しい。心理劇（psychodrama）は，モレノ（Moreno, J. L.）が考案した。ロール・プレイ（role play：役割演技法）によってカタルシスが起こり，情緒的な障害が緩和され適応状態がよくなることをはかる。

2　正しい。エンカウンター・グループ（encounter group）は，ロジャーズ（Rogers, C. R.）が考案した来談者（クライエント）中心のグループカウンセリング（group counseling）である。人格の向上や発展をはかることが目的とされる開発的なカウンセリングである。
3　正しい。レヴィン（Lewin, K.）の小集団研究から始まったとされる。
4　誤り。これは，作業療法（occupational therapy）の説明である。行動療法（behavior therapy）は，条件づけ（conditioning），モデリング（modeling）など学習理論に基づく行動修正（behavior modification）の療法のことである。

■ 問題 3.136　答：3

1　正しい。バーン（Berne, E.）は精神分析を発展させて新たに交流分析（transactional analysis, TA）を創始した。さらに，弟子のデュセイ（Dusay, J. M.）はエゴグラムを創案した。交流分析は人間関係改善法としてよく知られている。交流分析の4つの基本的な分析の1つが脚本分析である。脚本とは人が脅迫的に演出する人生プログラム，無意識の人生計画である。
2　正しい。その2つ目がゲーム分析である。ゲーム分析は，悪循環に陥った対人関係のパターンを分析する方法である。
3　誤り。回帰分析は統計的な解析法の1つである。
4　正しい。パーソナリティの構造分析も，交流分析の主要な分析のうちの1つである。構造分析は自我状態の現象的な分析把握である。4つの基本的な分析のうちの残り1つは，交流パターン分析である。

■ 問題 3.137　答：1

1　誤り。起立性調節障害（orthostatic dysregulation）は，年齢的にみると，小学校高学年から中学生に多発するとされている。
2　正しい。
3　正しい。循環器系の症状である。寝起きや午前中には，特にコンディションが悪い。
4　正しい。学校保健の統計上では，春から夏に多く，男子よりも女子に多い。

■ 問題 3.138　答：3
1　正しい。自傷行為（self-injured behavior）とは，自分で自分の体の一部に傷を付けることである。疾患名ではなく，行為をあらわす用語である。時として，自閉症，統合失調症などにみられるという。原因についての解釈はいろいろである。
2　正しい。思春期から成人初期の女性にたびたびみられる。
3　誤り。結果として自殺に至ることがないわけではないが，自傷行為という場合には，自分で自分を傷つけることそのもので完結していることが通例である。いずれにせよ，学校では，すばやい発見と対応とが必要になる。
4　正しい。

■ 問題 3.139　答：2
1　誤り。
2　正しい。DSM-IVでは，10の人格障害（personality disorder）と特定不能の人格障害があげられている。そのうちの1つである。心理的な柔軟性に欠けていて，周囲とぶつかることが多い。
3　誤り。
4　誤り。

■ 問題 3.140　答：3
1　正しい。
2　正しい。
3　誤り。学校の教育活動全体を通じておこなうのであって，ホームルームに特定していない。
4　正しい。

■ 問題 3.141　答：4
1　正しい。職業指導（vocational guidance）は20世紀初頭から始まった。そのころのパーソンズ（Parsons, F.）の考えによると，個人の能力や興味はそれぞれ異なるからそれを把握して職業を理解し（職業理解），合致する職業に適材適所にマッチングさせるという考え方であった。この過程を援助する人がカウンセラーであった。今日も，この考え方は，職業指導の1つの流れとして続いている。
2　正しい。
3　正しい。ホランド（Holland, J. L）は，人の性格と職業環境を，それぞれ6つにタイプ分けし，人は職業選択にあたって，この両者の一致をはかるのだとしている。そのために開発したVPI（職業興味検査：Vocational Preference Inventory）はよく知られている。
4　誤り。特性・因子理論（trait-factor theory）では，就職後のキャリア開発については重視していない。

■ 問題 3.142　答：3
1　誤り。
2　誤り。
3　正しい。スーパー（Super, D. E.）によると，成長段階は誕生～14歳，探索段階は15歳～24歳，確立段階は25歳～44歳，維持段階は45歳～64歳，下降段階は65歳～としている。
4　誤り。

■ 問題 3.143　答：4
1　正しい。
2　正しい。
3　正しい。
4　誤り。そのような定義はなされていない。生き方や発達は主要な問題となるが，むしろ職業とかかわりをもつようなカウンセリングをキャリア・カウンセリング（career counseling）という。日本進路指導学会によるキャリア・カウンセラー制度の規則は，「キャリア・カウンセラーとは，生徒，学生，成人のキャリアの方向づけや進路の選択・決定に助力し，キャリア発達を促進することを専門領域とするカウンセラーである」としている。

■ 問題 3.144　答：1
1　誤り。「ライフ・キャリアの虹（Life-career rainbow）」は，スーパー（Super, D. E.）が提案したものである。虹は，ライフ・スパン（時間のこと）とライフ・スペース（場所のこと）の2次元を表現している。
2　正しい。
3　正しい。
4　正しい。進路指導，キャリア・カウンセリングの資料として役立てられる。提案者のスーパーは，アメリカのコロンビア大学教育学部の教授を務め，イギリス，アメリカを中心に活躍し，職業指導，進路指導の分野の国際的なパイオニアとして知られている。

■ 問題 3.145　答：4

1　正しい。『職業レディネステスト』（（社）雇用問題研究会）は中・高校生むけに開発されている。職業レディネスを態度的側面と能力的側面からとらえて，自ら進路を選択し決定するよう援助するために用いられる。『VPI 職業興味検査』は，ホランド（Holland, J. L.）の開発した VPI（Vocational Preference Inventory）の日本版（日本文化科学社／（社）雇用問題研究会）である。

2　正しい。進路適性検査としては，中学生用として『PAS カード』（教研式学年別進路適性診断システム，図書文化社），高校生の進路適性をみる『ATAC 進路適性診断テスト』（第一学習社）などが開発されている。

3　正しい。

4　誤り。進路指導用としては，通常はこのような性格検査は用いない。

■ 問題 3.146　答：3

1　正しい。

2　正しい。選択肢 1～4 は，おおまかな進路相談の歴史的な流れになっていて，その先駆は，パーソンズ（Parsons, F.）の著『職業の選択（Choosing a vocation）』（1909）に始まる。

3　誤り。ウィリアムソン（Williamson, E. G.）は，心理療法的な考えを取り入れて大きな流れを作った。現象学的な方法ではない。

4　正しい。近年，ロジャーズ（Rogers, C. R.）の非指示的な来談者（クライエント）中心カウンセリングが隆盛を迎えた。今日では，折衷的な各派が乱立している。

■ 問題 3.147　答：1

1　誤り。ロジャーズ（Rogers, C. R.）は，コロンビア大学でホリングワース（Hollingworth, L. S.）の指導を受けた後，児童相談所に勤務となり，その後カウンセリング活動を始めた。精神分析的なアプローチはとらず，独自のアプローチを展開した。

2　正しい。非医師が心理療法の体系を打ち立てた最初の人物として名を留めている。

3　正しい。

4　正しい。PCA とは，person centered approach の略で人間中心のアプローチのことである。レヴィン派とゲシュタルト心理学を折衷したグループとして，ベーシック・エンカウンター・グループを展開した。これらは，日本の学校教育においても，ホームルームの時間などでエクササイズとして応用されている。

■ 問題 3.148　答：4

1　正しい。モレノ（Moreno, J. L.）は，ルーマニア生まれのユダヤ人であり，1925 年にアメリカに移住した。1932 年，アメリカ精神医学会でサイコドラマを発表した。

2　正しい。1937 年，集団心理療法（group psychotherapy）という用語を紹介した。

3　正しい。1937 年に雑誌「ソシオメトリー（Sociometry）」を発刊し，さらにソシオメトリーについての講演をし，ワークショップを指導した。

4　誤り。

■ 問題 3.149　答：2

1　正しい。マズロー（Maslow, A. H.）は，自らを，行動主義，S. フロイトの精神分析の二大勢力とは区別して，第三勢力という新たな学問的立場として位置づけようとした。『人間性の心理学』（小口忠彦監訳，1987，誠信書房）などが邦訳されている。

2　誤り。マズローは，メイ（May, R.），ロジャーズ（Rogers, C. R.）などとともに人間性心理学（humanistic psychology）の代表者の一人として知られている。

3　正しい。自己実現（self-actualization）の概念は，彼のいう欲求階層理論の最上層にあたる。これは，第四の勢力であるトランスパーソナル心理学（transpersonal psychology）にも受け継がれた。

4　正しい。

問題 3.150　答：4

1　正しい。アイヴィ（Ivey, A. E.）はマイクロカウンセリング（microcounseling）の創始者として知られている。初心者のためのカウンセリング訓練プログラムである。

2　正しい。エリス（Ellis, A.）は論理療法（rational-emotive therapy, RET）の創始者として知られている。時に，理性・感情療法，合理情動療法などとも訳されている。

3　正しい。ジェンドリン（Gendlin, E. T.）は，ロジャーズ（Rogers, C. R.）の来談者（クライエント）中心療法に体験過程という概念を導入したことで知られている。フォーカシング（focusing：焦点づけ）とよばれる技法の開発で著名である。

4　誤り。森田正馬は，森田療法の創始者として知られている。内観療法は，吉本伊信が創始した療法である。

総合問題
答と解説

問題 4.1

問1 ヴント（Wundt, W.）。ハイデルベルグ大学で医学と生理学を学び，感覚研究を介して次第に心理学や認識論の領域に研究を広げた。『生理学的心理学綱要』が代表作。

問2 実験とは，特定の心理学的な現象を明らかにするために，ある一定の条件のもとで，実験者が何らかの操作を加え，その反応（結果）を測定する。このとき操作を加えた要因を独立変数といい，その操作の結果として測定されるものを従属変数という。実験の効果をみるためには，実験に組み込んだ要因以外の影響を統制する。実験は，独立変数と従属変数との因果関係を明らかにする方法である。

問3 内観法。

問4 ディルタイ（Dilthey, W.）。ドイツの哲学者。

問5 了解心理学（Verstehende Psychologie）。

問6 低次の欲求がある程度満たされなければ，高次の欲求はあらわれないとし，欲求の階層説を提唱した。低次から順に，生理的欲求・安全への欲求・所属と愛の欲求・尊敬と承認の欲求であり，一番高次の欲求は成長欲求としての自己実現の欲求があらわれるとする考え方である。

問7 非指示的カウンセリング（non-directive counseling）あるいは来談者中心療法（client centered therapy）。

問8 行動主義（behaviorism）。

問9 スキナー（Skinner, B. F.）。1948年にハーヴァード大学教授となり，徹底的な行動主義を主張した。彼の理論は，行動療法や教育場面での効率的な学習プログラムなどに応用されている。

問10 ゲシュタルト（Gestalt）心理学またはゲシュタルト理論。

問11 レヴィン（Lewin, K.）。ドイツ生まれ。1934年にアメリカに移住し，アイオワ大学やマサチューセッツ工科大学で教えた。トポロジー心理学とよばれる力学的理論を提起した。

問12 トポロジー（topology）。位相幾何学の意味。

問題 4.2

問1 弁別閾。丁度可知差異（JND：Just Noticable Difference）でも正解。

問2 感受性が鈍化するのは，におい・味・温度などである。ある部屋に入ったとき，においが気になることがあるが，しばらくすると気にならなくなる場合がその例である。逆に感受性が鋭敏化するのは，光に対してである。映画館などの暗いところに入ったばかりのときは，周りが暗くて何も見えないが，しばらくすると見えてくる場合（暗順応）などがその例である。

問3 順応（adaptation）。

問4 体制化。

問5 ヴェルトハイマー（Wertheimer, M.）。プラハ生まれ，フランクフルト大学教授。1933年にアメリカに移住し，ニューヨークの新社会研究学院教授。ゲシュタルト心理学の創始者。

問6 他の条件が一定であれば，近い距離にあるものどうしがまとまって見えること。

問7 閉じあうもの，あるいは互いに囲みあうものは，まとまる傾向があること。

問8 簡潔性（プレグナンツ：Prägnanz［独］）。

問9 ファイ現象。　この現象は，適切な時間・空間関係で，非連続な刺激群が次々と提示されることによって，なめらかな連続した運動が知覚される（例として，映画・アニメーション・電光ニュースなど）。この他に，誘導運動（ビックリハウスなど）や運動残像などがある。

問10 ニュールック。　日本では「ニュールック心理学」といわれている場合が多いが，アメリカでは「心理学におけるニュールック（new look in psychology）」あるいは「知覚におけるニュールック（new look in perception）」と表現されている。

問題 4.3

問1 7±2チャンク。　チャンクとは，ミラー（Miller, G. A.）が提案した情報処理の心理的な単位のこと。

問2 長期記憶（Long term memory）。

問3 エビングハウス（Ebbinghaus, H.）。　自分自身を被験者として，記憶に関するさまざまな実験を行った。『記憶について』（1885）が代表作。

問4 意味（semantic）。

問5 エピソード（episode）。

問6 手続き記憶。

問7 展望的または未来。

問8 選択的健忘。

問9 記憶喪失以後の新しい内容を記憶できない場合であり，高齢者で食事をしたばかりなのに，まだ食事をしていないと主張する例があげられる。

問10 既視感（デジャヴュ）。　デジャヴュはフランス語で，déjavuと書く。

問題 4.4

問1 レディネス（準備性：readiness）。

問2 学習。

問3 ワトソン（Watson, J. B.）。

問4 輻輳説（theory of covergence），または加算的寄与説（theory of independent additive contribution）。

問5 環境閾値説（theory of environmental threshold）。

問6 横断的方法（cross-sectional method）。

問7 長所は，一斉に実施して多数の調査データを得ることができる，短時間で実施できるなど。短所は，一人ひとりの個人差，その当時の時代背景の影響がわからないことである。

問8 縦断的方法（longitudinal method）。

問9 長所は，一人ひとりの正確な発達的変化がわかることである。　短所は，調査協力者がだんだん減ってくること，調査期間が長期にわたることなどである。

問題 4.5

問1 ウェクスラー（Wechsler, D.）。　WPPSI（幼児用），WISC（児童・生徒用），WAIS（成人用）の作成で有名である。

問2 いくつかを例示する（辰野千寿『新しい知能観に立った知能検査基本ハンドブック』（1995）の要約を参考にした）。

　　（a）批判：知能検査は子どもの優劣をつける差別の道具である。

反論：それは知能指数が不変であるという誤解による。個人の知能指数は変化する。それはむしろ使い方の未熟さによる誤解である。
(b) 批判：知能検査では学校の成績は予測できない。
反論：学校の成績は，学習意欲や教師の指導法，テスト問題の内容などの多くの要因によって決まる。知能検査ではそれらは扱っていないので当然である。知能検査への知識不足による誤解である。
(c) 批判：知能検査では創造性はわからない。
反論：批判の通りである。ただし，創造性検査の開発の試みもなされていて今後の発展が期待される。

問3 日文式高校用進路適性検査：サスセス（日本文化科学社），フジエイト進路適性検査（フジエイト），SG式進路発見検査：EPIC（実務教育出版），教研式学年別進路適性診断システム：PASカード（図書文化社）など

問4 厚生労働省一般職業適性検査：進路指導用GATB（雇用問題研究会），VPI職業興味検査（日本文化科学社／雇用問題研究），教研式職業興味・志望診断検査（図書文化社）など

問5 APP事故傾向予測検査：安全教育用（東京心理）など

問6 長所：
①性格や一般精神機能の特徴を調べて，職業上の配置の基礎資料として生かすことができる。
②検査を受ける者の意図的な受検態度ができにくい。
短所：
①検査結果の判定が高度で，解釈には高度な訓練や経験を必要とする。
②性格の一面の診断に限られている。

問題 4.6

問1 感覚運動。
問2 知識は感覚と運動との結びつきを通して成立していくのだということがうかがえる。
問3 前操作。
問4 2つの同じビーカーAとBに水を入れて，液量が同じであることを確認させる。別の細長いビーカーCのなかに，Aの水を残さず移す。BとCの水の量を比較させると，この時期の子どもはCの方が多いという。これは，Cの方が水面の高さが高いという「見え」にまどわされたためとみられる。これは，液量の保存を理解する操作がまだできない証拠であるとする。
問5 形式的操作。
問6 前論理的思考。
問7 論理的思考。
問8 表象的思考。

問題 4.7

問1 心理的離乳（psychological weaning）。　乳児の生理的な離乳になぞらえて表現した。
問2 形式的操作期。
問3 第2反抗。
問4 脱衛星化（desatellization）。
問5 集団規範（group norm）。　集団規範にしたがうということは，同調行動（conforming behavior）であり，それに反することは逸脱行動（deviant behavior）とよばれる。
したがって，仲間からみて逸脱しているとみなされれば，仲間はずれにされる。青年はひとりぽっ

ちになることを嫌い，そのために集団に同調する。極端な場合には，反社会的行動を引き起こすこともある。
- 問6 シュプランガー（Spranger, E.）。 自我の発見は「孤独の体験」を伴うとした。
- 問7 社会的自己（social self）。 オルポート（Allport, G. W.）は，自分についての社会的評価や評判を社会的自己とよんだ。
- 問8 二次性徴。 これは，にきびや体毛の発生，初潮や精通現象，筋肉質の体型（男）や，ふくよかな体型（女）などを総称したものである。
- 問9 発達の加速現象。 ベンホルト－トムゼン（Benholdt-Tomsen, C.）は，ヨーロッパの資料を整理して，「若い世代の身体発達が量的に増大し，急増の時期や二次性徴などの発達の時期が早期化してきた」ことを明らかにし，これを「発達の加速現象」とよんだ。
- 問10 憧憬（しょうけい）。 ビューラー（Bühler, Ch.）は，個体が補充を必要とするところに青年期の生物学的意味があり，そこから精神的な「憧憬」が生じると述べている。

問題 4.8

- 問1 フロイト（Freud, S.）の精神分析理論。
- 問2 道（コース）が分かれる分岐点，峠。 危険という意味ではない。なお，8つの心理・社会的危機は，順に，「基本的信頼感（あるいは信頼感）対 不信感」「自律性 対 恥・疑惑」「自発性（あるいは主導性）対 罪悪感」「勤勉性（あるいは生産性）対 劣等感」「アイデンティティ達成（あるいは同一性）対 アイデンティティ拡散（あるいは同一性拡散）」「親密性 対 孤立」「生殖性 対 自己吸収」「統合性 対 絶望（あるいは嫌悪・絶望）」である。
- 問3 忠誠（あるいは誠実）。 最初の段階から，順に，希望，意志（あるいは意志力），決意（あるいは目標），適格性（あるいは才能），忠誠（あるいは誠実），愛，世話，英智である。したがって，青年期の徳は忠誠（あるいは誠実）である。［なお問2，問3のかっこ内の用語は訳語の不統一によるものである］
- 問4 一貫して自分は同一であるという同一性感（sameness）と，時間的に自分は連続した存在であるという連続性（continuity）の感覚。
- 問5 モラトリアム（moratorium）。 エリクソン（Erikson, E. H.）は，青年が社会から責任・義務を免除されていることをこのように表現した。
- 問6 マーシャ（Marcia, J. E.）が取り上げたアイデンティティ・ステイタス（同一性地位）は，職業とイデオロギーの2領域における，「危機」の経験の有無，および積極的関与の有無の2×2の組み合わせによって，合計4つの類型に分けられる。
- 問7 上記（問6の解答例）にある基準のうち，「危機」を経験し，「積極的関与」をおこなっている類型である。
- 問8 仲間集団・外集団（リーダーシップのモデルとして）の人々。
- 問9 ルター（宗教改革で有名），ガンジー（インド，無抵抗主義で有名），ヒトラー（ナチス，ドイツ）などである。
- 問10 『幼児期と社会』（みすず書房），『老年期』（みすず書房），『主体性—青年と危機—』（北望社），『洞察と責任』（誠信書房），『青年ルター』（教文館），『ガンディーの真理』（みすず書房），『玩具と理性』（みすず書房）などがある。

問題 4.9

- 問1 良心（conscience）。
- 問2 男児が，無意識のうちに，母親に対して愛情をもち，あわせて父親に対して憎悪をいだくという複

合感情（コンプレックス）のこと。フロイト（Freud, S.）によれば、5～6歳頃には、母親へのこのような愛は父親の怒りを喚起させ、それによって男児は父親に対して恐怖感を強く感じる（去勢不安）。その結果、男児は、父親の怒りをしずめるとともに、母親の愛をも勝ち取るという問題を解決しなければいけなくなる。そのための策として、彼自身が、母親の愛する対象としての父親のようになろうと努める。したがって、父親の存在は大きい。なお、女児の場合は、この性別は逆になるが、これはエレクトラ・コンプレックスとよばれる。

問3　観察学習（observational learning）。

問4　他律的でおとなの拘束による道徳観から、自律的で仲間との協同による道徳観への変化、一方的尊敬から相互的尊敬への変化としてとらえた。無道徳の段階→他律的な道徳の段階→自律的な道徳の段階でもよいだろう。

問5　前慣習的水準（pre-conventional level）、慣習的水準（conventional level）、後慣習的水準（post-conventional level）の3水準である。
1つ目の前慣習的水準は罰や服従、報酬や返報をもとに道徳的判断をする水準である。2つ目の慣習的水準は、よい・正しい役割を実行し、紋切り型の判断や、他者の期待を維持するような判断をする水準である。3つ目の後慣習的水準（あるいは脱慣習的水準）は、原則的水準とも訳される。これは、道徳的な価値は、自己自身の原則、規範の維持にあると判断する水準である。

問6　配慮と責任性の道徳性（morality of care and responsibility）。

問7　共感（empathy）。

問8　視点取得あるいは観点取得（perspective taking）、または役割取得（role taking）。

問9　自分の行為が相手に及ぼす結果について説明を加えたり、相手の立場に立って自分の行動を考えるようにさせるといったしつけのあり方。

問題 4.10

問1　パーソナリティとは、個人の内部にあって、その人の行動にその人らしい特徴をもたらす個人的要因を説明するものである。オルポート（Allport, G. W.）の定義によれば、「個人を特徴づけている行動と思考を決定するところの精神・身体的システムであって、その個人の内部に存在する力動的な組織」である。

問2　対人認知や印象形成に生じやすい原因の例として、ハロー効果、包装効果、寛大効果などがある。ハロー効果とは、光背効果ともいい、人をある側面でよい（悪い）と判断すると他のすべての面までよい（悪い）と判断してしまう傾向である。包装効果とは、ある特性をもっている人は、必ず別のある特性もあわせもっていると判断してしまうことである。寛大効果とは、他者の望ましい特性をより好意的に、望ましくない特性をそれほど悪くないと思ってしまうことである。

問3　初頭。これとは逆に、はじめの印象が破棄され、後から与えられた情報が重要になるという新近効果も指摘されている。

問4　ハイダー（Heider, F.）。オーストリア生まれ。1930年に渡米し、1947年からカンザス大学教授。

問5　フェスティンガー（Festinger, L.）。レヴィン（Lewin, K.）のもとで博士学位を取得。ミネソタ大学、スタンフォード大学、新社会研究学院の教授を歴任。社会的比較過程の理論を提唱したことでも有名。

問6　自分の考えと実際の行動が不一致であったり、2つの相容れない考えをもっているような不協和な状態は心理的に不快であるので、人はこれを解消し、協和な心理状態に移行するよう動機づけられるとする理論。

問7　近接性。

問8　自分と相手との間で、性格や能力、価値観や意見、態度などが類似していると好意度が増す。これは、対象（事物・事象や第三者）に対して、一致して肯定的態度をもつ相手に3者関係を示す記号

の積がプラスになることであり，バランス状態が成立するからである。
- 問9　原因帰属（causal attribution）。
- 問10　ANOVA（Analysis of Variance）。　分散分析の英語を略して，アノーヴァという。

問題 4.11

- 問1　内発的。　バーライン（Berlyne, D. E.）は，適切な程度の概念的葛藤（conceptual conflict）が，知的好奇心，内発的動機づけ（intrinisic motivation）を引き起こすとした。
- 問2　外発的。　ほめる，叱るといった言語的な賞，罰は，外発的な動機づけの代表例である。お金や，欲しいモノを買うといったことも外発的動機づけとなる。なお，児童生徒によって，何が動機づけになるのかは異なるし，動機づけの強さも違ってくる。
- 問3　態度変容。
- 問4　段階的要請法（あるいはフット・イン・ザ・ドア・テクニック：foot-in-the-door technique）。
- 問5　バランス（あるいは均衡，あるいはP-O-X）。
- 問6　プラス（＋）。　たとえば，自分はA先生が好き（＋），A先生は英語が好き（＋），自分は英語が嫌いなら（－），心情関係は［＋］×［＋］×［－］＝［－］となり，3項関係は不均衡である。この状態は不快であるから，かけ算がプラスになるように，つまり，自分がA先生が嫌いになるか，A先生に英語が嫌いになってもらうか，自分も英語が好きになるかなど，いずれかの態度変容へと向かうことになる。
- 問7　自己効力（self-efficacy）。
- 問8　自分と同じぐらいの力だと思っている中学校男子生徒が100メートル走を14秒3で走った。A君はそれを見て，いまはできなかったが，自分も頑張れば本当は達成できるはずだと思って練習を始めた。これは，他者の行動や結果を観察することによって，自分も本当はやればできるはずだという信念をもつに至った例である。

問題 4.12

- 問1　intelligence quotient, IQ：知能指数。
- 問2　『教室におけるピグマリオン（または，教室のピグマリオン）』
  Rosenthal, R., & Jacobson, L. (1968) *Pygmalion in the classroom: Teacher expectation and pupils' intellectual development.* New York: Holt, Rinehard & Winston.
- 問3　教師期待効果（teacher expectation effect）。　ちなみに，ババットら（Babad, E. Y. et al., 1982）は，教師が児童生徒に肯定的な期待をかけて自己成就した場合をガラティア効果（Galatea effect），否定的な期待の効果をゴレム効果（Golem effect）としてピグマリオン効果には2種類あるとしている。
- 問4　①児童の年齢が増すと，教師の期待よりも児童自身の期待（自己成就的予言と自信）が影響するのではないか，②実施した知能検査が低学年の児童には不適である，③追試しても実証できないなど。
- 問5　ピグマリオン効果が実証できるかどうかは別として，教師自身が児童生徒に多大な影響を与えているのだということを絶えず心に留めるべきである。

問題 4.13

- 問1　モレノ（Moreno, J. L.）。
- 問2　ソシオ・マトリックス（sociomatrix）表。

問3 ソシオグラム（sociogram）。
問4 分断分離型。　教師が班ごとに競争をあおったり，男女差が強調される雰囲気になると，相互に対立したり閉鎖的になる小集団が発生しやすい。
問5 ①質問の仕方，特に排斥児童の名前を書かせることは，そのような子がいることをかえって意識させることになるという批判が強い。したがって，最近では排斥児の記名は求めないのが普通になっている。
②教師と児童生徒の信頼関係がかなり重要になってくる。たとえ選択児の名前を書かせたとしても，その通りに席替えをする教師がよいかどうかが問題になる。

問題 4.14

問1 効果の法則，練習の法則，準備の法則。　学習が試行錯誤（trial and error）によって成立するという説は，いまなお，古典的な学習理論の1つである。学習者は最初は新しい課題（刺激）への解決の試み（反応）に失敗するのであるが，何度も繰り返し試行すると，だんだんと成功反応が続くようになり学習が成立する。学習を刺激と反応の適切な結びつきとして考えると，この過程には，効果の法則，練習の法則，準備の法則がはたらくとした。これを「学習の三大法則」とよんでいる。

問2 長所は，①短時間で広範囲に網羅的な知識チェックができることである。この他，②他の方法と比べると幼児や老人にも適用できる，③採点が簡単であるなど。短所は，①まぐれあたりが多い，②断片的な知識を問う設問になりがちである，③正解が1つとなる設問しか出題できないなどである。
真偽法は，まぐれ当たりの多い解答形式であるから，むしろ，①短時間で網羅的に全体をチェックする場合，②受験者にあらかじめほぼ満点が期待されていて全範囲をマスターしているかどうかの点検に使う場合などに威力を発揮する。

問3 設問例：1192年に鎌倉幕府を開いたのは誰か。／解答例：源頼朝など。
単純再生法は，①人名，②年号，③化学記号，④ひらがなを漢字に直す，⑤漢字に読みがなをふるなど，答えを短い単語で答えさせる設問である。採点が客観的にできる。短答式とよばれることもある。

問4 8年研究。　8年間続いた大規模なものであることから，この名称がついている。教育測定から教育評価へと視点が広がる契機になったことで有名である。

問5 児童生徒の行動をありのままに観察する方法である。①観察する研究者・教育者が，相手に介入しない（働きかけをしない）自然観察法，②特定の場面を設定してそのなかで起こる行動を観察する実験的観察法がある。したがって，この点で，基本的には本人の自己報告を求める質問紙法とは異なる。質問紙法と比べての観察法の長所は，日常的な行動のようすがわかることである。短所としては，その行動の意味がわかりにくいことがあったり，こちらの関心のある行動がなかなか生起しないので観察のチャンスが少ないことなどがあげられる。

問6 情意的領域，精神・運動的領域。　情意的領域は，指導要録の観点別評価のうち，「関心・意欲・態度」と深くかかわる。しかし，まだ，その測定には検討の余地があり，教育現場に混乱が残されている。精神・運動的領域の検討はあまり進んでいない。

問7 学習に8時間必要な時に学習者が8時間学習に使用できれば，それが完全に習得できるとする理論である。　ここでいう必要な時間は，適性や授業の理解力によって調べられる。使用する時間は，学習の持続力や機会によって定まる。これを具体的に展開したのが先のブルーム（Bloom, B. S.）である。

問8 集団準拠の評価法は相対評価法，目標準拠の評価法は絶対評価法（あるいは到達度評価法，達成評価法）。　指導要録の5段階評定の主要な評価法としては相対評価が使われてきたが，平成14年から始まった改訂によって絶対評価が奨励され相対評価の位置づけがかなり後退した。絶対評価は観

点別評価の主要な記載方法として使われている。
- 問9 授業や教育の途中での評価である。未達成者を見つけたり，その指導（治療教育）を決定したりするのに役立てる。
- 問10 プログラム学習，CAI．　プログラム学習では，最初は，プログラムド・ブックという小さな問題教材の系列全部の冊子を用いていたが，のちにティーチング・マシーンを用いるようになった。近年は，パソコンなどを用いて学習者の反応とフィードバックを制御している。この教育を，CAI（コンピュータ支援教育）と総称している。

問題 4.15

- 問1 ステレオタイプ（stereotype）。
- 問2 ハロー効果（halo effect）。
- 問3 論理的誤謬（論理的エラー）。
- 問4 寛大化エラー（寛容効果ともいう）。
- 問5 ローゼンソール（Rosenthal, R.）。
- 問6 ギリシア神話。

問題 4.16

- 問1 セリエ（Selye, H.）。　ウィーン生まれ。カナダの内分泌学者。
- 問2 ストレッサー（stressor）。
- 問3 汎適応。汎適応症候群（general adaptation syndrome）が正解。
- 問4 警告期，抵抗期，疲憊期。
- 問5 コーピング（coping）または対処行動。
- 問6 気分転換をするなど。
- 問7 問題焦点。
- 問8 ライフ・イベント（life event）。
- 問9 社会的再適応評定。　この尺度の原題は，The social readjustment rating scale である。
- 問10 「配偶者の死」で，ストレスの評価点は最高の100点である。
- 問11 心身症（psychosomatic disease）。　心身症とは，身体疾患のなかで，その発症や経過に心理社会的要因が密接に関与し，器質的ないし機能的障害が認められる病態をいう。ただし，神経症やうつ病など，他の精神障害に伴う心身症状は除外される。

問題 4.17

- 問1 過換気症候群（過呼吸症候群：hyperventilation syndrome）。　発作的に換気（呼気＋吸気）が過剰の状態になり，それによって心身に疾患が生じる。紙袋呼吸（ペーパー・バック・リブレッシング法）で対処し，薬物療法，自律訓練法を併用すると，発作が起こらなくなることが多いとされる。
- 問2 神経性食欲不振症（思春期やせ症）。　摂食行動の異常による障害を総称して摂食障害（eating disorder）という。主症状は，神経性食欲不振症／過食症（anorexia nervosa/bulimia nervosa）であり，多くは思春期の少女に発症することから，思春期やせ症ともよばれる。治療期間は長引くことが多い。
- 問3 過敏性腸症候群（irritable bowel syndrome, IBS）。　マニング（Manning, A. P.）の診断基準がよく知られている。青年期以降の発症が多く，数ヶ月から1年単位の経過をたどる代表的な消化器系

問4 チック（tic）。　不随意的で，反復的な筋肉運動による習慣性の発作である。年齢的には幼児から小学校低学年，性別としては男児に多いといわれている。脳炎の後遺症や，器質性のものとは区別する。治療には，遊戯療法，箱庭療法を用いることが多い。

問5 場面緘黙症，あるいは心因性緘黙症。　緘黙（mutism）とは，器質的には障害がみられないのにことばを発しない状態である。子どもでは，幼稚園の入園，小学校の入学時によくみられる。これらは対人場面で緊張感が高まるためで，話さなければ緊張が低減できるからだと解釈されている。したがって，積極的に社会的スキルのトレーニングをおこなって，これを克服させることがある。

問6 胃潰瘍，十二指腸潰瘍などの消化器系潰瘍。

問7 不潔恐怖症。　強迫神経症（obsessive-compulsive neurosis）の1つであり，反復的に強迫観念が生まれてくる。オペラント条件づけの原理による説明が有効な時には，行動療法を用いることがある。

（繰り返すが，以上はあくまでも可能性の1つであり，けっして安易に断定すべきものではない）

問題 4.18

問1 20答法（あるいはWAI法）。　20の問いかけに答えるということから，このように呼ばれる。英語では，Who am I ? ということからWAI法ともいう。

問2 エクササイズ。

問3 NASA（月面遭難，あるいは宇宙船SOS）。

問4 シェアリング（共有化，わかちあいのことである）。

問5 振り返り。

問6 ロール・プレイ（役割演技法：role play）。　もともとは，モレノ（Moreno, J. L.）の創案によるサイコドラマ（心理劇：psychodrama）という集団精神療法の1つである。

問題 4.19

問1 精神分析的カウンセリング，指示的カウンセリング，非指示的（来談者中心）カウンセリング，行動主義的（あるいは行動療法的）カウンセリング，折衷的カウンセリングなど。

問2 開発的。

問3 治療的。

問4 臨床心理士。　都道府県の事情によっては，精神科医師，心理学を専門とする大学教授があたることもある。

問5 クライエントに対する無条件の肯定的配慮，（「積極的な尊重」とも訳される）。

問6 クライエントへの共感的理解。

問7 (a) 逸話見本法　エピソードに注目して記録をしていく。
(b) 事象見本法　イベント・サンプリング（event sampling）ともいう。行動を前後関係の流れのなかでとらえるので，質的なデータ収集法としてすぐれている。
(c) 時間間隔　時間見本法は，タイム・サンプリング（time sampling）ともいわれる。9分休んで1分間観察とか，50分休んで10分間観察とか，任意の適切な時間間隔をとって観察する方法である。頻度や持続時間の長期的な量の把握にすぐれている。
(d) 評定尺度法　他の方法とくらべるとそれほどの訓練を必要とせず，何より効率的に記録できる点ですぐれている。

問題 4.20

問 1 注意欠陥／多動（性）障害。 attention-deficit/hyperactivity disorder の略である。7 歳未満に発症し，学齢期以降には多動で落ち着きがない，逸脱行為がみられる，注意集中困難などの状態が，同学年の普通の児童，生徒とくらべて非常に顕著にみられる。

問 2 認知障害が基本障害であり，対人関係についての障害は派生した副次的なものであるとする説。

問 3 PDD とは，pervasive developmental disorders の略であり，広汎性発達障害とよばれている。PDD は，自閉症，レット障害，小児期崩壊性障害，アスペルガー障害などを含む。多範囲にわたっての発達上の重度の欠陥や障害を特徴としている。

問 4 標準学力検査などの他に，ウェクスラー知能検査を実施して，言語性知能と動作性（非言語性）知能を調べる。この検査によって，一方が極度に悪いときには言語性 LD，あるいは動作性 LD を疑う。また，K-ABC（Kaufman assessment battery for children）を実施して，同時処理能力（全体をひとめで理解する能力），継時処理能力（ことばや動作を段取りにしたがって順序よく理解する能力）をみて得点の低さから LD を疑う。もちろん，他の検査や行動観察も併用する。

問 5 learning disorders

問 6 learning disabilities

事項索引

(五十音順，**1.106** は問題番号を表す)

あ

愛着　**1.106**
アイデンティティ　**3.39**
アイデンティティ拡散　**3.40**
アイデンティティ・ステイタス　**3.41**
アイデンティティ・ステイタスの4類型　**1.112**
アイヒマン実験　**2.86**
アヴェロンの野生児　**2.1**
明るさの対比　**2.113**
アクション・スリップ　**1.150**
味の4面体説　**2.20**
遊びの発達理論　**3.23**
アタッチメントの分類　**2.125**
アッシュの同調性実験　**1.16**
アメリカ教育心理学の父　**3.98**
アルゴリズム　**1.147**
アルダファのERGモデル　**3.126**
アルバート坊やの情動的条件づけ　**2.109**
アレキシサイミア　**2.142**
アンダーマイニング効果　**1.227**
アンドロジニー　**2.238**
移行学習　**1.237**
いじめ　**2.24**
一対比較法　**2.155**
遺伝と環境の影響　**2.60**
イド　**1.62**
EPPS　**2.3**
EPPS性格検査　**1.217**
意味記憶　**1.139**
意味的ネットワーク・モデル　**1.230**
因子分析　**1.186**　**2.55**
印象形成　**1.87**
インテーク面接　**2.200**
ヴィンセント曲線　**2.219**
ウェーバーの法則　**1.166**
ウェクスラー検査　**1.34**
嘘発見器　**2.18**
内田＝クレペリン精神作業検査　**2.205**　**3.120**
運動視に関する実験的研究　**2.157**
エイジング　**2.30**
エキスパート（熟達者）　**2.222**
S-R理論　**1.204**
SQ3R法　**2.79**
SCT　**2.5**
STAI　**1.69**
SD法　**1.131**
ATI（適性処遇交互作用）　**1.159**　**2.129**
ATSモデル　**2.166**
エディプス・コンプレックス　**1.63**
エピソード記憶　**1.139**
エビングハウスの忘却曲線　**1.242**
エフェクタンス動機　**2.183**
F尺度　**1.70**
MAS　**1.53**
MMPI　**1.56**　**2.4**
MPI　**1.91**
エリクソンによる心理・社会的発達理論　**3.6**
エリクソンの漸成理論　**1.111**
エリクソンの発達段階説　**2.127**
エリクソンの発達理論　**4.8**
LD（学習障害）　**4.20**
エンカウンター・グループ　**1.15**
オオカミに育てられた少女　**1.26**
大きさの錯視　**2.120**
奥行き知覚　**2.14**
奥行き知覚を生み出す刺激布置の要因　**2.118**
OJT　**2.188**
OFF-JT　**2.188**
オペラント　**2.212**
オペラント行動　**1.137**
オペラント条件づけ　**1.32**
親の養育態度　**2.132**

か

カイ自乗（χ^2）検定　**1.247**　**2.56**
カウンセリング　**1.96**
カウンセリングの源流　**3.109**
カウンセリングの諸理論　**3.150**
カウンセリングの用語　**3.111**
カウンセリング・マインド　**3.112**
科学的管理法の原理　**2.158**
拡散的思考　**1.148**
学習意欲　**4.11**
学習障害　**3.32**
学習性無力感　**2.93**　**3.72**
学習方法　**3.74**
カクテルパーティ現象　**1.169**
仮現運動　**2.117**
火星からの侵入　**2.88**
家族療法　**2.194**
学級集団構造の発達　**3.87**
学級集団の凝集性　**3.86**
学校教育相談　**3.106**
学校教育相談の特徴　**3.105**
学校教育相談の役割　**3.104**
学校生活でみられる心配な行動　**4.17**
葛藤（コンフリクト）　**3.128**
空の巣症候群　**2.48**
ガルシア効果　**1.144**
感覚的記憶　**1.133**
簡潔性の原理　**1.180**
観察学習・モデリング　**1.229**　**2.69**
干渉説　**1.202**
関心，意欲，態度　**3.56**
感染症　**3.12**
観念失行　**2.95**
記憶　**4.3**
記憶障害　**2.94**
記憶の過程　**1.36**
菊と刀　**1.17**
吃音症　**3.16**
基本的情動　**2.182**
基本的信頼　**2.28**
肌理の勾配　**1.168**
逆転・反転メガネ　**2.112**
客観的テスト　**3.61**
客観テスト　**1.38**
キャリア・カウンセラー　**3.143**
QOL　**2.188**
QC　**2.188**
教育工学　**3.79**　**3.92**
教育相談　**4.19**
教育相談の過程　**3.107**
教育の過程　**3.99**
教育評価　**3.51**
教育評価ハンドブック　**3.100**
教育評価法のあゆみ　**4.14**
教育目標の分類学　**1.152**
鏡映描写実験　**2.16**
鏡映文字　**3.21**
境界人（周辺人）　**1.109**
頬骨筋　**2.233**
教師のカウンセリング・マインド　**3.108**
教師のパワー　**3.93**

事項索引

恐怖症　3.44
共分散構造分析　2.8
去勢不安　2.40
起立性調節障害　3.137
ギルフォードの知能構造モデル　1.241
緊急事態における援助行動　2.232
近刺激　2.61
区間推定　2.160
倉敷労働科学研究所　2.158
グループカウンセリング　3.135
クレッチマーの類型論　1.13
形成的評価　1.153　2.29　3.53
系統的抽出法　2.151
K-ABC　1.161
ゲシュタルト心理学　1.205
ゲシュタルトの法則　1.178
ゲシュタルト療法　1.234
結晶性知能　2.136
権威主義的パーソナリティ　1.70　2.39
原因帰属　1.19　1.88　1.92
嫌悪刺激の除去　1.149
言語性失語　2.66
言語相対性仮説　1.243
言語聴覚士　2.248
攻撃行動理論　1.99
高原現象　1.146
向社会性の理論　3.36
恒常性　1.177　2.162
構成的グループ・エンカウンター　3.117
口頭試験　3.57
行動主義者の見た心理学　2.104
行動主義の心理学　1.208
行動・性格をとらえる心理検査　4.5
行動療法　2.41
校内暴力　2.26
合理化　1.9
合理的経済人　2.85
交流分析　1.66　1.235　2.241　3.136
コーシャス・シフト　3.94
コールバーグによる道徳的判断の発達理論　3.5
刻印づけ　1.25
個性記述的接近法　1.219
ごっこ遊び　2.223
孤独なる群集　1.77
子供の誕生　2.102
コミュニケーション・ネットワークの実験　2.189
コミュニケーションの2段の流れ仮説　1.100
コルサコフ症候群　1.71

コンティンジェンシー理論（状況即応理論）　1.90　2.84
コンピテンス　1.238
コンフリクト　1.128

さ

サーヴェイマップ型　2.167
サーカディアン・リズム　1.220　2.119
サークル島の物語　2.211
サーストン法　2.206
最初の性格検査　1.209
最頻値（モード）　1.49
作業療法士　2.248
サッケード　1.6　2.214
サッチャー錯視　2.17
サブリミナル効果　1.22
3歳児健診　2.247
算術平均値　1.48
CAI　1.46
CAT　1.64
ジェームズ＝ランゲ説　1.2
ジェンダー　2.71
ジェンダー・スキーマ理論　2.72
視覚的断崖の実験　1.114
視覚野の領域　2.168
自我同一性地位（アイデンティティ・ステイタス）　2.128
自我防衛　2.191
色彩の三原色説　1.167
刺激閾　1.179
自己　2.134
自己愛性人格障害　3.139
思考の硬さ　1.142
思考方略　1.213
自己効力　1.231　3.83
自己実現した人間　2.250
自己呈示行動　2.237
思春期　3.34
自傷行為　3.138
膝蓋腱反射　2.23
実験計画法　1.184
実験条件　1.172
実験法　2.153
疾風怒濤の時期　3.35
質問紙法　1.191
質問紙法の特徴　2.152
CDP　2.188
児童期の仲間関係　3.29
児童相談所の役割　2.99
児童の精神　2.102
児童福祉施設　2.245
G-P分析　1.160
自閉症　3.30

自閉性障害　3.31
社会調査　2.9
社会的距離尺度　1.93
社会的構成主義　2.209
社会的参照　2.22
社会的勢力　2.140
社会的促進　1.80　2.34　3.95
社会的知能　2.131
社会的認知理論　2.38
社会的望ましさ　1.236
社会的微笑　2.130
尺度の種類　2.106
自由からの逃走　1.54
囚人ジレンマゲーム　2.231
囚人のジレンマ　1.78
集団　3.85
集団式知能検査　1.187
縦断的方法　1.121
集団内の同調行動　2.83
十分に機能する人間　1.14　3.132
熟慮型-衝動型テスト　2.224
準拠集団　1.24
純粋失認　2.96
順応　1.176
昇華　1.10
生涯にわたる発達理論　3.2
状況的な一貫性　2.181
成就値　3.63
情緒立体モデル　1.3
焦点づけ（Focusing）　1.67　2.141
小脳　2.216
賞罰　1.171
触法少年　2.50
初頭効果　1.87
ジョハリの窓　1.233　3.134
自動運動　1.5
自律訓練法　1.68
神経性食欲不振症　3.43
人工知能　2.115
人工妊娠中絶　2.97
心身一元論　2.101
心身相関　2.246
新生児期の特徴　3.8
新生児の行動状態　2.226
新生児の反射　2.124
人生の正午　2.80
身体の障害　3.14
身体表現性障害　2.196
新フロイト派　2.203
親密化理論　2.239
心理学関係の資格　3.110
心理学研究法　1.50
心理学原理　2.104
心理学と産業能率　2.158
心理学の歴史　4.1

| 心理検査の実施上の留意点 3.118
| 心理検査の種類 3.119
| 心理・社会的側面 1.119
| 心理尺度 2.7
| 心理測定の父 1.42
| 心理的離乳 1.30 3.33
| 心理療法 1.96
| 心理療法における転移 2.135
| 進路指導 3.140
| 進路指導主事 2.228
| 進路指導で使用する心理検査 3.145
| 進路指導の基本的な流れ 2.227
| 進路相談技法 3.146
| スーパー・エゴ 2.243
| スーパーによる進路発達理論 3.142
| スタンバーグの知能理論 1.223
| ステレオタイプ 3.115
| ストレス 3.129
| ストレス（コーピング） 4.16
| ストレス対処モデル 1.232
| ストレス反応 2.149
| スピアマン＝ブラウンの公式 1.192
| 性格検査 3.122
| 性格（パーソナリティ）の5因子論（ビッグ・ファイブ） 1.57
| 生活上のストレス 1.97
| 性感染症 2.98
| 精神物理学的測定法 2.2
| 精神分析入門 2.104
| 精神分析理論 2.145
| 生態学的発達モデル 2.122
| 生徒指導 2.228
| 青年 1.39
| 青年期 2.102
| 青年期の徴候 1.103
| 青年期の人間関係 4.7
| 生理的早産 1.27
| 生理的動機 1.122
| 世界最初の心理学実験講座 1.40
| 絶対評価 1.154
| 説得される心理 2.37
| z 得点 2.175
| Z 得点 1.158 3.64
| 折半法 1.197
| セマンティック・ディファレンシャル法 2.159
| 宣言的知識 2.114
| 潜在記憶 2.165
| 選択的注意 2.13
| 全訂版田中＝ビネー知能検査 1.151
| 前頭前野の機能障害 2.92
| 総括的評価 3.55
| 走性 2.19
| 創造性 3.37
| 創造的思考の4段階 1.135

相対的臨界期（敏感期） 2.161
層別サンプリング 1.249
相貌的知覚 1.101 3.24
ソーシャル・サポート 3.113
ソーンダイクの単語帳 3.98
ソシオグラム 1.74
ソシオメトリック構造 1.85
ソシオメトリック・テスト 1.18 2.176 3.91 4.13
ソンディ・テスト 2.45

た

第1反抗期 1.102
対応のある t 検定 2.208
怠学 3.101
対象関係論 2.210
対象の永続性 2.172
対人関係 4.10
対人魅力の規定因 2.90
態度の構成成分 1.84
態度の測定 2.35
態度変容 1.89
態度変容の免疫理論（接種理論） 2.82
第二の個体化 1.120
代表値 2.54
タイプA行動 1.65 2.193
代理強化 2.77
対連合学習 1.33
ダウン症 2.44
他視点取得 2.76
多重知能理論 1.189 2.138
多重比較の検定 2.6
脱制止 1.240
達成動機 1.123
妥当性 1.195
タブラ・ラサ 2.51
ダブルバーレル質問 2.201
短期記憶 1.37 2.180
単語認知の過程 1.225
単純接触効果 2.186
知覚 4.2
知覚的防衛 1.214
知識の領域固有性 1.224
チック 2.148
知的障害 3.15
知能・記憶の障害 2.249
知能検査 3.26
知能検査の教育利用 3.65
知能指数（IQ） 1.175
知能テスト 1.174
知能の多因子説 1.165
知能の鼎立理論 2.81
知能の理論 3.82

注意 3.70
注意欠陥／多動障害 3.17
中央値 1.45
長期記憶 1.134
DSM-Ⅳ 3.13
DSM-Ⅳ-TR 2.195
TAT 1.55 2.47
Tグループ 1.23
t 検定 1.246
T 得点 1.158
デイ・ドリーム 2.243
適応機制 3.123
適性処遇交互作用 3.78
テストステロン 2.73
データ駆動処理型 2.217
データマイニング 2.57
デブリーフィング 2.105
テレビ番組が子どもに与える影響 2.32
天井効果 1.194
点推定 2.160
転導推理 3.18
投影法 1.51
投影法検査 2.185 2.192
等間隔抽出法 2.151
同化と調節 1.110
動機づけ 3.54
道具的条件づけ 1.32 1.138
憧憬 1.211
統計的検定 1.198 2.104
統計的有意性 1.200
統語論的構造 2.104
動作性IQと言語性IQ 2.139
洞察学習 1.207
同時条件づけ 1.245
道徳性の発達 1.115 4.9
トゥレット症候群 2.244
特性・因子理論 3.141
トリクル・ダウン現象 1.95

な

内観法 1.50
内観療法 2.199
内発的動機 1.126
内発的動機づけ 3.69
仲間関係つくり 3.88
7±2チャンク 1.37
なわばり 2.240
二次性徴 1.108 3.42
日記資料の分析 1.203
乳児期の一般的な特徴 3.9
乳児の社会性の発達 2.171
乳児の視力 2.75
乳児の対人関係の発達 3.10

乳幼児精神発達診断法　2.173
ニュールック心理学　1.190
人間関係テスト　2.137
人間主義的・実存主義的アプローチ
　2.204
認知革命　2.110　2.156
認知症　2.43
認知地図　1.140
認知的均衡理論　1.20
ネッカーの立方体　2.12
ノイローゼ　2.243
脳波　1.129
ノンパラメトリック検定　2.107

は

パーソナリティ障害　2.197
パーソナリティの4階層構造　1.218
パーソナリティの類型論　1.58
パーソナル・スペース（個人空間）
　1.76　2.234
パーテンによる遊びの発達理論
　3.23
ハイダーのバランス理論　2.236
ハヴィガーストの発達課題　1.113
　3.3
箱庭療法　2.146
バズ学習　3.75
パターン認識の基礎過程　2.213
発見学習　3.68
発達　1.118　3.11
発達加速現象　1.105
発達課題　2.224
発達指数（DQ）　2.123
発達段階　2.21
発達的同一視説　2.224
発達に関する規定因　4.4
発達の原理　2.225
発達の最近接領域　1.117
発達の成熟優位説　1.206
発達の特徴　3.1
発達の輻輳説　1.201
バッドレーの作業記憶モデル　2.220
発話思考法　2.64
パトグラフィー　2.100
パニック行動　2.87
パネル調査　2.154
ハロー効果（光背効果）　1.81
　1.182　3.58
範囲　1.44
反抗期　3.28
反社会的行動　3.103
ピアジェの道徳的判断　3.22
ピアジェの認知発達理論　2.121
　3.7　4.6

ピアジェの保存課題　3.20
ピアソンの（積率）相関係数　1.185
　3.81
$B = f(P, E)$　1.210
P-Fスタディ　1.52　2.207
ピグマリオン効果　1.47　3.76
　4.12
非指示的カウンセリング　2.242
非社会的行動　3.102
皮膚感覚の外部受容器　2.169
皮膚電気活動　1.1
評価のゆがみ　3.73　4.15
標準検査　3.52
標準偏差　1.156
表情による情動の表出　2.126
評定尺度法　1.43
表面的特性と根源的特性　1.216
ϕ係数　1.196
ファイ現象　1.6
不安障害　2.91
不安の型　1.244
VPI職業興味検査　2.31
フォーマル・グループ　1.83
フォーラム　3.90
普及過程　1.82
不信　2.28
フット・イン・ザ・ドア・テクニック
　1.94
不定愁訴　2.49
不適応　3.133
不登校　2.25　2.78
ブーメラン効果　1.79　3.116
プライマリ・ケア　2.243
ブラインド・テスト　2.59
フラストレーション－攻撃仮説
　1.130
フラッシュバルブ記憶　2.215
プレマックの原理　1.162
プルキンエ現象　2.62
ブレーン・ストーミング　1.35
フロイトによるパーソナリティの構造
　論　1.59
フロイトの心理・性的発達理論　3.4
フロイトの精神・性的発達段階
　1.116
フロイトの理論　3.127
ブロードマンの脳地図　2.218
プログラム学習　2.174
プロジェクト学習　2.178
プロスペクト理論　2.67
プロダクション・システム　2.164
プロダクション・ルール　2.221
プロトコル分析　2.136
プロトタイプ理論　2.222
分散　1.155

分散分析　1.248
変革型リーダーシップ　2.187
偏見　1.72
偏差値　3.64
防衛機制　3.124
忘却　3.71
忘却の説明理論　1.202　2.116
ホーソン研究（効果）　1.21　2.36
ポートフォリオ評価　2.177
ホームルーム活動の技法　4.18
ボディ・ワーク　2.198
ホメオスタシス　1.4
ホメオスタシス性動機　2.133

ま

マガーク効果　2.68
マズローの業績　3.149
マズローの欲求階層理論　3.125
3つ山問題　1.127　3.19
ミネソタプラン　2.228
ミュラー－リヤーの錯視　1.8
ミルグラムによる服従実験　2.190
無条件刺激　1.141
無条件反射（レスポンデント）
　2.170
明度　2.11
面接法　1.193
メンタリング　2.229
メンタルテスト　1.170
網膜の三層構造　2.63
目的的　1.212
目標準拠測定　3.62
目標達成の動機づけ　1.239
モラトリアム　1.29
森田療法　2.147
モレノの業績　3.148
問題解決における領域固有性　2.65
問題解決の方略　1.228
問答法　2.27

や

ヤーキーズ＝ドッドソンの法則
　1.164
役割期待　2.33
やまあらしのジレンマ　2.89
有意差　2.53
有意水準　1.199
有意味受容学習　1.188
遊戯療法　2.144
郵送調査　2.10
誘導尋問と目撃証言　2.109
幽霊たちの戦争　2.163
幼児の遊びの型　1.104

幼児の知覚・思考　1.107
欲求不満　3.130

ら・わ

来談者中心的カウンセリング　3.131
来談者中心療法　2.46
ライフ・キャリアの虹　2.179
　3.144
ラポール　2.200
リエゾン　2.200
理学療法士　2.248
リスキー・シフト　1.73
リーダーシップ研究　2.143
リーダーシップPM理論　1.75
　3.89
リーダーの勢力　3.84
リテラシー　3.66
リビドー　2.202
リファー　2.200
流言　1.86
理論　2.52
倫理規定　2.58
類人猿の知恵試験　2.104
ルートマップ型　2.167
ルビンの反転図形　1.7
レヴィンソンのライフサイクル論　2.230
レスポンデント行動　1.31
劣等感　1.215
恋愛の6型　2.235
練習方法　3.67
老年期　2.221
ロジャーズの業績　3.147
ロッド・アンド・フレーム・テスト　1.163
ロールシャッハ・テスト　1.11　2.42
ロール・プレイ　2.243
論文体テスト　3.59
論文体テストの採点　3.60
論理的思考の発達段階　1.28
YG性格検査　1.60　3.121

人名索引

(五十音順，［］内の数字は生没年，3.150 は問題編の問題番号，3.150 は解説編の問題番号を表す)

ア

アイヴィ（Ivey, A. E.） 3.150
アイゼンク（Eysenck, H. J.） 1.91 1.218 2.41 2.82
アッカーマン（Ackerman, N. W.） 2.194
アッシュ（Asch, S. E. [1907-]） 1.16 3.95
アトキンソン（Atkinson, J. W.） 1.239
アトキンソン（Atkinson, R. C.） 2.94
アドラー（Adler, A.） 1.215 2.40 2.203
アドルノ（Adorno, T. W.） 1.70 2.36
アリエス（Ariès, P.） 2.102
アリストテレス（Aristotle） 2.51
アルダファ（Alderfer, C. P.） 3.126 3.126
アルトマン（Altman, I.） 2.239 2.240
アレ（Allais, M.） 2.67
アロンソン（Aronson, E.） 2.129
イザード（Izard, C. E.） 2.182
イタール（Itard, J. M. G. [1774-1838]） 1.26 1.26 2.1
イネルデ（Inhelder, B.） 2.76
インガム（Ingham, H.） 1.233 3.134
ヴィゴツキー（Vygotsky, L. S.[1896-1934]） 3.46 1.117
　　2.72 2.103 2.224 3.46 3.77
ウィトキン（Witkin, H. A.） 1.163
ウィトゲンシュタイン（Wittgenstein, L.） 2.209
ウィリアムソン（Williamson, E. G.） 3.146
ヴィンセント（Vincent, S. B.） 2.219
ウェイソン（Wason, P. C.） 2.231
ウェクスラー（Wechsler, D.） 1.18 2.139 4.5
上野陽一 [1883-1957] 2.158 2.158
ウェーバー（Weber, E. H.） 1.166
ウェルズ（Welles, G. O.） 2.88
ヴェルトハイマー（Wertheimer, M.） 1.178 1.205
　　2.157 4.2
ウェルナー（Werner, H. [1890-1964]） 1.118 2.102
　　1.101 1.118 2.102
ウェルニッケ（Wernicke, C.） 2.66
ウォーク（Walk, R. D.） 1.114 2.109
ウォーフ（Whorf, B. L.） 1.243
ウォルピ（Wolpe, J.） 2.41 2.109
内田勇三郎 2.205 3.120
ヴント（Wundt, W. [1832-1920]） 1.40 1.40 1.170
　　2.51 2.157 4.1
エインズワース（Ainsworth, M. D. S.） 2.125 3.10
エクスナー（Exner, J. E.） 2.42 2.240
エクマン（Ekman, P.） 2.126 2.182
エドワーズ（Edwards, A. L.） 1.236
エビングハウス（Ebbinghaus, H. [1850-1909]） 1.242
　　2.103 4.3

エリクソン（Erickson, M. H.） 3.49
エリクソン（Erikson, E. H. [1902-1994]） 1.29 1.111
　　1.119 2.127 3.6 3.49 4.8 1.29 1.111 1.119
　　2.28 2.100 2.230 3.2 3.6 3.38 3.39 3.49
　　4.8
エリス（Ellis, A.） 3.150
大西誠一郎 3.87
オズグッド（Osgood, C. E.） 2.159
オーズベル（Ausubel, D. P.） 1.188 3.74 3.77
オズボーン（Osborn, A. F. [1888-1996]） 1.35 1.35
　　3.37
オルポート（Allport, F. H.） 1.80
オルポート（Allport, G. W.） 1.219 4.7 4.10

カ

片口安史 2.42
カッツ（Katz, D.） 2.82
ガットマン（Guttman, L.） 2.35
ガードナー（Gardner, H.） 1.189 3.82
ガードナー夫妻（Gardner, B. T., [1933-95] & Gardner, R. A. [1930-]） 2.15 1.237 2.15
カニッツァ（Kanizsa, G.） 2.12
カーネマン（Kahneman, D.） 2.67
ガルシア（Garcia, J.） 1.144
カルフ（Kalff, D.） 2.146
川喜田二郎 2.159 3.37
ギブソン（Gibson, E. J.） 1.114 2.109
ギブソン（Gibson, J. J.） 1.168 2.156
キャッテル（Cattell, J. M.） 1.17 1.170
キャッテル（Cattell, R. B.） 1.18 1.216 1.223 2.136
キャノン（Cannon, W. B.） 1.4 1.122 2.133 3.129
キャプラン（Caplan, G.） 3.113
キャントリル（Cantril, A. H.） 2.88
キューブラ－ロス（Kübler-Ross, E. [1926-2004]） 2.150
　　2.150
ギリガン（Gilligan, C.） 1.115
キルパトリック（Kilpatrick, W. H.） 2.178
ギルフォード（Guilford, J. P. [1897-1987]） 1.241 1.18
　　1.148 1.241 3.82 3.121
グッドマン（Goodman, C. C.） 1.190
クライン（Klein, M.） 2.210
クラウス（Kraus, R. M.） 2.231
クラウダー（Crowder, N. A.） 3.74
クーリー（Cooley, C. H.） 3.85
クレイク（Craik, F. I. M.） 2.212 3.70
クレッチマー（Kretschmer, E. [1888-1964]） 1.13 1.13
　　2.134
クレペリン（Kraepelin, E.） 2.42 2.205 3.120

クロッパー（Klopfer, B.） 2.42
クロンバック（Cronbach, L. J. [1916-]） 1.181 1.159 1.181 2.129 3.78
ケイガン（Kagan, J. [1929-]） 2.224 2.224 3.79
ゲゼル（Gesell, A. L.） 1.206 2.1
ケーラー（Köhler, W.） 1.207 2.104 2.157
ケリー（Kelly, G. A.） 2.204
ケリー（Kelley, H. H.） 1.92
ケンドラー夫妻（Kendler, H. H., & Kendler, T. S.） 1.237
古賀行義 [1892-1979] 2.158 2.158
ゴセット（Gosset, W. S.） 1.246
コッホ（Koch, K.） 3.122
コフカ（Koffka, K.） 2.157
コホーネン（Kohonen, T.） 2.57
コーラー（Kohler, I.） 2.112
コルサコフ（Korsakoff, S.） 1.71
ゴールドシュタイン（Goldstein, K.） 2.250
ゴールトン（Galton, F. [1822-1911]） 1.42 1.42 1.51
コールバーグ（Kohlberg, L. [1927-1987]） 3.5 3.45 1.115 2.72 2.89 3.5 3.45
ゴールマン（Goleman, D.） 3.82

サ

ザイアンス（Zajonc, R. B.） 2.186
サイモン（Simon, H. A.） 2.110
サイモンズ（Symonds, P. M.） 2.132
阪本一郎 3.87
サーストン（Thurstone, L. L.） 1.18 1.165 2.35 2.206 3.82
サッチャー（Thatcher, M. H.） 2.17
サピア（Sapir, E.） 1.243
サリヴァン（Sullivan, H. S.） 1.54
サロヴェイ（Salovey, P.） 2.131
シアーズ（Sears, R. R. [1908-]） 2.224 2.210 2.224
ジェームズ（James, W.） 1.2 2.102 2.104 2.134 2.186
シェムヤキン（Shemyakin, F. N.） 2.167
ジェンキンス（Jenkins, J. G.） 1.202
ジェンドリン（Gendlin, E. T. [1926-]） 1.67 1.67 2.41 2.141 3.133 3.150
シフリン（Shiffrin, R. M.） 2.94
シモン（Simon, T.） 1.174 1.175
シャイエ（Schaie, K.） 2.221
シャイン（Schein, E. H.） 2.85
シャクター（Schachter, S.） 2.32
シャルディーニ（Cialdini, R. B.） 2.37
シュテルン（Stern, W.） 1.201 3.18 3.48
シュプランガー（Spranger, E. [1882-1963]） 1.39 1.61 1.39 1.61 1.103 2.31 2.184 4.7
シュルツ（Schltz, J. H. [1884-1970]） 1.68 1.68
シュロスバーグ（Schlosberg, H. [1904-1964]） 1.132 1.132
ショーペンハウエル（Schopenhauer, A.） 2.89
ジョーンズ（Jones, E. E.） 2.237

ジョンソン（Johnson, A. M.） 3.101
シング（Singh, J. A. L.） 1.26 2.1
ジンバルドー（Zimbardo, P. G.） 2.32 2.86
ジンメル（Simmel, G.） 1.95
スキナー（Skinner, B. F. [1904-1990]） 1.32 3.96 1.32 2.41 2.174 3.74 3.96 4.1
スコット（Scott, W. D.） 2.158
スタンバーグ（Sternberg, R. J. [1949-]） 1.223 2.139
スティーヴンス（Stevens, S. S. [1906-1973]） 1.157 2.57 2.106
ストーナー（Stoner, J. A. F.） 1.73 2.231 3.94
ストラットン（Stratton, G.） 2.112
スナイダー（Snyder, M.） 2.89
スヌーク（Snoek, D. J.） 2.239
スーパー（Super, D. E. [1910-1994]） 3.142 2.179 3.142 3.144
スパーリング（Sperling, G.） 1.133
スピルバーガー（Spielberger, C. D.） 1.69 1.69
セリエ（Selye, H.） 2.149 3.129 4.16
セリグマン（Seligman, M. E. P. [1942-]） 1.125 1.125 2.93 3.72
セルフリッジ（Selfridge, O. G.） 2.213
セルマン（Selman, R.） 2.76
ソクラテス（Socrates） 2.27
園原太郎 3.87
ソマー（Sommer, R.） 2.240
ソーンダイク（Thorndike, E. L. [1874-1949]） 1.173 3.98 1.173 2.131 3.58 3.60 3.96 3.98
ソーンダイク（Thorndike, P. W.） 2.211
ソンディ（Szondi, L.） 2.45

タ

ダーウィン（Darwin, C. R.） 1.42 2.182
辰野千寿 4.5
田中寛一 3.26
田中熊次郎 3.87
ターマン（Terman, L. M.） 1.175 3.48
ダラード（Dallard, J.） 1.130
タルヴィング（Tulving, E.） 1.139
タルド（Tarde, G.） 1.95
ダレンバック（Dallenbach, K. M.） 1.202
チェリー（Cherry, E. C.） 3.70
チョムスキー（Chomsky, N. A.） 2.104 2.110
ツェルナー（Zöllner, F.） 2.12
ディルタイ（Dilthey, W.） 4.1
デカルト（Descartes, R.） 2.51 2.101
デシ（Deci, E. L.） 2.143 2.183
デューイ（Dewey, J.） 2.103
デュセイ（Dusay, J. M.） 3.136
テーラー（Taylor, D. A.） 2.239
テーラー（Taylor, F. W.） 2.158 2.36 2.158
テーラー（Taylor, J. A.） 1.53 1.53
ドイチュ（Deutsch, M.） 2.231
トヴェルスキー（Tversky, A.） 2.67

トールマン（Tolman, E. C.［1886-1959］）　1.212　1.140
　1.212　2.41　2.220
トレヴァーセン（Trevarthen, C.）　2.22
トンプソン（Thompson, P.）　2.17

ナ

ナイサー（Neisser, U.）　2.217
ニューエル（Newell, A.）　2.110
ネッカー（Necker, L. A.）　2.12
ノーマン（Norman, D. A.）　2.166

ハ

ハイダー（Heider, F.［1896-1988］）　1.20　2.236　1.20
　2.32　2.236　4.10
ハヴィガースト（Havighurst, R. J.［1924-］）　1.113
　2.224　3.3　1.113　2.224　2.230　3.3
ハウス（House, J. S.）　3.113
パヴロフ（Pavlov, I. P.）　1.138
バーオン（Bar-On, R.）　2.131
バーコヴィッツ（Berkowitz, L.）　1.99
ハザウェイ（Hathaway, S. R.）　2.4
バス（Bass, B. M.）　2.187
パーソンズ（Parsons, F.）　3.141　3.146
バック（Buck, J. N.）　2.134　3.122
バッドリー（Baddeley, A. D.［1934-］）　2.220　2.220
パーテン（Parten, M. B.）　3.23　1.104　3.23
パーナー（Perner, J.）　1.226　1.226
ババット（Babad, E. Y.）　4.12
バーライン（Berlyne, D. E.）　3.69　4.11
ハル（Hull, C. L.）　2.41
ハーロック（Hurlock, E. B.）　1.171
バーロン（Baron, R. A.）　2.232
バーン（Berne, E.）　1.66　2.241　3.136
バーン（Byrne, D.）　2.232
バーンスタイン（Bernstein, B.［1924-2000］）　1.143
　1.143
バンデューラ（Bandura, A.［1925-］）　1.145　3.97　1.99
　1.145　1.229　1.231　2.32　2.69　2.77　2.131　3.2
　3.83　3.97
ピアジェ（Piaget, J.［1896-1980］）　1.28　3.7　3.47　4.6
　1.28　1.101　1.107　1.110　1.127　2.72　2.76
　2.121　2.171　2.172　2.209　3.2　3.18　3.19　3.20
　3.22　3.27　3.47
ピアソン（Pearson, K.）　1.185
肥田野直　1.217
ピットマン（Pittman, T. S.）　2.237
ビネー（Binet, A.［1857-1911］）　3.48　1.174　2.203
　3.26　3.48
ビューラー（Bühler, Ch.［1893-1974］）　1.203　1.203
　1.211　4.7
広田君美　3.87　3.88
フィスター（Pfister, M.）　3.122
フィッシャー（Fisher, R. A.）　1.250　1.184

フィードラー（Fiedler, F. E.）　1.90　2.84
フェアベーン（Fairbairn, W. R. D.）　2.210
フェスティンガー（Festinger, L.［1919-1989］）　1.98　1.98
　2.236　4.10
フェヒナー（Fechner, G. T.）　1.166
フォークト（Vogt, O.）　1.68　1.68
フォルクマン（Folkman, S.）　1.232
フォルスター（Forster, K. I.）　1.225
フォン・ノイマン（von Neumann, J.）　1.78
プライヤー（Preyer, W. T.）　2.102　2.139
ブラゼルトン（Brazelton, T. B.［1918-］）　2.226　2.226
プラトン（Plato）　2.51
フランクル（Frankl, V. E.）　2.204
フリードマン（Friedman, M.）　1.65　1.98　2.193
ブルーナー（Bruner, J. S.［1915-］）　2.224　3.77　1.190
　1.213　2.129　2.224　3.68　3.77　3.99　3.100
ブルーム（Bloom, B. S.）　1.152　1.153　2.129　2.224
　3.68　3.77　3.100　4.14
プルキンエ（Purkinje, J. E.）　2.62
プルチック（Plutchik, R.）　1.3　2.182
ブレーム（Brehm, J. W.）　2.82
プレッシー（Pressey, S. L.）　2.174
プレマック夫妻（Premack, A. J., & Premack D.）　1.237
プレマック（Premack, D.［1925-］）　1.162　1.162　1.226
　2.246
フレンチ（French, J. R. P. Jr.）　2.140　3.84
フロイト（Freud, A.）　2.203　3.49　3.50
フロイト（Freud, S.［1856-1939］）　1.59　1.116　3.4
　3.50　3.127　1.52　1.63　1.99　1.244　2.104
　2.203　3.2　3.4　3.38　3.49　3.50　3.71　3.127
　3.149　4.8　4.9
ブローカ（Broca, P. P.［1824-1880］）　2.66　2.66
ブロス（Blos, P.）　1.120
ブロードベント（Broadbent, D. E.）　1.230
ブロードマン（Brodmann, K.［1868-1918］）　2.218　2.218
フロム（Fromm, E.［1900-1980］）　1.54　1.54　1.70
　2.36　2.39　2.203
ブロンフェンブレンナー（Bronfenbrenner, U.）　2.122
ヘイズ夫妻（Hayes, K., & Hayes, C.）　2.70　2.70
ベック（Beck, S. J.）　2.42
ヘニング（Henning, H.）　2.20
ベネディクト（Benedict, R.［1887-1948］）　1.17　1.17
ベム（Bem, S. L.）　2.238
ベラック（Bellak, L.）　1.64
ベラック（Bellak, S.）　2.89
ヘルムホルツ（von Helmholtz, H. L. F.）　1.167　2.157
ベンホルト-トムゼン（Benholdt-Tomsen, C.）　4.7
ボウルビィ（Bowlby, J.）　1.106　2.32　2.204　3.10
ボガーダス（Bogardus, E. S.）　1.72　1.93　2.35
ホッブス（Hobbes, T.）　2.101
ホーナイ（Horney, K.）　1.54
ホランド（Holland, J. L.）　2.31　3.141　3.145
ホリングワース（Hollingworth, L. S.［1886-1939］）　1.30
　1.30　3.33　3.147
ホール（Hall, E. T.）　2.234　2.240

人名索引

ホール（Hall, G. S. ［1844-1924］）　1.41　1.41　1.191　2.102
ポルトマン（Portmann, A. ［1897-1982］）　1.27　1.27　2.35
ホルムズ（Holmes, T. H.）　1.97
ホワイト（White, R. W.）　1.238　2.183
ホーン（Horn, J. L.）　2.136

マ

マウラー（Mowrer, O. H.）　2.41
マクアダムス（McAdams, D.）　2.204
マクガイア（McGuire, W. J.）　2.82
マクドゥーガル（McDougall, W.）　2.139
マクレランド（McClelland, D. C.）　1.123
マクレランド（McClleland, J. L.）　1.225
マーシャ（Marcia, J. E.）　1.112　2.128　3.41　4.8
マースタイン（Murstein, B. I.）　2.239
マズロー（Maslow, A. H. ［1908-1970］）　1.124　3.125　3.149　1.124　2.250　3.149
マッキンレー（Mckinley, J. C.）　2.4
マックギニーズ（McGinnies, E.）　1.214
マニング（Manning, A. P.）　4.17
マーラー（Mahler, M. S.）　1.12
マレー（Murray, H. A.）　1.55　2.3　2.47　3.122
三隅二不二　1.75
ミッシェル（Mischel, W.）　2.181
ミード（Mead, G. H.）　2.209
ミード（Mead, M.）　1.17
ミニューチン（Minuchin, S.）　2.194
ミュラー-リヤー（Müller-Lyer, F. C. ［1857-1916］）　1.5　1.8　2.12
ミュンスターベルク（Münsterberg, H.）　2.158
ミラー（Miller, G. A. ［1920-］）　1.37　1.37　2.110　3.71　4.3
ミルグラム（Milgram, S. ［1933-1984］）　2.190　2.86　2.109　2.190
メイ（May, R.）　3.149
メイヤー（Maire, N. R. F.）　1.125
メーヨー（Mayo, G. E.）　1.21　2.36
元良勇次郎［1858-1912］　1.41　1.41
モートン（Morton, J.）　1.225
モリス（Morris, C. W.）　2.184
森田正馬　2.147　3.150
モルガン（Morgan, C.）　1.55
モルゲンシュテルン（Morgenstern, O.）　1.78
モレノ（Moreno, J. L. ［1892-1974］）　3.148　1.18　1.74　1.85　2.131　2.176　3.91　3.135　3.148　4.13　4.18
モンテッソーリ（Montessori, M. ［1870-1952］）　2.27　2.27

ヤ

ヤーキーズ（Yerkes, R. M.）　1.187

矢田部達郎　3.121　1.60　3.121
ユング（Jung, C. G.）　1.51　1.99　2.203　3.50
吉本伊信　2.199　2.199　3.150

ラ

ラザースフェルド（Lazarsfeld, P. F.）　1.100
ラザラス（Lazarus, R. S.）　1.232
ラター（Rutter, M.）　3.30
ランゲ（Lange, C.）　1.2　2.186
リー（Lee, J. A.）　2.235
リーヴィット（Leavitt, H. J.）　2.189
リースマン（Riesman, D. ［1909-2002］）　1.77　1.77
リッカート（Likert, R.）　2.35
リップマン（Lippmann, W.）　3.114
ルーチンス夫妻（Luchins, A. S., & Luchins, E. H.）　1.142
ルビン（Rubin, E. J. ［1886-1951］）　1.7　1.7　2.12
ルフト（Luft, J.）　1.233　3.134
ルメルハート（Rumelhart, D. E.）　1.225
レイヴン（Raven, B. H.）　2.140　3.84
レヴィン（Lewin, K.）　1.23　1.109　1.210　2.36　2.103　2.143　3.128　3.135　4.1　4.10
レヴィンジャー（Levinger, G.）　2.239
レヴィンソン（Levinson, D. J. ［1920-1994］）　2.230　2.230
レフコウィッツ（Lefkowitz, M.）　2.86
ローウェンフェルド（Lowenfeld, M.）　2.146
ロジャーズ（Rogers, C. R. ［1902-1987］）　3.147　1.14　1.15　1.23　1.67　2.38　2.41　2.46　2.141　2.146　2.204　2.250　3.108　3.131　3.132　3.133　3.135　3.146　3.147　3.149　3.150
ローゼンソール（Rosenthal, R.）　1.47　3.76　4.15
ローゼンツァイク（Rosenzweig, S.）　1.52　2.134　2.207　3.122　3.130
ローゼンバーグ（Rosenberg, M. J.）　1.84　2.82
ローゼンマン（Rosenman, R. H.）　1.65　1.98　2.193
ロック（Locke, J.）　2.51
ロックハート（Lockhart, R. S.）　2.212　3.70
ロッシュ（Rosch, E.）　1.222　2.139
ロビンソン（Robinson, H. M.）　2.79
ロフタス（Loftus, E. F.）　2.109
ロールシャッハ（Rorschach, H.）　1.11　2.109　3.122
ローレンツ（Lorenz, K. Z. ［1903-1989］）　1.25　1.25　1.99　2.161　2.172
ロンブローゾ（Lombroso, C.）　2.100

ワ

ワイナー（Weiner, B.）　1.88
ワトソン（Watson, J. B.）　1.204　1.208　2.104　2.109　4.4
ワラス（Wallas, G.）　1.135　3.37
ワラック（Wallach, M. A.）　2.231

ガイドライン心理学問題集

2008年6月30日	初版第1刷発行
2008年8月11日	初版第2刷発行

定価はカヴァーに
表示してあります

著　者　　大野木裕明
　　　　　宮沢秀次
　　　　　二宮克美
発行者　　中西健夫
発行所　　株式会社ナカニシヤ出版
〒606-8161　京都市左京区一乗寺木ノ本町15番地
　　　　　　　　　　Telephone　075-723-0111
　　　　　　　　　　Facsimile　075-723-0095
　　　　　Website　http://www.nakanishiya.co.jp/
　　　　　Email　　iihon-ippai@nakanishiya.co.jp
　　　　　　　　　郵便振替　01030-0-13128

写真＝太田貴士／装幀＝白沢　正／印刷・製本＝創栄図書印刷
Copyright © 2008 by H. Ohnogi, S. Miyazawa, & K. Ninomiya
Printed in Japan.
ISBN978-4-7795-0277-4